D0678683

LA LIBRAIRIE DU XXIᵉ SIÈCLE

Collection
dirigée par Maurice Olender

Ivan Jablonka

Laëtitia
ou
la fin des hommes

Éditions du Seuil

ISBN 978-2-02-129120-9

© Éditions du Seuil, août 2016

Le Code de la propriété intellectuelle interdit les copies ou reproductions destinées à une utilisation collective. Toute représentation ou reproduction intégrale ou partielle faite par quelque procédé que ce soit, sans le consentement de l'auteur ou de ses ayants cause, est illicite et constitue une contrefaçon sanctionnée par les articles L.335-2 et suivants du Code de la propriété intellectuelle.

www.seuil.com

Laetitia est hominis transitio a minore ad majorem perfectionem.

La joie est le passage de l'homme d'une moindre perfection à une plus grande.

SPINOZA, *L'Éthique.*

Laëtitia Perrais a été enlevée dans la nuit du 18 au 19 janvier 2011. C'était une serveuse de dix-huit ans domiciliée à Pornic, en Loire-Atlantique. Elle menait une vie sans histoires dans la famille d'accueil où elle avait été placée avec sa sœur jumelle. Le meurtrier a été arrêté au bout de deux jours, mais il a fallu plusieurs semaines pour retrouver le corps de Laëtitia.

L'affaire a soulevé une énorme émotion dans tout le pays. Critiquant le suivi judiciaire du meurtrier, le président de la République, Nicolas Sarkozy, a mis en cause les juges auxquels il a promis des «sanctions» en réponse à leurs «fautes». Ses propos ont déclenché un mouvement de grève inédit dans l'histoire de la magistrature. En août 2011 – affaire dans l'affaire –, le père d'accueil a été mis en examen pour des agressions sexuelles sur la sœur de Laëtitia. À ce jour, on ignore si Laëtitia elle-même a été violée, que ce soit par son père d'accueil ou par son meurtrier.

Ce fait divers est exceptionnel à tous égards – par l'onde de choc qu'il a soulevée, par son écho médiatique et politique, par l'importance des moyens mis en œuvre pour retrouver le corps, par les douze semaines que ces recherches ont duré, par l'intervention du président de la République, par la grève des magistrats. Ce n'est pas une simple affaire : c'est une affaire d'État.

Mais que sait-on de Laëtitia, hormis qu'elle a été la victime d'un fait divers marquant ? Des centaines d'articles et de reportages ont parlé d'elle, mais seulement pour évoquer la nuit de la disparition et les procès. Si son nom apparaît dans Wikipédia, c'est sur la page du meurtrier, à la rubrique « Meurtre de Laëtitia Perrais ». Éclipsée par la célébrité qu'elle a offerte malgré elle à l'homme qui l'a tuée, elle est devenue l'aboutissement d'un parcours criminel, une réussite dans l'ordre du mal.

Pouvoir du meurtrier sur « sa » victime : non seulement il lui retire la vie, mais il commande le cours de cette vie, qui désormais s'oriente vers la rencontre funeste, l'engrenage sans retour, le geste létal, l'outrage fait au corps. La mort tire la vie à elle.

Je ne connais pas de récit de crime qui ne valorise le meurtrier aux dépens de la victime. Le meurtrier est là pour raconter, exprimer des regrets ou se vanter. De son procès, il est le point focal, sinon le héros. Je voudrais, au contraire, délivrer les femmes et les hommes de leur mort, les arracher au crime qui leur a fait perdre la vie et jusqu'à leur humanité. Non pas les honorer en tant que « victimes », car c'est encore les renvoyer à leur fin ; simplement les rétablir dans leur existence. Témoigner pour eux.

Mon livre n'aura qu'une héroïne : Laëtitia. L'intérêt que nous lui portons, comme un retour en grâce, la rend à elle-même, à sa dignité et à sa liberté.

*

De son vivant, Laëtitia Perrais n'a intéressé aucun journaliste, aucun chercheur, aucun homme politique. Pourquoi lui consacrer aujourd'hui un livre ? Étrange destin que celui de cette passante fugacement célèbre. Aux yeux du monde, elle est née à l'instant où elle est morte.

Je voudrais montrer qu'un fait divers peut être analysé comme un objet d'histoire. Un fait divers n'est jamais un simple « fait », et il n'a rien de « divers ». Au contraire, l'affaire

Laëtitia dissimule une profondeur humaine et un certain état de la société : des familles disloquées, des souffrances d'enfant muettes, des jeunes entrés tôt dans la vie active, mais aussi le pays au début du XXIe siècle, la France de la pauvreté, des zones périurbaines, des inégalités sociales. On découvre les rouages de l'enquête, les transformations de l'institution judiciaire, le rôle des médias, le fonctionnement de l'exécutif, sa logique accusatoire comme sa rhétorique compassionnelle. Dans une société en mouvement, le fait divers est un épicentre.

Mais Laëtitia ne compte pas seulement pour sa mort. Sa vie aussi nous importe, parce qu'elle est un fait social. Elle incarne deux phénomènes plus grands qu'elle : la vulnérabilité des enfants et les violences subies par les femmes. Quand Laëtitia avait trois ans, son père a violé sa mère ; ensuite, son père d'accueil a agressé sa sœur ; elle-même n'a vécu que dix-huit ans. Ces drames nous rappellent que nous vivons dans un monde où les femmes se font injurier, harceler, frapper, violer, tuer. Un monde où les femmes ne sont pas complètement des êtres de droit. Un monde où les victimes répondent à la hargne et aux coups par un silence résigné. Un huis clos à l'issue duquel ce sont toujours les mêmes qui meurent.

Il n'était pas programmé que Laëtitia, cette jeune fille radieuse aimée de tous, finisse comme un animal de boucherie. Mais, dès son enfance, elle a été déstabilisée, ballottée, négligée, accoutumée à vivre dans la peur, et ce long processus de fragilisation éclaire à la fois sa fin tragique et notre société tout entière. Pour détruire quelqu'un en temps de paix, il ne suffit pas de le tuer. Il faut d'abord le faire naître dans une atmosphère de violence et de chaos, le priver de sécurité affective, briser sa cellule familiale, ensuite le placer auprès d'un assistant familial pervers, ne pas s'en apercevoir et, enfin, quand tout est fini, exploiter politiquement sa mort.

Inutile de préciser que je n'ai pas connu Laëtitia. Je l'ai rencontrée à travers des gens qui l'ont aimée – parents, amis, collègues – ou qui ont reconstitué ses derniers instants

– magistrats, gendarmes, experts, avocats, journalistes. Mon enquête est née de la leur. Elle est une méta-enquête, fondée sur l'attachement des uns et le travail des autres. Comprendre l'existence de Laëtitia suppose à la fois de revenir des années en arrière, à une époque où rien ne la distinguait des autres enfants, et de retracer l'enlèvement et le meurtre qui l'ont fait disparaître. Une histoire de vie enlacée à une enquête criminelle. Une biographie qui se prolonge après la mort.

Bébé maltraité, gamine oubliée, fillette placée, adolescente timide, jeune fille sur le chemin de l'autonomie, Laëtitia Perrais n'a pas vécu pour devenir une péripétie dans la vie de son meurtrier, ni un discours à l'ère Sarkozy. Je rêve Laëtitia comme si elle était absente, retirée dans un lieu qui lui plaît, à l'abri des regards. Je ne fantasme pas la résurrection des morts ; j'essaie d'enregistrer, à la surface de l'eau, les cercles éphémères qu'ont laissés les êtres en coulant à pic.

1

Jessica

En avril 2014, peu après le procès du père d'accueil, j'ai écrit une lettre à Cécile de Oliveira, l'avocate de Jessica Perrais, la sœur jumelle de Laëtitia :

Maître,

Historien et écrivain, professeur à l'université Paris 13, je me permets de vous écrire parce que j'aimerais consacrer un livre à Laëtitia Perrais.

Son histoire me touche pour plusieurs raisons. Je suis père de trois filles. J'ai travaillé sur les enfants abandonnés, retirés à leurs parents, placés en famille d'accueil et parfois maltraités. Enfin, j'ai consacré une biographie à mes grands-parents, assassinés à l'âge de vingt-huit et trente-cinq ans pendant la Seconde Guerre mondiale. Dans ce livre, j'ai tenté de retracer leur vie, avec sa normalité et ses échecs, avec ses projets et ses espoirs, sans être obnubilé par leur mort. C'est une recherche historique, ainsi qu'une stèle à la mémoire de deux jeunes gens assassinés à la fleur de l'âge.

Le même sentiment me pousse à écrire sur Laëtitia. Je voudrais retracer sa vie : son parcours, les épreuves qu'elle a subies, l'avenir qu'elle se préparait, l'injustice et l'horreur d'une vie détruite. Comme pour mes grands-parents, il s'agit d'un hommage, mais aussi et surtout d'une quête de justice et de vérité.

Je voudrais avoir votre sentiment et vos conseils sur ce projet (je n'ignore pas, en particulier, qu'un procès en appel se prépare). Je serais très heureux de m'en entretenir avec vous, avant de pouvoir, dans un deuxième temps, exposer ma démarche à Jessica. Il va de soi que je ne me lancerai pas dans cette entreprise sans son accord. En vous exprimant mon admiration pour le combat que vous menez, je vous prie d'agréer, Maître, l'expression de mes sentiments les plus cordiaux.

Après m'avoir rencontré une première fois, Cécile de Oliveira a accepté de me présenter à Jessica, bien que celle-ci soit très fragile. Retirée à ses parents et placée à l'âge de huit ans, elle a été abusée sexuellement par son père d'accueil. Ensuite, sa sœur a été tuée.

Nous sommes au mois de juin 2014, à Nantes, dans le cabinet de l'avocate. La Loire scintille à travers les feuillages qu'encadre la fenêtre ouverte. Je suis intimidé à l'idée de me retrouver face à Jessica, non seulement parce que tout mon projet est suspendu à sa décision, mais aussi parce que cette jeune femme est l'orpheline de sa jumelle, la survivante qui, à l'âge de vingt-deux ans, a déjà vécu deux procès d'assises – celui du meurtrier de Laëtitia et celui de leur père d'accueil. Au procès de ce dernier, un monsieur de soixante-quatre ans, toute la famille a fait bloc derrière lui, l'agresseur se transformant en victime, Jessica devenant la coupable, la manipulatrice qui a réussi à prendre dans ses filets un père de famille un peu trop naïf. Condamné à huit ans de prison, il a renoncé à faire appel. Aujourd'hui, Jessica vit seule et travaille dans une cantine administrative de Nantes.

À 16 heures, elle arrive : une jeune femme mince, aux cheveux coupés court, avec des leggings sombres et un blouson noir qu'elle garde sur elle. Cécile de Oliveira lui fait part de diverses informations : la date du procès d'appel du meurtrier de Laëtitia, les indemnités qu'elle doit toucher à la fois pour la mort de sa sœur et pour les agressions subies dans leur famille d'accueil. Jessica est timide, presque craintive, et elle fait tout pour éviter mon regard. Pendant que son avocate lui explique les procédures, elle garde le silence, hochant parfois la tête avec un «oui» appliqué. L'intensité de son regard contraste avec sa raideur de petite fille qui craint de mal faire.

Jessica sort une liste de questions. Est-ce qu'elle devra assister à la totalité du procès ? Non, seulement un ou deux jours, en évitant l'exposé des «faits». Est-ce qu'ensuite ce sera fini ? Oui, car il n'ira probablement pas en cassation. Est-ce normal qu'un proche lui demande instamment quand elle touchera ses indemnités ? Cécile de Oliveira s'énerve : «Non, ce n'est pas normal, tu dois te protéger!» Enfin, Jessica sort de son sac à dos un livre qui vient de paraître sur sa sœur. C'est un tissu de mensonges, elle est choquée.

Cécile de Oliveira me présente à Jessica, qui me dévisage en silence. J'aurais voulu que l'amitié et l'admiration passent, comme des ondes, directement de mon cœur dans le sien. Mais je suis obligé d'exposer à Jessica, avec mes pauvres mots, mes phrases de professeur que j'ai répétées plusieurs fois mentalement et qui n'en sonnent que plus faux, la nature de mon projet historique et mémoriel. Voilà : je voudrais qu'elle me parle de leurs souvenirs d'enfance, des lieux où elles ont vécu, des choses heureuses, de leurs copines, des jeux, des chamailleries, des balades sur la plage.

Jessica approuve. Elle veut bien me parler de sa sœur, mais pas de l'affaire. Elle ne participe plus aux marches blanches, qui ne servent à rien. Elle appréhende beaucoup les 18 et 19 du mois.

On échange les numéros de portable. Jessica remercie son avocate et prend congé avec une gaieté un peu forcée.

Après son départ, la pièce semble vide. Je me sens accablé

par le poids de la responsabilité que Jessica a accepté de me confier, saisi par l'angoisse de voyager au pays des enfants morts. Le seuil en est ouvert devant moi : cette fenêtre où palpitent les feuillages. Au-delà coule la Loire, dont les eaux argentées charrient le souvenir des hommes et des femmes noyés en 1793. Mon enquête vient de commencer[1].

---

1. On trouvera en fin de volume des références bibliographiques, des cartes, ainsi qu'une liste des abréviations et des pseudonymes utilisés.

2

La scène d'absence

Mercredi 19 janvier 2011

Jessica referme le portail et s'engage sur la route de la Rogère. Il est 7 h 15, il fait encore nuit noire, le froid est vif. Comme à son habitude, Jessica est en avance : le car de ramassage passe à 7 h 30 de l'autre côté du rond-point.

Au bout de 50 mètres, elle distingue dans l'obscurité un scooter renversé sur le bas-côté de la route, qu'elle reconnaît aussitôt comme étant celui de sa sœur. Le scooter est couché sur le flanc, la selle est gelée, le moteur et les feux éteints, les clés encore sur le contact. Affolée, Jessica court vers la maison, où son père d'accueil finit de déjeuner :

– P'tit Loup, P'tit Loup, le scooter de Laëtitia est par terre !

Gilles Patron s'habille à la hâte et tous deux se précipitent dehors. Sur cette section de la route, l'éclairage ne fonctionne pas. Jessica fait de la lumière avec son portable. À côté du scooter se trouvent deux ballerines noires.

– C'est tes chaussures ? demande M. Patron.

Non, ce sont celles de Laëtitia, qui est donc pieds nus, en plein hiver. M. Patron crie son nom dans la nuit matinale.

Jessica arrive à l'arrêt de bus complètement paniquée. Elle n'est capable d'articuler que trois mots : « Laëtitia, scooter, chaussures. » Ses copines, qui ne comprennent rien, la voient pleurer à l'arrière du car. Le portable de Laëtitia est sur messagerie.

Dans les couloirs du lycée, Jessica se jette dans les bras de Kévin, le petit copain de sa sœur. Tout le monde tente de joindre Laëtitia sur son portable. Lorsque le cours commence, Jessica prévient l'enseignant qu'elle va devoir laisser son portable allumé.

De son côté, Mme Patron court chez les voisins, appelle les hôpitaux de la région, à Pornic, Machecoul, Saint-Nazaire, Challans, Nantes. Aucun n'a admis une jeune fille accidentée dans la nuit. Vers 7 h 40, Mme Patron compose le 17. Le centre d'opérations sollicite l'intervention de la brigade de gendarmerie de Pornic. Dix minutes plus tard, une patrouille est sur les lieux.

À 8 h 15, le jour se lève non sur une scène de crime, mais sur une scène d'absence. Le scooter rouge de Laëtitia est couché sur l'accotement, il y a des traces de pneus et des petits débris en plastique sur la chaussée. Les gendarmes déroulent des bandes jaunes en travers de la route, tandis que la circulation est coupée au niveau du rond-point et en provenance de Pornic.

Le scooter et les ballerines gisent sur les gravillons qui bordent la route de la Rogère. Les maisons du voisinage, des pavillons avec un jardin bien entretenu, sont fermées par une petite clôture blanche. De l'autre côté de la route, les gendarmes commencent à ratisser les champs et les terrains vagues. L'aube est glaciale, l'herbe blanche de givre. Les chiens ne déterminent aucune direction, ce qui signifie que Laëtitia n'a pas cheminé depuis le lieu de son accident : elle en a été directement prélevée. Des techniciens en identification criminelle photographient les indices, matérialisés par des plots jaunes numérotés. Un hélicoptère survole la zone.

Tandis qu'un signalement pour « disparition inquiétante » est transmis au procureur de la République à Saint-Nazaire, un coordinateur des opérations de police scientifique arrive à la gendarmerie de Pornic. Durant l'enquête de flagrance, placée sous l'autorité du procureur, toutes les hypothèses sont ouvertes : fugue, suicide, enlèvement. Première question : quelle est la dernière personne à avoir vu Laëtitia ?

M. et Mme Patron débarquent au lycée en plein milieu des cours. Ils emmènent Jessica à la gendarmerie de Pornic, où tous trois fournissent les premiers renseignements. Laëtitia et Jessica Perrais sont des jumelles de dix-huit ans, confiées à l'Aide sociale à l'enfance (ASE) de Loire-Atlantique depuis l'âge de huit ans. Majeures, elles ont choisi de rester chez M. Patron, assistant familial de profession, qui les élève avec sa femme depuis qu'elles ont douze ans. Ils habitent une belle maison sur la route de la Rogère, à Pornic.

Jessica prépare un CAP cuisine au lycée professionnel de Machecoul. Laëtitia travaille à l'Hôtel de Nantes, un hôtel-restaurant situé à La Bernerie-en-Retz, à 3 kilomètres de son domicile, et prépare en alternance un CAP de serveuse dans un centre de formation à Saint-Nazaire. À l'Hôtel de Nantes, ses horaires sont les suivants : de 11 heures à 15 heures, pour le service du midi, et de 18 h 30 à 21 h 30, pour le service du soir, les deux étant séparés par une pause de quelques heures. En dehors de son travail, Laëtitia mène une vie tout à fait rangée : elle ne fume pas, ne boit pas, sort peu, ne roule pas vite en scooter, met toujours son casque. Elle n'a jamais fugué. Tous ses amis sont lycéens ou apprentis.

Quatre jeunes, dans l'entourage de Laëtitia, sont entendus par les gendarmes.

Kévin, dix-huit ans, lycéen

C'est son petit copain, scolarisé au lycée professionnel de Machecoul. Ils s'appellent plusieurs fois par jour. Il a eu Laëtitia deux fois au téléphone la veille, mardi 18 janvier.

Le premier appel a eu lieu vers 18 h 30, alors qu'elle est retournée à l'Hôtel de Nantes pour y dîner avant le service. Kévin vient de sortir du lycée ; Laëtitia lui avoue qu'elle a fumé «un truc marron» avec des amis sur la plage. Surprise et colère de Kévin : une fois déjà, Laëtitia a voulu essayer avec des copines, il a dit non. Elle sait très bien que le shit est une drogue, un sale truc auquel il ne faut pas toucher.

Deuxième appel vers 21 h 40, après la fin du service. Kévin entend quelqu'un qui chuchote près d'elle. Qui est-ce ? Laëtitia répond que c'est « un homme d'une trentaine d'années ». Kévin n'est pas trop rassuré. Elle lui dit de ne pas s'inquiéter, elle le rappellera plus tard. Dans la soirée, Kévin essaie de la joindre. « Au bout de dix appels, j'ai laissé tomber. Si ça se trouve, elle s'est endormie. »

Steven, dix-huit ans, apprenti cuisinier

Il travaille avec Laëtitia à l'Hôtel de Nantes. Au retour de sa pause, peu avant 18 h 30, il l'a aperçue aux côtés d'un homme d'une trentaine d'années, une espèce de SDF à la mine patibulaire qui lui a lancé d'un ton agressif : « N'oublie pas, c'est moi qui viens te chercher ce soir ! »

D'ordinaire, à la fin du service, Laëtitia et Steven rentrent en se suivant à scooter. Ce soir-là, elle a changé les habitudes : « Non, Coco, je rentre plus tard. » Sur le chemin du retour, Steven est suivi par une Peugeot 106 blanche. La voiture reste un moment derrière lui, puis accélère, le colle, le double, freine pour lui laisser de l'avance, avant de se remettre à sa hauteur en klaxonnant et en faisant des appels de phares. La voiture le serre sur la droite, Steven est obligé de s'arrêter sur le bas-côté au niveau du McDo de Pornic.

Le conducteur baisse la vitre, très énervé. Steven le reconnaît immédiatement : c'est l'homme qui était avec Laëtitia devant l'Hôtel de Nantes.

— T'es qui, toi ? Où est Laëtitia ?

— Elle est encore au travail.

— Ben, j'espère !

L'homme repart comme un fou au volant de sa 106.

William, dix-huit ans, apprenti cuisinier

C'est un ami de Laëtitia, à la fois confident écouté et amoureux éconduit, un peu chevalier servant. Ils se sont rencontrés à l'Hôtel de Nantes, où William a travaillé en cuisine quelques mois. Toute la journée, ils n'ont cessé d'être en contact par téléphone ou par SMS. En tout, ils ont échangé quatre-vingt-deux messages ou appels.

Vers 16 h 30, Laëtitia raconte à William qu'elle vient de coucher avec le meilleur ami de Kévin. Elle craint qu'il le prenne mal s'il l'apprend. Aux alentours de 23 heures, elle dit à William qu'elle a bu de l'alcool ; elle regrette, semble triste. Vers minuit et demi, elle lui envoie un texto : « j ai un truc grave a te dir ». Enfin, peu avant 1 heure, dernier appel à William : elle a été violée. Sa peur est perceptible, ses mots sont bloqués, comme dans un bégaiement. Au loin, on entend un bruit de musique, peut-être un autoradio. Laëtitia raccroche parce qu'elle n'a plus de batterie, elle rappellera de chez elle.

Antony, dix-neuf ans, militaire

C'est le fils des employeurs de Laëtitia, propriétaires de l'Hôtel de Nantes à La Bernerie-en-Retz. Il habite dans un studio à côté de l'hôtel-restaurant de ses parents. Il a passé la soirée du 18 janvier à jouer à la PlayStation avec des copains.

Vers 1 heure du matin, ils entendent un bruit de moteur et une portière qui claque. Par la fenêtre, Antony aperçoit Laëtitia, son casque à la main, penchée sur la vitre ouverte d'une 106 blanche, parlant avec colère et animation au conducteur. Les warnings de la voiture projettent des flashs orange sur les façades de la petite rue endormie. « Ça hausse le ton, j'entends la voix d'un homme et Laëtitia qui répond. »

Tandis que Laëtitia repart en scooter vers la mairie de La Bernerie, la 106 remonte la rue « en pleine furie », avant de faire demi-tour en empruntant le sens interdit.

Les gendarmes recueillent d'autres informations troublantes. Un ouvrier logé à l'Hôtel de Nantes, que Laëtitia a servi au dîner, déclare l'avoir aperçue vers 22 h 30 au Barbe Blues, un bar de nuit interlope de La Bernerie. Entre 1 heure et 1 h 30, M. Patron et Jessica ont entendu des claquements de portières sur la route de la Rogère. M. Patron est sorti en pyjama avec sa lampe torche, mais sans rien voir. C'est à 7 h 15, au matin, que Jessica a découvert le scooter de sa sœur.

La dernière personne à avoir vu Laëtitia est donc l'homme à la 106 blanche. Grâce aux différents témoignages, les gendarmes sont en mesure d'établir un portrait-robot : 1,85 mètre, brun, athlétique, les cheveux coiffés en arrière, les tempes rasées, vêtu d'une veste en cuir et d'un sweat à capuche.

Le parquet de Saint-Nazaire ouvre une information pour « enlèvement et séquestration ». Le groupement de gendarmerie de Loire-Atlantique, dirigé par le colonel Hubscher, est mis en alerte. La section de recherches (SR) des Pays de la Loire, basée à Angers, prévient l'adjudant-chef Frantz Touchais, un des enquêteurs les plus chevronnés de la division « Atteinte aux personnes ». Frantz Touchais se trouve alors à Nantes pour une garde à vue. Il comprend immédiatement la gravité de la situation : Laëtitia a disparu à 50 mètres de chez elle, elle aurait pris son scooter si elle avait fugué, elle est sans chaussures alors qu'il gèle. « Ça sent l'enlèvement à plein nez. »

Dans l'après-midi, le portable et la carte bleue de Laëtitia sont placés sous surveillance. Des réquisitions sont adressées aux opérateurs téléphoniques pour identifier ses contacts. La brigade de contrôle et de recherches des impôts de Nantes fournit les numéros des comptes dont elle est titulaire : aucun mouvement n'est constaté. Vers 15 heures, un avion de l'Institut de recherche criminelle de la gendarmerie nationale (IRCGN) atterrit sur un aérodrome de la région.

Les gendarmes perquisitionnent au domicile de M. et Mme Patron, route de la Rogère à Pornic. La chambre de Laëtitia, minuscule et sans fenêtre, est meublée à la spartiate : un petit lit, une étagère, une armoire avec quelques vêtements. Sa brosse à dents et sa brosse à cheveux sont mises sous scellés, afin de disposer de son ADN. Dans un sac de classe en jean, les gendarmes saisissent trois lettres de la main de Laëtitia, dans lesquelles elle dit adieu à ses proches et exprime ses dernières volontés.

À l'Hôtel de Nantes, situé en plein centre de La Bernerie, la jeune fille dispose à l'étage d'une chambre qui lui sert de vestiaire. Rien de suspect n'y est observé. Sa tenue de service est soigneusement étalée sur le lit.

À 16 h 53, le site de *Ouest-France* annonce la « disparition inquiétante d'une jeune fille à La Bernerie-en-Retz ». Une heure et demie plus tard, l'AFP titre à son tour : « Importantes recherches après la disparition d'une jeune femme à Pornic ». La Bernerie, petite commune de 2 500 habitants, fait partie de l'agglomération de Pornic, qui en compte environ 14 000. Nous sommes sur la façade atlantique, à une cinquantaine de kilomètres de Nantes.

En début de soirée, grâce aux témoignages des clients du Barbe Blues et avec l'aide des policiers de Nantes, les gendarmes connaissent l'identité du conducteur de la 106 blanche. Son casier judiciaire fait sept pages. La 106 est un véhicule volé. Dilemme : faut-il essayer de localiser l'homme grâce à ses téléphones portables ou aller perquisitionner directement aux adresses qu'il a laissées ? Parmi celles-ci, le domicile de son cousin, au lieu-dit Le Cassepot, près d'Arthon-en-Retz, non loin de La Bernerie. Les gendarmes savent qu'il y a là-bas un grand terrain, avec un hangar et des caravanes, et que le cousin est absent : c'est le meilleur endroit pour séquestrer Laëtitia.

Le temps est compté.

À 23 heures, les gendarmes mènent une opération de reconnaissance au Cassepot. Le hameau, cinq maisons isolées au milieu du bocage, est plongé dans le noir. La température est glaciale, il règne un silence absolu. Les gendarmes avancent à tâtons. Les maisons sont équipées de lumières à déclenchement, des chiens veillent derrière les clôtures. Les gendarmes rebroussent chemin, de peur de se faire repérer. Comme l'homme est armé et qu'il détient probablement Laëtitia, le colonel Hubscher demande l'intervention du GIGN.

3

La maternité à coups de cutter

Dans le ventre de leur mère, elles étaient ensemble.

Sur la photo prise à la maternité, la maman serre ses deux nouveau-nées contre elle, Laëtitia et Jessica. Adossée à l'oreiller, elle regarde l'objectif avec le sourire heureux et fatigué de celles qui ont passé plusieurs heures en salle de travail. Sur une autre photo, le flash a surpris les deux bébés, désormais âgés de quatre mois, regard éberlué et tétine dans la bouche. Laëtitia à sept mois, vêtue d'un pyjama rose, est calée entre des coussins. Jessica, qui feuillette l'album avec moi, commente avec fierté : « Laëtitia n'a pas ses joues, elle est plus maigrichonne. Moi, j'ai mes joues ! »

Les deux sœurs sont nées à Nantes le 4 mai 1992, Jessica à 11 h 15, Laëtitia à 11 h 16. Ce sont de fausses jumelles, dizygotes, qui ont la moitié des gènes en commun.

La maman, Sylvie Larcher, a vingt-quatre ans. Elle travaille comme agent d'entretien à l'inspection académique. Le papa, Franck Perrais, vingt-cinq ans, est serveur. Ils se sont rencontrés un an plus tôt et ont rapidement emménagé ensemble. Franck se souvient de sa belle surprise à l'échographie : « Deux enfants d'un seul coup, ça va faire du travail ! » Alain Larcher, l'oncle maternel et parrain de Laëtitia, affirme au contraire que l'arrivée des jumelles a été vécue comme une catastrophe. Franck Perrais aurait ronchonné : « Une, ça va, mais deux, que voulez-vous qu'on en fasse ? » Il a reconnu ses filles quelques jours après leur naissance.

23

À propos de leur petite enfance, les souvenirs divergent à nouveau. Dans l'esprit de Franck Perrais, la période est heureuse. Les jumelles sont faciles, Laëtitia dort tout le temps, Jessica ne pleure pas tellement. Selon Alain Larcher, en revanche, c'est le début du chaos. Le père rentre ivre tous les soirs, s'en prend à la maman et aux fillettes.

Les parents se séparent en 1993. Sylvie, restée seule avec ses filles, fait une dépression. Franck passe les voir de temps en temps. Il veut reprendre la vie commune; elle accepte, pour laisser une chance à leur couple, mais Franck continue de faire la bringue et de se montrer violent. Il déteste voir Laëtitia et Jessica jouer par terre: «Ça suffit! Debout! Levez-vous!» Sylvie intervient, le ton monte et cela se termine en scène de ménage. Si quelqu'un s'interpose, Franck rétorque: «C'est mes filles, je fais ce que j'en veux!»

Un souvenir d'Alain Larcher: Jessica pleurait parce que sa couche était sale. De colère, Franck l'a attrapée et jetée d'un canapé à l'autre par-dessus la table basse du salon. La chienne, un grand berger allemand, s'est mise au-dessus d'elle pour la protéger. Une autre fois, Franck a suspendu Laëtitia dans le vide, depuis le palier du troisième étage, en la tenant par les bretelles de sa salopette. Il menace Alain Larcher, qui grimpe les escaliers pour venir venger sa sœur: «T'approche pas, sinon je lâche!» Jessica sanglote, agrippée aux jambes de sa mère.

Je suis dans l'appartement d'Alain Larcher, dans la banlieue de Nantes. Il est venu avec sa fille me chercher à l'arrêt de bus. On bavarde dans le salon. Sur la cheminée, une urne contient les cendres de la chienne. Alain Larcher a longtemps travaillé comme chef cuisinier. Les photos qui défilent sur l'ordinateur nous font remonter le temps: des vacances en Bretagne, une piscine en plastique pour les filles, Laëtitia juchée sur le dos d'une vache. Un petit sapin en carton vert que Laëtitia et Jessica lui ont offert à Noël, leur portrait d'écolières collé dessus. Alain Larcher aurait aimé accompagner sa filleule dans les premiers pas de sa vie d'adulte, être présent à son mariage. Au lieu de cela, il a organisé des marches blanches.

C'est un grand gars costaud, brun aux yeux bleus, les cheveux coupés en brosse, le visage anguleux, usé par les périodes de chômage et les épreuves de la vie. Sa chemise noire est ouverte sur une chaîne en argent. En se remémorant la scène où Franck Perrais a suspendu Laëtitia par les bretelles de sa salopette, le colosse a les larmes aux yeux :

– Ma princesse était dans le vide.

Alain Larcher en veut à Franck Perrais. Il s'en est ouvert à *Paris Match* bien avant que je vienne l'interroger : sa sœur revenait avec des bleus, des coquarts, des entailles, des traces de cutter sur tout le corps. Franck la forçait à faire l'amour quand elle n'avait pas envie. Il frappait ses filles. Sylvie n'osait pas en parler à ses parents, parce qu'ils lui avaient fermement déconseillé de se mettre en ménage avec lui. Et puis, dans son enfance, Sylvie avait déjà subi des agressions sexuelles ; son père était alcoolique et violent. Finalement, avec l'aide de ce dernier, elle a réussi à mettre Franck dehors en avril 1995.

Le malheur de Laëtitia et Jessica a commencé très tôt. Est-il possible qu'elles soient nées d'un viol, qu'elles aient souffert *in utero* ? Après leur naissance, elles ont vécu la violence de l'intérieur, car il n'y a pas de séparation entre le tout-petit et sa mère. Personne n'était en sécurité à la maison. Avant, se souvient Alain Larcher, « ma sœur avait une bonne situation : elle était active, souriante, heureuse de vivre. Si elle n'avait pas subi tous ces sévices, elle ne serait pas tombée en dépression et les filles n'auraient jamais été placées ». À plusieurs reprises, il a essayé de lui ouvrir les yeux, mais elle était amoureuse, elle avait son Franck dans la peau, elle voulait vivre avec le père de ses filles. Un jour, Alain Larcher a attendu son beau-frère à la sortie de son travail, dans un restaurant universitaire, et il lui a cassé le nez. « Heureusement pour lui, on nous a séparés. »

Le dossier d'assises de Franck Perrais, que la procureure de la République à Nantes m'a autorisé à consulter, nous apprend que, le 16 octobre 1995, Franck s'est rendu à la sortie de l'école de ses filles. Il a suivi Sylvie et s'est invité chez elle. Dans la soirée, une fois les jumelles couchées, il lui a confisqué le téléphone, l'a forcée à se déshabiller, l'a bâillonnée avec un torchon et l'a violée sous la menace d'un cutter, en lui faisant une estafilade de 3 centimètres sur l'avant-bras. Une semaine plus tard, il a voulu recommencer, mais elle s'est réfugiée dans les toilettes, d'où elle a appelé au secours. Quand les voisins sont arrivés, elle pleurait.

Soutenue par son frère, Sylvie a porté plainte. Franck Perrais a été incarcéré et, deux ans plus tard, le 16 septembre 1997, il a été condamné par la cour d'assises de Loire-Atlantique pour viol et tentative de viol avec arme. Pour lui, cinq ans de prison, dont deux avec sursis; pour elle, la dépression et des séjours en hôpital psychiatrique.

*

J'ai rencontré Franck Perrais au cabinet de son avocat. Petit, râblé, impeccable dans son costume noir, il a un nez de boxeur et des cheveux blonds coupés en brosse. Avec les bras et la poitrine couverts de tatouages, il se présente comme un dur au cœur tendre. Sa syntaxe est aussi déstructurée que son existence, un mot vient à la place d'un autre, les phrases ne débouchent sur rien. Lassé des boîtes d'intérim et des formations bidon, il se rend utile à sa manière en animant un site Internet dédié à la mémoire de sa fille. Notre rencontre tombe à pic : justement, il cherchait un écrivain.

Franck Perrais est né en 1967. Il a grandi à Couëron, en aval de Nantes, entre sa sœur, son frère Stéphane et un autre frère handicapé. Le père, peintre en bâtiment, avait des problèmes d'alcool. La mère, agent d'entretien dans les hôpitaux, estime que Franck a eu une enfance difficile, mais lui, de son côté, en garde un bon souvenir. Avec Stéphane, ils faisaient des petits larcins, couraient après les filles, s'amusaient avec trois fois rien, des billes, des morceaux de bois. À neuf ans, on l'a envoyé en pension, parce que, dit-il, «j'avais un *ssseu* sur la langue». Là-bas, les éducateurs étaient sévères : catéchisme obligatoire, punitions à tout bout de champ. À douze ans, il est entré en section d'éducation spécialisée dans un collège de Nantes. À seize ans, il a commencé une formation de peintre en bâtiment, puis il a été successivement apprenti menuisier, apprenti pâtissier, apprenti mécanicien, apprenti en apprentissages, avant de devenir «serveur en haute gastronomie» dans un restaurant du littoral. Ensuite, il a enchaîné les contrats d'intérim.

Son frère Stéphane a été placé en foyer. Il est allé voir de lui-même l'assistante sociale et, un beau jour, les parents ont été remplacés par des éducateurs. Pour lui, Franck a été un bon père : «On partait se balader en vélo avec les enfants. Mon frère avait ses deux filles, l'une devant, l'une derrière. On pique-niquait, on jouait au foot. Je revois le visage des filles sur le vélo, avec un immense sourire.»

Franck Perrais est un homme malmené par la vie, peu instruit, irritable, violent, mais j'ai acquis la conviction qu'il a aimé ses filles, du moins au bout d'un certain temps. Il n'a jamais rompu le contact. Il a toujours exercé son droit de visite, payé la pension alimentaire. Il le disait il y a vingt ans, il le redit devant moi : «J'aime voir mes filles, j'adore mes filles.» Aujourd'hui, il prend des nouvelles de Jessica, lui offre des petits cadeaux. Il est là quand elle a besoin d'aller sur la tombe de sa sœur, à La Bernerie.

Je ne sais pas, en revanche, si l'on peut dire qu'il a aimé leur mère. Il faudrait se mettre d'accord sur des expressions comme «amour», «vie commune», «protection mutuelle», mais il y a aujourd'hui, dans le regard de Sylvie Larcher, une peur gigantesque, viscérale, qui en dit plus long que tous les rapports sur les violences faites aux femmes. Peur du père qui boit et cogne, peur des hommes qui vous tailladent, qui s'arrogent un droit de propriété sur vous, qui vous pénètrent quand ça leur chante, mais aussi peur des autres, peur des autorités, peur du monde – un mixte de sidération et d'attente qui prend la forme d'un sourire immobile et qui est la crainte de mal faire, l'effort muet et appliqué pour ne pas déclencher la colère de l'autre.

Alain Larcher me raconte que sa sœur dit oui à tout, mais il n'est pas sûr qu'elle comprenne vraiment. Cela ne l'étonne pas, avec tous les médicaments qu'elle prend. Elle se fait couler un bain, elle va promener le chien en attendant et, à son retour, les pompiers sont là pour l'inondation.

*

Sous l'Ancien Régime et au XIXe siècle, les violences sexuelles bénéficiaient d'une grande indulgence. L'homme n'a fait qu'exprimer son désir, la femme l'a provoqué. Ce renversement de culpabilité procède d'un jugement de valeur qui subordonne le sexe « faible » au sexe fort, les « moitiés » aux êtres complets. Au sein du couple, la notion même de violence sexuelle est impensable. D'après le Code civil napoléonien, la femme doit « obéissance à son mari ». Il est entendu que les besoins sexuels du mari doivent trouver un exutoire. Le rapport sexuel qu'il impose, lors de la nuit de noces, à sa jeune épouse vierge et ignorante est un passage obligé. La violence fait partie des droits de l'homme.

C'est très tardivement – au début des années 1990 en France, aux Pays-Bas, en Suisse et en Angleterre – que la loi a autorisé les femmes à poursuivre leur conjoint pour violences sexuelles. En France, depuis la loi de 2006, un viol (défini comme un acte de pénétration commis par violence, menace ou surprise) est aggravé s'il est commis par le mari ou le compagnon. Mais il y a, au sein du couple, une large palette de violences, leur finalité étant la domination et la soumission de l'autre : insultes répétées, actes d'intimidation, harcèlement, chantage affectif, pressions psychologiques, menaces sur les enfants, rapports sexuels forcés, gifles, coups, sévices, etc.

D'après l'Enquête nationale sur les violences envers les femmes en France, rendue publique en 2000, près de 10 % des femmes en couple disent avoir subi des violences psychologiques, verbales, physiques ou sexuelles dans l'année qui précède. Les jeunes (de vingt à vingt-quatre ans) sont nettement plus exposées que leurs aînées. La moitié des femmes violées l'ont été par un conjoint ou un ex-conjoint, ces viols donnant rarement lieu à une plainte et, moins encore, à un procès. Toutes les classes sociales sont concernées, mais une enquête menée en 1996 auprès des médecins généralistes de Loire-Atlantique met en cause la précarité dans la moitié des cas et l'alcoolisme dans plus de 90 % des cas.

À quel point Franck Perrais a-t-il abîmé la mère de ses filles ? Sylvie Larcher a subi une espèce de mort psychique. D'autres femmes ont rencontré la mort tout court. En France, elles sont plus de cent par an : mères de famille étranglées ou abattues au fusil, ex-conjointes tuées à coups de poing après avoir été la cible de dizaines de textos injurieux envoyés à toute heure du jour et de la nuit, femmes poignardées pour avoir refusé une relation sexuelle. Certaines de ces affaires arrivent sur le bureau de Cécile de Oliveira, l'avocate de Jessica.

*

La cour d'assises de Loire-Atlantique siège au tribunal de grande instance (TGI) de Nantes, dans une salle de dimensions relativement modestes, mais dont le plafond monte à 7 ou 8 mètres. Dans ce cube de lumière teintée par les dalles bordeaux, j'ai vu Cécile de Oliveira plusieurs fois à l'œuvre. La robe noire a remplacé (ou plutôt recouvert) le jean et le corsage à fleurs. Elle écoute, prend des notes, interroge et, à la fin, elle plaide. Quand elle représente une partie civile, elle essaie de nouer un contact, une sorte de contrat moral avec l'accusé, pour parvenir ensemble à la vérité. À défaut, elle le déstabilise avec des questions décalées qui orientent la conversation dans un sens inattendu, opérant des détours pour mieux en revenir au crime.

Aujourd'hui, c'est le procès de Bernard, accusé d'avoir assassiné une collègue à coups de tournevis. Dépit amoureux. La victime a été retrouvée dans le local technique de l'entreprise, baignant dans son sang. La voiture de Bernard avait été nettoyée de fond en comble, mais les policiers l'ont passée au Bluestar, un produit qui permet de révéler les traces de sang même si elles ont été lavées, et du sang a été retrouvé sur le levier de vitesse. Dans le box, un homme d'une quarantaine d'années, en costume, tête baissée, l'air doux et inoffensif, patiente sagement : c'est Bernard. Passionné d'informatique, de musique et de cinéma, il est solitaire et renfermé. Son papa voulait qu'il sorte davantage.

Depuis le début du procès, il louvoie, alléguant l'amnésie. Il répond invariablement qu'il a oublié, qu'il ne sait plus, que c'est le « trou noir » – jusqu'à ce que Cécile de Oliveira, qui représente la famille de la victime, se dresse face à lui. La scène est rapportée dans le *Ouest-France* du 25 juin 2014 que j'ai acheté à mon arrivée en gare de Nantes :

– Où vous êtes-vous débarrassé de vos baskets pleines de sang ?

Le public entend Bernard murmurer :

– Dans une poubelle.

Cécile de Oliveira l'encourage :

– J'ai la certitude que vous pouvez raconter la scène.

Elle lui demande doucement s'il s'est senti abandonné lorsque sa collègue a coupé les ponts parce qu'il devenait « trop collant » ; si, de ce jour, il n'a plus rien eu dans sa vie, à part maman, papa et la religion. Bernard craque :

– On était face à face, dans le local. Je me souviens de ses cris, effrayants.

Pendant une demi-heure, Cécile de Oliveira l'accouche de son atroce confession.

4

Le Cassepot

Dès le début, Cécile de Oliveira (que je pourrais appeler Cécile, car nous sommes rapidement devenus amis) me conseille d'aller sur les lieux. Elle propose de m'y emmener en voiture. Nous sommes en juillet 2014, il fait un temps splendide. Sur la route, nous parlons du métier d'avocat. En début de carrière, il faut prêter serment : « Je jure d'exercer mes fonctions avec dignité, conscience, indépendance, probité et humanité. » Sa seule nuit blanche a été à la veille d'une plaidoirie où son client devait être soit acquitté, soit condamné à une lourde peine. Finalement, il a pris vingt-huit ans, après avoir reconnu sa culpabilité *in extremis*. La vie d'un homme s'est jouée en quelques heures.

En première instance, le meurtrier de Laëtitia a été condamné à la réclusion criminelle à perpétuité, assortie d'une période incompressible de vingt-deux ans et d'une rétention de sûreté, dispositif voté sous Nicolas Sarkozy qui permet d'interner le condamné libérable dans un hôpital-prison s'il est toujours dangereux. C'est une des plus lourdes peines prononçables en droit français, la rétention de sûreté venant en quelque sorte garantir une perpétuité réelle.

Cécile de Oliveira n'est pas inquiète pour le procès d'appel, qui doit se tenir à Rennes à l'automne 2014. Elle serait même soulagée qu'il prenne moins, par exemple la perpétuité sans la rétention de sûreté, ou même seulement trente ans. Je m'étonne.

– Non, répond-elle, il faut que les gens sortent un jour. Ce n'est ni un monstre, ni un fou, seulement un pauvre type qui a commis un crime horrible. Il n'était pas déterminé à ça.

D'ailleurs, elle aurait aimé le défendre, plaider sur le principe, à la Badinter, parce que tout le monde a le droit d'être défendu et bien défendu, même les terroristes et les violeurs d'enfants. Cécile de Oliveira est écœurée par la rétention de sûreté, qui ne fait pas dépendre l'enfermement d'un acte interdit par la loi, mais d'une personnalité évaluée par des experts.

Nous arrivons à La Bernerie, petite station balnéaire sur l'Atlantique, bondée en cette période estivale. Nous passons devant la petite église où a eu lieu la messe d'enterrement de Laëtitia trois ans plus tôt, le 25 juin 2011. Le Barbe Blues, le bar de nuit miteux où elle a été vue après son service, a changé de nom. On dirait que ce bar attire l'horreur : en février 2011, l'ancien patron a été condamné pour avoir étranglé et découpé sa compagne, avant de la jeter à l'eau dans deux valises.

Nous déjeunons à l'Hôtel de Nantes. La façade est jaune canari, ponctuée d'auvents bleus. La salle de restaurant est une pièce vaste et agréable, avec une quinzaine de tables, un sol carrelé et une décoration résolument kitsch : un angelot jouant du luth, des cages à oiseaux vides, une affiche à la gloire de « PARIS » dont le I est figuré par la tour Eiffel, une affiche de style cubain représentant un cigare et des lattes en bois blanc. L'hôtel-restaurant fait karaoké. Sur chaque table, un petit écriteau annonce : « Ici, à l'Hôtel de Nantes, tous les samedis soir, hors saison, on danse sans majoration et sans aucune modération. » Une carte de l'île d'Yeu est imprimée sur les sets de table en papier, avec curiosités touristiques, horaires des traversées et promotions publicitaires.

Mme Deslandes, la restauratrice, ex-patronne de Laëtitia, nous apporte nos crêpes. Puis, d'un ton mi-plaintif, mi-sentencieux :

– On est envahis de fourmis volantes. Il va y avoir de l'orage.

– C'est pas faux ! s'amuse Cécile de Oliveira.

L'Hôtel de Nantes fonctionne à l'année. Laëtitia y était

serveuse depuis l'été 2010. L'hiver, à la morte-saison, on y sert des « repas ouvriers », des menus complets dans les 7 ou 8 euros pour les ouvriers des chantiers de restauration-rénovation qui foisonnent dans la région. Ils logent à l'hôtel-restaurant, le temps que le chantier soit terminé. Des repas ouvriers, c'est ce que Laëtitia a servi le dernier jour de sa vie.

Le mardi 18 janvier 2011, la station balnéaire était déserte. Seuls l'Hôtel de Nantes, le Barbe Blues et quelques commerces étaient ouverts, mais la météo était clémente, comme en attestent les photos de Laëtitia retrouvées dans le portable de son meurtrier. Aujourd'hui, La Bernerie est prise d'assaut par une foule de vacanciers. Des chars à voile et des catamarans sont rangés sous les drapeaux qui claquent au vent. Sur la plage, petits et grands cuisent au soleil.

Nous nous rendons au cimetière, une aire sablonneuse perchée sur les hauteurs. Le marbre rose est couvert de fleurs et de plaques funéraires.

Laëtitia Perrais, 1992-2011

La route de la Rogère, parallèle à la côte, traverse une zone pavillonnaire entre ronds-points et panneaux publicitaires. C'est là qu'habitent M. et Mme Patron, c'est là que Laëtitia a vécu avec sa sœur et c'est là qu'elle a été enlevée, vers 1 heure du matin, dans la nuit du 18 au 19 janvier 2011.

Nous partons pour le lieu-dit Le Cassepot sur des routes de campagne. Cassepot, un nom célinien, à la fois vulgaire et inquiétant, comme Casse-pipe, Casse-tête, « se faire casser le pot ». Cécile de Oliveira s'engage sur un chemin en terre et coupe le moteur. Derrière le portail s'étend un terrain encombré d'épaves de voitures, de moteurs noirs et huileux, de parpaings, de gravats, de rebuts non identifiés, de vieux réfrigérateurs basculés sur le dos – une sorte de garage à ciel ouvert, étalé dans l'herbe grasse. Un portique à balançoires, auquel sont fixées une chaîne et une poulie, sert à lever les carcasses pour les désosser. Un hangar se dresse sur la droite. Au fond du jardin, contre le rideau d'arbres qui ferme le terrain, on aperçoit un poulailler et deux caravanes.

Une femme est en train d'étendre du linge sur une corde. M'approchant d'elle, modeste et tout sourire, je lui dis que je travaille sur la «petite Laëtitia». Elle s'assure que je ne suis pas un journaliste. On commence à discuter. Son mari, le cousin du meurtrier, est ferrailleur : il fait les déchetteries, chine des voitures pour les découper, revend la ferraille à un site de recyclage en Vendée, cuivre, laiton, alu. L'affaire a bouleversé leur vie. Pendant les faits, ils étaient au ski, dans les Pyrénées, à 900 kilomètres de là. Une voisine les a prévenus que les gendarmes étaient chez eux et retournaient tout. À leur retour, la maison était sous scellés. Ils ont dû habiter à droite et à gauche avec leurs trois enfants, tout en continuant à payer le loyer. On a fini par les autoriser à revenir. Un jour, les enfants sont entrés dans la caravane, malgré les scellés, pour y voler des bonbons.

*

Jeudi 20 janvier 2011

Il est 4 h 30 du matin. Le bocage est congelé dans la nuit. Les hommes du GIGN se déploient silencieusement dans le hameau du Cassepot ; ils ont une parfaite connaissance des lieux, le maire d'Arthon-en-Retz ayant dû leur fournir le cadastre en plein milieu de la nuit. Ils enjambent le portail, investissent le terrain, longent les murs comme des ombres. Le suspect est localisé non dans la caravane où il dort habituellement, mais au rez-de-chaussée de la maison.

Lorsque les gendarmes de l'unité d'élite font sauter la porte, la cartouche en céramique, projetée accidentellement dans l'habitation, atteint l'homme en pleine tête. Gisant sur le canapé du salon, inconscient, le front en sang, il ne peut être interpellé, ni placé en garde à vue. Après que le médecin du GIGN lui a prodigué les premiers soins, il est évacué vers l'hôpital de Saint-Nazaire.

Premier état des lieux. La 106 blanche est stationnée devant le hangar. Une carabine 22 long rifle et une trentaine de téléphones portables sont saisis dans la caravane, en même temps que 700 grammes de résine de cannabis. Mais pas de Laëtitia.

Les recherches commencent selon la technique de l'escargot, qui consiste à élargir progressivement le périmètre en décrivant une spirale à partir du Cassepot.

Le relevé des empreintes digitales confirme l'identité de l'homme : il s'agit de Tony Meilhon, né le 14 août 1979, ferrailleur, condamné à treize reprises pour délits et crimes. À sa sortie de l'hôpital, vers 11 h 30, il est placé en garde à vue et se voit notifier ses droits. Il répond :

– Vous feriez mieux d'utiliser votre 9 mm, pour qu'on en finisse plus vite.

Meilhon est conduit à la brigade de gendarmerie de Pornic. Vu son pedigree, il n'est pas trop dépaysé.

Mai 1996 : condamnation à trois mois de prison avec sursis pour vol. Le sursis étant révoqué au bout de quelques mois, Meilhon, seize ans, est incarcéré pour la première fois de sa vie.

Avril 1997 : quatre mois de prison pour vol. Il viole son codétenu à l'aide d'un balai. Le codétenu avait agressé sexuellement sa propre sœur et Meilhon voulait « venger la petite fille ».

Mars 1998 : six mois de prison pour vol en réunion.

Mars 2001 : condamnation à cinq ans de prison par la cour d'assises des mineurs de Loire-Atlantique pour le viol de son codétenu (Meilhon était en détention préventive depuis août 1999).

Août 2003 : braquage de trois commerces avec cagoule, bombe lacrymogène et pistolet, pour payer sa consommation de drogue. Quelques centaines d'euros de recette. Interpellation.

Juin 2005 : condamnation à six ans de prison par la cour d'assises de Loire-Atlantique. Sa détention est émaillée de nombreux incidents : menaces envers les surveillants, culture de cannabis sur la fenêtre de sa cellule, incartades avec sa compagne au parloir. C'est un braqueur doublé d'une baraque : on le « respecte ».

Juin 2009 : un an de prison, dont six mois avec sursis, pour outrage et menaces en récidive à magistrat.

Février 2010 : libération. Meilhon élit domicile postal au Centre d'action sociale de Nantes. Il est pris en charge par sa belle-sœur, qui vit seule avec ses enfants dans une HLM (le frère de Meilhon étant lui-même en prison).

Pendant la garde à vue, le discours des gendarmes manque de cohérence. D'un côté, ils feignent l'indifférence : « Tu vas te prendre perpète, on s'en fout de la retrouver. » De l'autre, ils insistent pour savoir où il a mis la jeune fille. À un moment, sur la vidéo de l'interrogatoire, on voit que Meilhon se dit : « OK, terminé. » Il se tait, regarde ailleurs. Confronté au scénario que les gendarmes lui soumettent – viol, enlèvement, meurtre –, il sourit. De temps en temps, il lâche : « Je m'en fous », « je sais pas » ou « j'ai plus que quelques heures à vivre ». Il refuse de s'alimenter et de signer les documents.

Blessé par la cartouche en céramique, pressé de questions, Meilhon est aussi humilié dans sa fierté de malfrat. Comme il le reconnaîtra au premier procès : « Je m'attendais à ce que les gendarmes débarquent, mais pas aussi vite. »

Peu après 13 h 30, l'AFP fait le point sur l'enquête : « Outre le GIGN, quarante gendarmes sont mobilisés pour les recherches opérationnelles et vingt-cinq enquêteurs pour les investigations et les auditions. » L'article est signé « axt », pour Alexandra Turcat, journaliste à l'AFP depuis une vingtaine d'années et qui deviendra aussi une amie. Des perquisitions sont menées chez les proches de Meilhon, notamment chez son ex-copine, dans un quartier populaire de Nantes. Pendant que les gendarmes, secondés par des maîtres-chiens, des plongeurs et un hélicoptère, explorent les environs du Cassepot, les techniciens en identification criminelle se déploient dans la maison du cousin. Des vêtements masculins sont saisis. Un foyer éteint est retrouvé au milieu du jardin, sous un caddie de supermarché qui sert de gril. Le coffre de la 106 est plein de sang séché. Il y a beaucoup de sang, trop de sang.

À 17 heures, Florence Lecoq, procureure de la République à Saint-Nazaire, tient une conférence de presse évasive et optimiste : « Nous n'avons aucune indication sur le fait qu'elle soit en vie ou l'inverse. » La thèse de l'enlèvement étant privilégiée, Laëtitia est considérée comme vivante « jusqu'à preuve du contraire ».

L'adjudant-chef Frantz Touchais, le « Monsieur Crimes Violents » de la SR d'Angers, arrive à la brigade de Pornic en compagnie de son binôme, un analyste criminel. Tandis que leurs collègues interrogent Meilhon, les deux hommes s'enferment dans un bureau : « On mouline tout ce qui est entré en procédure, on essaie de comprendre ce qui s'est passé. Les deux portables, celui de Meilhon et celui de Laëtitia, déclenchent sur le relais d'Arthon-en-Retz vers minuit. Ça signifie qu'il a amené la gamine au Cassepot. »

En fin d'après-midi, à la brigade de gendarmerie de Pornic, Meilhon sort enfin de son silence.

En sortant d'un bar PMU à La Bernerie, le mardi 18 janvier 2011, il a aperçu Laëtitia, qu'il avait rencontrée l'été précédent. Ils sont allés se promener sur la plage, où ils ont fumé du shit. Laëtitia était gaie. Il l'a invitée à boire un verre au Barbe Blues. Quand elle a repris son service à l'Hôtel de Nantes, vers 18 h 30, il est parti lui acheter des gants au Leclerc de Pornic. À la fin de son service, vers 22 heures, ils sont retournés au Barbe Blues, puis, après une altercation entre deux clients, ils sont allés dans un bar-lounge de Pornic, le Key46. En route, ils ont eu un rapport sexuel consenti sur le capot de la voiture. Vers 1 heure du matin, Laëtitia est repartie en scooter en oubliant sa paire de gants offerte en cadeau. Alors qu'il la poursuivait pour la lui rendre, il l'a percutée involontairement : il a entendu un choc et la voiture s'est soulevée. Le scooter était au sol, Laëtitia ne bougeait plus. Après avoir chargé le corps dans le coffre, il est rentré chez son cousin au Cassepot. Les mains pleines de sang, il l'a allongée sur une planche, dans le hangar, pour voir ce qu'elle avait. Après, « c'est le diable » : pris de panique, il a jeté le corps dans la Loire depuis le pont de Saint-Nazaire.

Cette version laisse les enquêteurs sceptiques, sauf sur un point : Laëtitia est morte.

À 20 heures, le journal de TF1 s'ouvre sur la « disparition inquiétante » d'une jeune fille de dix-huit ans dans la région de Pornic ; un suspect a été arrêté.

5

Papa au coin

Après l'incarcération de Franck Perrais en novembre 1995, les jumelles vivent avec leur mère à Nantes. Premiers souvenirs de Jessica : des douches froides quand elle fait une colère, des coups de cuillère en bois sur les fesses quand elle fait une bêtise. Dans son album, des photos montrent les jumelles sur une balançoire, le berger allemand d'Alain Larcher à côté du canapé, un gâteau d'anniversaire, une chasse aux œufs de Pâques dans le jardin des grands-parents. Laëtitia et Jessica sont coiffées et habillées exactement de la même manière, avec des couettes et une doudoune orange. Leur maman figure sur la photo.

– Votre mère était tendre ?

Jessica sourit :

– Je ne dirais pas ce mot-là…

Sylvie Larcher aime sortir en discothèque ; ces jours-là, une amie vient garder ses filles. Parfois, elle pique des crises de nerfs. Il lui arrive de casser des objets ou de bloquer l'ascenseur. Les petites font des cauchemars à cause de leur père. Parfois, elles dorment toutes les trois ensemble. En janvier 1996, Mme Larcher déclare aux psychologues : « Je fais des cauchemars. J'ai surtout peur que Laëtitia soit tuée par son père, parce qu'il ne l'aime pas. »

Quand finalement leur maman est hospitalisée pour dépression, les jumelles partent vivre chez leur grand-mère

39

paternelle, Mme Perrais, à la Petite Sensive dans le nord de Nantes. On est en 1996-1997, les filles sont âgées de quatre à cinq ans. On leur a dit que leur papa avait été mis « au coin », mais Jessica a bien compris qu'il s'agissait de la prison. Les visites au parloir, les barreaux, les cages où l'on met les gens terrorisent la fillette, qui reste cramponnée à sa mamie. Laëtitia, elle, affirmera ne se souvenir de rien.

Leurs caractères commencent à se différencier. Laëtitia est maigrichonne, fluette. Quand elle ne pleurniche pas, elle reste dans son coin, en silence. C'est la petite à laquelle on ne fait pas attention. Jessica s'occupe d'elle, la protège : elle est la maman de sa sœur.

D'après Franck et Stéphane Perrais, les filles sont heureuses chez leur mamie. Au bas de l'immeuble, elles jouent au ballon ou à cache-cache, font du toboggan. Les adultes gardent un œil sur elles depuis la fenêtre de l'appartement. Mais, selon Alain Larcher, la mamie n'a plus toute sa tête, elle s'emporte souvent et vocifère. Les filles disent : « Mamie, quand elle nous frotte là, elle nous fait mal. » Au moins, elles vont régulièrement à l'école.

*

Nantes, juillet 2014. Avant de partir pour Le Cassepot avec Cécile de Oliveira, je retrouve Jessica pour un entretien. Nous nous attablons dans un café du centre-ville. Je lui propose qu'on se tutoie, elle accepte mais ne cesse de me vouvoyer, comme dans un film comique.

Cette semaine, Jessica est en vacances. Elle en profite pour faire des grasses matinées. L'après-midi, elle va se balader en ville avec sa copine, elles suivent le père de celle-ci dans ses pérégrinations. Il gagne sa vie comme cracheur de feu. Elles tirent une certaine fierté de son talent, de sa liberté d'artiste.

Jessica reprend le travail lundi. À la cantine, elle s'occupe de la mise en vitrine et de la plonge. Parfois, elle est de service à la légumerie : il faut éplucher les carottes, couper les tomates en tranches, les concombres en dés. L'ambiance est bonne. Parfois, ses collègues la vannent gentiment : « Eh Jessica, y a des moules à midi ! » Son chef la laisse partir plus tôt quand elle doit aller chez son avocate ou chez la psychologue. La cantine est fréquentée par des gens des bureaux, des administratifs, des policiers.

– Tiens ! me dit-elle tout à coup. J'ai pensé à vous, parce que l'autre jour j'ai ouvert les cartons de ma sœur. Il y a le T-shirt de la marche blanche, celui qu'on a donné à M. Sarkozy. Des fois, je mets des choses à elle. Ça date d'il y a longtemps, mais les souvenirs sont toujours là. Ça fait plaisir.

Jessica m'a apporté un petit haut noir décolleté avec deux lanières qu'on noue sur le devant.

– Elle le mettait souvent, pour sortir. J'ai retrouvé son odeur.

– Comment elle est, son odeur ?

– C'est son parfum, une odeur bien particulière, fraîche, agréable à sentir. L'odeur est toujours là, même si ça fait longtemps qu'elle est dans les cartons. C'est l'odeur de sa vie.

Dans ses cartons, Jessica a identifié plusieurs odeurs : celle de Laëtitia, la sienne, celle de sa lessive et, mêlée aux parfums de leur vie, l'odeur de M. Patron, « une odeur de vieux, de renfermé ».

Jessica m'accompagne jusqu'au cabinet de Cécile de Oliveira, mais elle refuse de monter. Je la regarde s'éloigner avec son sac à dos : une simple jeune femme dans la ville.

Lors de notre « Meilhon Tour », entre La Bernerie et Le Cassepot, j'ai confié à Cécile de Oliveira que j'aimerais écrire un texte pour Jessica, afin qu'elle ne reste pas sans voix, au procès d'appel, terrorisée par le meurtrier de sa sœur, réduite à sangloter devant lui. Cécile de Oliveira m'a répondu que ce n'était pas une bonne idée, car Jessica ne s'exprime pas avec des mots, mais avec des attitudes : la réserve, la gentillesse, la capacité d'écoute, les soins qu'elle apporte à la tombe de sa sœur. Parfois, à travers des maux ou des éruptions cutanées, son corps parle pour elle.

Les mots sont toujours plus ou moins extorqués à Jessica, par les éducateurs, les gendarmes, les juges, les journalistes. Ces mots, que je recueille à mon tour avec soin, lui appartiennent et ne lui appartiennent pas : tantôt ils expriment avec économie des choses compliquées et intimes, tantôt ils sont puisés à d'autres sources, les conseils de son avocate ou de son curateur, le verdict d'une cour d'assises, un reportage à la télévision, et alors ils passent à travers elle en un maigre flux, sans la toucher.

Jessica est toujours celle qu'on interroge. Elle prend rarement l'initiative de parler : la parole appartient aux autres. Cela explique que notre conversation soit languissante dès que je cesse de l'alimenter. Mais j'aime être auprès de Jessica : le temps passe sereinement, sans autre adjuvant que le plaisir d'être ensemble, et ce quasi-vide m'est une plénitude. Les mots sonnent faux quand ils doivent remplir l'espace laissé vacant. Laëtitia, on peut seulement l'entourer, l'effleurer, la sertir, et nos mots sont alors semblables à ces parures qui subsistent des civilisations disparues. Rien n'est plus éloquent, pour parler d'elle, que sa tunique fuchsia, son parfum léger et frais, son casque de scooter décoré d'arabesques bleues et blanches, son collier avec un petit cœur en métal qui se balance au bout d'une chaînette. Un jour, Jessica l'a mis pour aller au travail. Ses collègues l'ont aussitôt remarqué : «Tiens, c'est joli, ça vient d'où ?» Leurs compliments lui ont fait plaisir.

Un autre jour, en septembre, nous avons feuilleté son pauvre album de photos aux trois quarts vides, collection de débris rassemblés après un naufrage. Jessica possède autant de photos de son enfance que j'en prends de mes filles en un mois. La conversation tourne autour de sa ressemblance avec Laëtitia : «À votre avis, c'est elle ou c'est moi ?» Mais on ne les confond pas, car Laëtitia est plus frêle, plus étonnée.

6

Une « toute petite chance »

Vendredi 21 janvier 2011

Le site du Cassepot est passé au peigne fin par les techniciens de l'IRCGN. Dans la caravane, la maison et le hangar, ils prélèvent fibres, poils, empreintes digitales, traces suspectes sur les murs, les sols, les draps. Ils arrosent toutes les surfaces de Bluestar, à la recherche de la moindre goutte de sang. En tamisant les cendres du foyer au milieu du jardin, ils découvrent une lame de couteau, une pince, une cisaille, une scie à métaux et des petits débris pouvant être des rivets de jean, des agrafes de soutien-gorge, une jugulaire de casque et une boucle d'oreille – tous calcinés. Les opérations sont ralenties par la présence, sur les lieux, d'un rottweiler appartenant au cousin de Meilhon. Un voisin accepte de le recueillir provisoirement.

La 106 volée dans laquelle circule Meilhon est une véritable poubelle : le sol de l'habitacle est jonché de frites, de peaux de bananes, de coquilles de pistaches, de capsules de bières ; les vide-poches des portières et la boîte à gants débordent de mouchoirs usagés, d'essuie-tout et de liasses de billets de Rapido. Les housses de siège sont déchirées. À l'avant, les ceintures de sécurité ont été sectionnées puis renouées.

Plusieurs éléments attirent l'attention des enquêteurs. La partie droite du pare-chocs est fissurée, avec un écaillement de peinture. Sur l'optique avant droite, on distingue des rayures

43

et des résidus de matière rouge. La banquette arrière manque ; elle sera retrouvée, avec une petite tache de sang, à l'arrière d'un fourgon Citroën qui sert de décharge ambulante. Le coffre, lui, est couvert de sang séché, comme si on en avait versé des litres.

Le hangar, sombre et humide, empestant l'essence, est envahi d'un bric-à-brac hétéroclite appartenant au cousin : meubles en contreplaqué défoncés, bidons à moitié vides maculés de coulures, poubelles en plastique d'un mètre de haut, pneus crevés pleins de boue, bonbonnes de gaz, bacs en plastique, caisses, grillages. C'est un univers de chaos et de désolation d'où émergent des squelettes de métal, un treuil rouillé, un buggy démonté, un reste de remorque.

Une grande flaque d'eau stagne sous le buggy, qui peut correspondre à un lavage des lieux ou à une infiltration du sous-sol. Deux sites sanglants sont localisés sur une caisse en plastique et sur un meuble couleur acajou. Lors du premier procès, le président questionnera l'un des enquêteurs :

– Au Cassepot, vous indiquez des traces de sang sur un meuble, au fond. Vous dites « par projection ». Pouvez-vous expliquer ?

– On retrouve des petites gouttelettes. Ce n'est pas un écoulement de sang. Le sang a été projeté par un choc ou une section.

Grâce à une caméra spéciale, les gendarmes modélisent le hangar en trois dimensions. À l'issue de la perquisition, une trentaine de scellés sont envoyés à l'IRCGN.

Au même moment, une expertise a lieu sur la route de la Rogère, à Pornic. À l'endroit où gît le scooter, deux barnums sont dressés, recouverts d'une bâche noire pour obtenir une obscurité complète. Le Bluestar ne révèle aucune trace de sang : après sa chute à scooter, Laëtitia n'a pas saigné.

Les techniciens recueillent les débris en plastique et les résidus de peinture et de gomme, tous placés sous scellés. On distingue, sur le bitume, une longue rayure parallèle aux traces de pneus. Les enquêteurs redressent le scooter. La carrosserie est rayée sur tout le côté droit. Côté gauche, le carénage est fendu. La béquille est cassée, mais les optiques avant et arrière ne sont pas endommagées.

Absence de sang, intégrité du scooter, optiques et rétroviseurs intacts : l'impression générale est que le choc n'a pas été très violent.

Dans la selle, les gendarmes découvrent un antivol, une paire de gants neuve avec l'étiquette, une chemise contenant les papiers du scooter, une carte de sauveteur secouriste, un billet de 20 euros et un Post-it où sont inscrits les mots

AN CAS D'ASSIDAN APPELER

suivis de trois numéros de téléphone, le fixe de M. et Mme Patron et leurs portables respectifs, accompagnés de leur adresse, route de la Rogère, à Pornic.

À 20 heures, le journal de TF1 s'ouvre à nouveau sur la disparition de Laëtitia, « toujours introuvable ». Florence Lecoq, procureure de la République à Saint-Nazaire, déclare, le visage fermé : « S'il reste une toute petite chance, gardons-la à l'esprit. »

La nuit est tombée sur Le Cassepot. Le pourtour des flaques d'eau boueuses commence à geler. Les branches des arbres prolifèrent sur le ciel, par-dessus le hangar et les caravanes. Les techniciens s'activent jusque tard dans la nuit.

7

Une enfance sans mots

Il n'y a pas d'élément structurant dans leur enfance. Tout est perte, absence de repères. L'histoire de Laëtitia et Jessica est cabossée de coups, de chocs, de commotions, de chutes dont on ne se relève que pour tomber à nouveau. Leurs premières années n'ont été qu'une suite de bouleversements incompréhensibles. On ne leur a expliqué ni les causes de leurs déménagements successifs, ni les raisons pour lesquelles maman était à l'hôpital et papa « au coin ». On ne leur a pas parlé du tout. Dans son étude sur les services sociaux de l'Eure, Geneviève Besson cite le témoignage d'un adulte maltraité au cours de son enfance : « Il n'y a pas besoin de le jeter contre un mur pour détruire un enfant. […] Le biberon est coincé dans le lit, l'enfant boit tout seul, on ne le regarde pas, on ne lui parle pas, et l'enfant n'existe pas. […] Quelque chose en lui va se "casser" à jamais. »

Tous les éducateurs et psychologues de Laëtitia ont souligné sa difficulté à verbaliser. Jessica ajoute : Laëtitia disait ne se souvenir de rien. Ses traumatismes d'enfant se sont effacés de sa mémoire. Elle repoussait, enfouissait un passé qui ne lui évoquait rien de bon. Les rapports demandés par le juge des enfants mettent en évidence un « profil abandonnique », les « carences affectives et intellectuelles » d'une fillette « très insécurisée ». À huit ans, elle a les capacités cognitives d'une enfant de cinq ans.

Mais on aura beau effectuer tous les tests du bonhomme et du gribouillis, situer une petite fille sur l'échelle de Wechsler, on n'aura posé qu'un diagnostic d'adulte, et l'on n'aura pas senti l'effondrement intérieur. La question, en forme de gageure, est donc la suivante : quelles fissures définitives sa petite enfance a-t-elle provoquées en elle, sachant qu'elle n'avait pas les ressources pour le dire, en raison de son âge et de ses traumatismes mêmes ? Quelles pensées derrière l'« absence de verbalisation », derrière le refoulement et l'oubli ?

J'ai lu des livres. Dans le sillage de John Bowlby, fondateur de la théorie de l'attachement à la fin des années 1960, le pédopsychiatre Maurice Berger écrit qu'un enfant a besoin de nouer un lien avec une figure d'adulte « stable, fiable, prévisible, accessible, capable de comprendre ses besoins et d'apaiser ses tensions ». Sans ce *caregiver* (ou « donneur d'attention »), pas de sécurité affective, pas de confiance, pas de point d'ancrage et donc pas de disponibilité pour partir à la découverte du monde. On a observé qu'un très jeune enfant témoin de violences intrafamiliales était susceptible de développer des manifestations d'anxiété ou d'agressivité, des troubles énurétiques, un syndrome de stress post-traumatique, ainsi que des déficiences verbales et intellectuelles. La vulnérabilité s'installe très tôt.

J'ai appris des termes techniques, des expressions savantes, mais j'aimerais au contraire retrouver le flou, le vague, la propension à l'oubli, le sentiment d'impuissance et d'incompréhension qu'il y a dans l'esprit d'un enfant, Laëtitia, Jessica ou le tout-petit que nous fûmes.

Dans *De sang-froid*, le « roman non fictionnel » de Truman Capote, le meurtrier raconte qu'il voyait son père battre sa mère :

J'avais affreusement peur. En fait, nous les enfants, on était tous terrifiés. On pleurait. J'avais peur parce que je croyais que mon père allait me faire mal, et aussi parce qu'il battait ma mère. Je ne comprenais pas vraiment pourquoi il la battait, mais je sentais bien qu'elle devait avoir fait quelque chose de terriblement mal.

Dans son étude *Femmes sous emprise*, Marie-France Hirigoyen cite ce témoignage d'adulte : « J'étais souvent réveillée, la nuit, par des cris et des bagarres […]. Quand on a rencontré la violence pendant l'enfance, c'est comme une langue maternelle qu'on vous a apprise. »

L'univers de violence a épuisé les mots. Ces mots, je vais les prêter à Laëtitia. Pour cette princesse, il faudrait écrire un *Petit Prince* où la gravité et le sérieux des adultes n'auraient pas droit de cité.

Papa tape maman
Maman pleure
On a mis papa au coin
C'est ma faute
Je ne veux pas aller en prison
Maman est partie
Est-ce que papa et maman vont revenir ?

Je n'invente qu'à moitié. Un jour, à la fin 2014 – nous étions au chaud dans un café, après une promenade dans un petit marché de Noël –, Jessica s'est souvenue à voix haute : « Mon père donnait des claques à ma mère. Ma mère pleurait, on ne pouvait pas l'aider, sinon ça aurait été pour nous. »

D'autres mots d'enfant, qu'un avocat m'a rapportés. Dans une petite ville, un homme a tué sa femme à coups de couteau devant leurs fillettes de trois ans et dix-huit mois. Il les a laissées seules avec le corps pour aller se forger un alibi, avant d'appeler la gendarmerie, fort inquiet, à propos d'un cambriolage qui aurait mal tourné à son domicile. Entre-temps, la fillette de trois ans, fâchée que sa mère ne bouge plus, se couche sur elle, la tire, la secoue, puis, ne sachant plus quoi faire, sort dans la rue tout ensanglantée, marche 200 mètres et tombe sur une passante qui, horrifiée, prévient la gendarmerie. Recueillie, la fillette explique que « papa a mis du rouge sur maman ».

Combien de fois Laëtitia a-t-elle senti le vide autour d'elle, sous elle, en elle ? Dire de sa vie qu'elle est un champ de ruines serait inexact, car, pour avoir des ruines, il faut d'abord construire quelque chose. Or Laëtitia n'a rien pu construire : on l'en a systématiquement empêchée. Les bébés aiment renverser les cubes multicolores qu'on empile devant eux. Dans le cas de Laëtitia, ce sont les adultes qui détruisaient la petite tour. Chaque fois, ils s'ingéniaient à faire table rase. À la fin, il n'y avait toujours rien debout, et Laëtitia a abandonné.

Bébé, elle a perdu du poids, restreint son attention, dormi de plus en plus ; elle s'est retirée du non-sens où elle ne trouvait aucune place. Petite fille, elle est restée timide, inhibée, impressionnable, dissociée d'elle-même, spectatrice de la violence et des actes de maltraitance qu'on lui infligeait. Elle a été d'autant plus oubliée dans son coin qu'elle ne réclamait rien ; on l'a d'autant moins consolée qu'elle semblait passive, absente à sa propre vie. Toutes ces choses inexplicables, les cris, les coups, les larmes, les changements, l'indifférence, ont fait naître en elle ces axiomes monstrueux, ces vérités nichées au plus profond de son être, jusqu'à devenir la substance même dont elle était faite :

Papa a raison
Papa a raison, sinon il tape
Papa a toujours raison, sinon il tue maman
Les hommes ont toujours raison, sinon ils nous tuent

Pour les jumelles, l'idée s'est imposée que, quand elle crie de douleur ou pleure de détresse, maman ne fait qu'obéir à sa nature. Tous ces traumatismes ont, pour ainsi dire, préparé le terrain. C'est en ce sens qu'on peut parler de destin, de vies programmées pour la violence et la soumission. Aujourd'hui,

Jessica a toujours peur de son père. À l'époque, pourtant, c'est elle qui protégeait sa sœur.

*

Certains spécialistes affirment que les jumeaux vivent dans une «fusion gémellaire» jusqu'à l'âge de deux ans. Entre deux et six ans, ils entrent dans une «phase de complémentarité» qui se traduit par un développement tout en oppositions : l'un est calme quand l'autre est nerveux, l'un est bavard quand l'autre se tait, l'un domine l'autre, etc. À l'âge scolaire et pendant l'adolescence, les jumeaux s'autonomisent, même s'il arrive que l'éducation ou des circonstances particulières prolongent la phase de fusion jusqu'à l'âge adulte.

Dans tous les cas, un cojumeau est le compagnon d'une vie. On s'aime, on s'agace, on se connaît par cœur. Ce couple survit aux rencontres amoureuses. Qu'est-ce qu'un conjoint face à un jumeau ? Dans *Olivier*, Jérôme Garcin s'adresse au petit garçon renversé par une voiture à l'âge de six ans : «Survivre à son frère jumeau est une imposture. Pourquoi moi, et pas toi ? » Dans un article du *Nouvel Observateur* de février 2015 consacré à des jumeaux malades de la mucoviscidose, l'un des deux expliquait : «Il y a tant de choses que je ne peux pas imaginer sans lui. Même un simple anniversaire : ce n'est pas mon anniversaire, mais le nôtre. Ce jour sans lui, ce serait comme célébrer une moitié de vie. »

Quand Laëtitia et Jessica étaient petites, elles se ressemblaient tellement que les gens les confondaient. Elles avaient le don de faire la même chose exactement au même moment ; bâiller, par exemple. Inséparables, elles se chamaillent. Franck Perrais en témoigne : «C'était "ma sœur m'énerve", et ensuite "ma sœur, elle est où ?". » En grandissant, chacune a développé son caractère propre. Ce processus de différenciation complémentaire a été figé par les adultes sous la forme d'une opposition schématique. Rétrospectivement, tout le monde affirme que

Jessica était la dominante, la protectrice, la maman, et Laëtitia la dominée, la petite qui chouine, la «pignouse», comme on dit dans l'Ouest.

Voilà l'élément structurant de leur enfance : la gémellité. C'est l'une des premières choses que Jessica m'ait dites : «Je n'ai jamais quitté ma sœur. Mon père, oui, ma mère, oui, mais Laëtitia, jamais.» Aujourd'hui, ce jeu de miroirs est devenu vain : il n'y a plus qu'une seule vie dépareillée.

8

Enlèvement suivi de mort

Vendredi 21 janvier 2011

Dans la matinée, tandis que les techniciens de l'IRCGN fouillent le site du Cassepot et qu'un périmètre de recherches est défini en aval et en amont du pont de Saint-Nazaire, Europe 1 annonce qu'une deuxième personne, témoin mais non complice, a été placée en garde à vue. L'information, confirmée par des «sources proches de l'enquête», est reprise par l'AFP vers midi.

Il s'agit de Bertier, un ancien codétenu de Meilhon. Le mercredi 19 janvier, en début d'après-midi, Meilhon lui a donné rendez-vous sur le parking du centre commercial Atlantis, à la sortie de Nantes. Quelques jours plus tôt, les deux hommes ont cambriolé une entreprise de panneaux solaires. Meilhon a proposé à Bertier d'écouler ses 60 kilos de cuivre et, maintenant, il lui doit sa part.

Quand il arrive au rendez-vous, Meilhon est pâle, nerveux comme s'il avait pris de la coke, les mains sales, les chaussures pleines de terre. Il regarde sans arrêt à droite, à gauche, derrière lui. Bertier ne l'a jamais vu dans cet état, «speed et parano».

La bande de vidéosurveillance saisie par les gendarmes montre les deux comparses sur le parking, en train de longer une des galeries du centre commercial. Un troisième homme, un ami qui a accompagné Bertier au rendez-vous, les suit légèrement en retrait, sans se mêler à leur conversation.

– Bon, dit Bertier, on fait comment pour l'argent ?

– J'ai un gros problème, répond Meilhon.

Bertier se dit qu'il a trouvé une entourloupe pour ne pas le payer.

– J'ai fait une connerie. J'ai renversé un mec en scooter. Il ne bougeait plus quand je suis descendu de la voiture.

Bertier jette un coup d'œil à la 106, garée à quelques mètres de là.

– La voiture n'a rien, poursuit Meilhon. Je l'ai mis dans le coffre. Je l'ai découpé. Le corps est dans des poubelles, là.

À l'arrière de la voiture, à côté d'un rouleau de grillage, on aperçoit deux grandes poubelles en plastique noir, empilées l'une dans l'autre jusqu'à toucher le plafond. La banquette arrière a été retirée. Meilhon n'a pas la réputation d'être un farceur et Bertier commence à se sentir mal à l'aise.

Avant de filer, pâle et nerveux, Meilhon remet à son copain une batterie de téléphone portable, en lui demandant de s'en débarrasser. Bertier s'exécute, dans un coin du parking.

*

Les expertises génétiques confirment que le sang découvert dans la 106 est bien celui de Laëtitia. Même si le porte-parole de la gendarmerie des Pays de la Loire ne le reconnaît pas officiellement, la phase de recherches opérationnelles est terminée. Il ne s'agit plus de retrouver une jeune fille, mais un corps. Coffre plein de sang, outils de découpe dans le foyer, discussion sur le parking d'Atlantis : la « disparition inquiétante » fait désormais place à un enlèvement suivi d'un meurtre. Ces éléments coïncident avec les témoignages de Steven, Antony et William qui évoquent une course-poursuite avec la 106, Laëtitia en colère dans la petite rue derrière l'Hôtel de Nantes, son appel téléphonique à 1 heure du matin révélant un viol.

Dans les locaux de la gendarmerie de Pornic, les enquêteurs décortiquent la version de Meilhon. Ils lui opposent que le choc entre la 106 et le scooter n'a pas été violent, que Laëtitia n'a pu se vider de son sang.

– Je sais plus, élude Meilhon, je dirai plus rien.

Confronté à ses incohérences, il opte pour le chantage au suicide :

– On naît pour être prédateur ou victime, je suis un prédateur. Ramenez-moi en prison. Vous parlez à un mort.

Les gendarmes lui montrent une photo de Laëtitia. Il la repose sur le bureau, prostré.

– Passez-moi votre pétard !

Il refuse de signer les procès-verbaux.

En fait, Meilhon est en position de force. Le premier jour de sa garde à vue, on lui a posé soixante-trois questions. Il est resté mutique, mais désormais il sait ce dont les enquêteurs disposent ; il réfléchit pendant la pause, puis il livre sa version. Le deuxième jour, quarante-huit nouvelles questions lui permettent, en familier des gardes à vue, d'affiner son récit. Tant que Laëtitia n'a pas été retrouvée, la version qu'il donne – un accident de la route mortel – est à la fois possible et invérifiable. Pas d'aveux, pas de corps. Rien n'est encore *prouvé*.

Les indices aux mains des enquêteurs sont toutefois suffisants pour que la thèse de l'homicide soit retenue, dans l'attente de nouveaux éléments à charge ou à décharge.

Samedi 22 janvier 2011

Compte tenu des investigations, le parquet de Saint-Nazaire se dessaisit au profit du parquet de Nantes, en charge des affaires criminelles. Xavier Ronsin, procureur de la République à Nantes, prend la main. À la réception de la procédure, le parquet fait l'analyse du dossier et rédige un « réquisitoire introductif », avec une proposition de qualification des faits pour le juge d'instruction. Le dossier échoit au juge Pierre-François Martinot, de permanence ce jour-là.

Sa garde à vue expirant à 11 h 30, Meilhon est transféré depuis la gendarmerie de Pornic jusqu'au palais de justice de Nantes, où il doit être mis en examen. Son escorte est composée de trois véhicules et de six motards appartenant au peloton de surveillance et d'intervention de la gendarmerie (PSIG). Des dizaines de journalistes, envoyés spéciaux, photographes et caméramans piétinent devant le palais de justice. Meilhon est débarqué du fourgon, la tête sous une couverture.

Vers 15 h 30, alors qu'il attend sa comparution dans la geôle du palais de justice, Meilhon, furieux de ne pas avoir été autorisé à fumer, se met à chanter à tue-tête. En entendant les paroles, les gendarmes sortent leurs portables pour enregistrer. Cette psalmodie obscène, entrecoupée de grands éclats de rire sardoniques, sera diffusée au procès dans un silence de mort :

Vous ne la retrouverez pas, oh c'est dommage !
Laëtitia-aa-aa
Là où tu es, la gendarmerie ne te retrouvera pas.
S'ils savaient où je te planque,
Mais ça, ils n'en sauront rien, même tes parents.
Oh-oh-oh Laëtitia-aa
Ton petit corps, ta petite chair toute tendre !
Oh-oh-oh Laëtitia-aa
Qu'est-ce qu'elle a gémi, qu'est-ce qu'elle était bonne !
Cinquante ans de prison, quelle rigolade…

Les paroles résonnent dans tout le couloir et Meilhon braille encore lorsque le juge d'instruction arrive, accompagné des colonels de la gendarmerie et du directeur d'enquête.

Dans son bureau, Pierre-François Martinot, trente-cinq ans, juge d'instruction au TGI de Nantes, fait face à Tony Meilhon, trente et un ans, ferrailleur, déjà condamné pour des délits et des crimes. Frustré par le triple sevrage de tabac, d'alcool et de drogue, épuisé par plusieurs nuits de veille et ses quarante-huit heures de garde à vue, Meilhon se montre hostile, agressif. Il refuse l'assistance de l'avocat commis d'office, ne signe aucune pièce et plaide l'accident de la route en état d'ivresse : il a voulu se débarrasser du corps, il a réagi n'importe comment.

Le juge Martinot le met en examen pour « enlèvement ou séquestration suivi de mort en état de récidive légale », à la suite de quoi Meilhon est incarcéré au centre pénitentiaire de Vezin-le-Coquet, près de Rennes. L'information du chef de viol est ouverte seulement contre X. Dans la soirée, Xavier Ronsin fait paraître un communiqué intitulé « Disparition et probable décès de Laëtitia ».

L'équipe de Ronsin (ce qu'on appelle le « parquet ») est installée dans l'aile nord du palais de justice, au quatrième étage, à une dizaine de mètres du cabinet de Martinot. Les deux hommes se connaissent peu et se vouvoient, mais le respect qu'ils se portent et le sentiment de faire équipe fluidifient les relations. Avant de rendre public tel élément du dossier, le procureur de la République prend toujours l'avis du jeune juge : « Quelle est votre position ? Voilà ce que je vous propose en termes de communication », etc. Accompagnant en temps réel le travail de la justice, le procureur-bouclier permet au juge d'instruction de se concentrer sur son travail d'investigation, sans avoir à le commenter ni à le justifier.

Le juge d'instruction, « à la fois Maigret et Salomon » selon la formule de Robert Badinter, est le responsable et superviseur de l'enquête. Il ordonne les écoutes téléphoniques, diligente les expertises, valide les orientations, effectue les arbitrages ; c'est à lui qu'en réfèrent les gendarmes ou les policiers, à qui il a délégué son pouvoir au moyen d'une commission rogatoire. Pressentant que l'affaire va se transformer en guêpier politico-judiciaire, ne sachant pas comment le parquet, les avocats et les parties civiles vont se positionner, le juge Martinot demande au président du tribunal de lui adjoindre un collègue plus aguerri.

Ce sera Frédéric Desaunettes : en poste à Dijon puis à Nantes, il a déjà instruit des dossiers sensibles, comme celui de Rezala, le « tueur des trains », meurtrier présumé de trois femmes en 1999, ou celui d'Iseni, accusé d'avoir enlevé et tué une jeune vendeuse au centre Atlantis en 2007. Autre atout : le juge Desaunettes connaît déjà Meilhon, pour avoir dirigé l'enquête sur ses trois braquages de 2003.

La commission rogatoire est délivrée conjointement au groupement de gendarmerie de Loire-Atlantique et à la SR des Pays de la Loire, basée à Angers. Composée de gendarmes locaux et d'enquêteurs de la SR, la « cellule Laëtitia » est pilotée depuis la brigade de Pornic. L'adjudant-chef Frantz Touchais, de la SR d'Angers, devient le directeur d'enquête. Il passera dix-huit mois à Pornic, logeant dans un mobil-home avec ses collègues, alors qu'il habite à 150 kilomètres de là. Pendant les trois premières semaines, il n'est pas rentré une seule fois à la maison ; ensuite, il y est revenu seulement les week-ends. Comme il me l'a confié après avoir déposé devant la cour d'assises, « Pornic, c'est pas rigolo en hiver. Une enquête comme celle-là, ça coûte beaucoup en vie de famille ». Le succès exige une équipe soudée, un esprit de groupe, un travail acharné, le surinvestissement de chacun – en un mot, beaucoup de sacrifices de la part des professionnels, mais aussi (et peut-être surtout) de la part de leurs épouses et de leurs enfants.

Martinot-Touchais : ce sera, jusqu'à la fin, le couple moteur de l'enquête.

*

Les grandes surfaces de la région reçoivent l'ordre de sauvegarder leurs bandes de vidéosurveillance pour la période du 14 au 20 janvier 2011. Il n'y a pas d'enregistrement pour le pont de Saint-Nazaire : la circulation est visionnée en direct par un opérateur, mais seulement de 6 à 21 heures. Les recherches sur le terrain, à Pornic, La Bernerie, Le Cassepot, dans l'estuaire de la Loire, avec des moyens pédestres, nautiques et aériens, demeurent vaines. « S'ils savaient où je te planque », a chanté Meilhon dans la geôle du palais de justice.

Grâce à Mme Patron, la mère d'accueil de Laëtitia et de

Jessica, les gendarmes établissent un signalement de la jeune fille : 1,64 mètre, 46 kilos, cheveux châtains longs, yeux marron, vêtue d'un jean bleu clair, d'une tunique fuchsia à fleurs blanches et d'une veste sombre garnie de fourrure au col et aux manches. Dans le week-end, les vitrines des commerçants de la région se couvrent d'appels à témoins.

LAËTITIA
Disparue à Pornic le 18 janvier 2011
N'hésitez pas à soulager votre conscience
Aidez-nous à la retrouver

Le numéro de téléphone de la gendarmerie de Pornic figure au bas de la feuille. L'avant-dernière phrase, écrite en tout petits caractères, comme un conseil à voix basse, semble viser des complices, tandis que l'ultime impératif s'adresse à « nous », les concitoyens, les voisins, les témoins impuissants, prêts à participer aux battues et autres manifestations de solidarité.

Sur la photo en noir et blanc, Laëtitia nous sourit avec franchise. Je ne sais pas qui a réalisé ce portrait : je n'ai pas osé le demander à Jessica. Est-ce une photo de famille détourée, un photomaton pour une quelconque carte d'identité, un de ces *selfies* de bébé star qu'elle postait sur son compte Facebook ? Nul ne pouvait imaginer qu'elle deviendrait une icône de terreur et de pitié sur l'affichette d'un appel à témoins.

9

Deux fillettes devant le juge

En 1996-1997, pendant l'incarcération de leur père et l'hospitalisation de leur mère, Laëtitia et Jessica vivent avec leur mamie Perrais. Entre deux séjours en psychiatrie, Sylvie Larcher tente de s'occuper de ses filles. Elle est finalement placée sous curatelle. Depuis sa cellule, Franck Perrais écrit au juge des enfants pour lui faire part de son inquiétude.

Janvier 1997 : « Madame sollicite une aide éducative. »

Que signifie cette phrase, qui figure dans le dossier des jumelles, aujourd'hui conservé au conseil général de Loire-Atlantique ? Soit Mme Larcher est allée d'elle-même se présenter au centre médico-social de la Beaujoire, soit des voisins ont fait un signalement aux services sociaux du département et ceux-ci ont transmis une « information préoccupante ». Aujourd'hui comme il y a vingt ans, une telle mesure résulte d'un faisceau d'éléments : des absences scolaires à répétition ou, au contraire, des enfants qu'on ne vient pas chercher après la classe, qu'on oublie à la maison, qui jouent seuls dans les escaliers jusqu'à une heure tardive, des bobos pas soignés, des dents en mauvaise santé, une hygiène insuffisante, des cris qu'on entend derrière la porte, etc.

Une aide éducative à domicile est alors mise en place. D'une manière ou d'une autre, le Service social de protection de l'enfance, une association nantaise liée au département, constate une inadaptation maternelle, voire une absence de

59

cadre éducatif. Dès février 1997, le signalement est transmis au parquet de Nantes, ce qui signifie que la situation est jugée assez grave.

Grosso modo, les services sociaux peuvent intervenir de deux manières : administrativement, en aidant des parents qui le souhaitent, ou judiciairement, en protégeant un enfant « en danger », sans l'accord des parents. Cette dernière solution, ordonnée par le juge des enfants, est encadrée par l'article 375 du Code civil, qui permet d'organiser une « assistance éducative en milieu ouvert » (AEMO) au domicile des parents ou, en dernière extrémité, de leur retirer l'enfant pour le placer en foyer ou dans une famille d'accueil.

L'article 375 nous domine de deux siècles. Sous Napoléon, il autorise un père à faire emprisonner son enfant si celui-ci lui donne « des sujets de mécontentement très graves » : c'est la correction paternelle, héritée des lettres de cachet d'Ancien Régime. En 1958, une ordonnance y introduit la notion de « danger » – non plus le trouble que l'enfant apporterait dans sa propre famille, mais les périls qui risquent d'y compromettre sa santé, sa sécurité ou sa moralité.

Les rédactions successives du Code civil n'ont pas enlevé à l'article 375 sa profonde et fascinante unité : clé ouvrant la porte du logis, il donne à l'État le droit de s'emparer de l'enfant. Pour le meilleur : une société démocratique doit être capable de défendre les plus vulnérables, fût-ce contre leurs propres parents. Pour le pire : il est facile de déclarer un mineur « en danger » et de l'arracher à une éducation qu'on réprouve, pour l'envoyer là où l'appellent les besoins ou les utopies du jour. Sur deux siècles, les quelques phrases de l'article 375 unissent des millions de détresses, des univers de malheur.

Dans le cas de Laëtitia et Jessica, un juge des enfants est saisi, qui va désormais décider : on entre dans la sphère judiciaire. La machine se met alors en branle : « examen psychologique » des enfants, « expertise psychiatrique » de la maman, « enquête sociale ». Conclusion : « Grande difficulté. »

Le 1ᵉʳ décembre 1997, le tribunal pour enfants de Nantes ordonne une mesure d'AEMO en faveur de Laëtitia et Jessica : un employé du Service social de protection de l'enfance va venir régulièrement au domicile de Sylvie Larcher pour l'assister dans son éducation et s'assurer que celle-ci convient à des fillettes de cinq ans.

À la fin de l'année 1998, alors que Franck Perrais est sorti de prison en liberté conditionnelle, le travailleur social constate que Mme Larcher, hospitalisée en psychiatrie avec des épisodes délirants, est incapable de s'occuper de ses filles. En avril 1999, la mesure d'AEMO est reconduite, mais au domicile du père, avec un droit de visite pour la mère. Si Franck Perrais obtient la garde de ses filles, ce n'est pas en raison de ses qualités intrinsèques ; c'est parce que leur mère est détruite. Les jumelles vont sur leurs sept ans. Le juge des enfants, compréhensif et vigilant, prévient Franck qu'il va devoir se battre pour trouver un appartement, du travail, et s'occuper correctement des fillettes.

Un jour, se souvient Jessica, « des messieurs ont mis un cadenas sur la porte de chez nous et on a été obligés de vivre entre la rue et des caves ». Franck Perrais dort avec ses filles dans la rue, ou bien il les confie à des connaissances, des relations de voisinage. Peu à peu, il relève le défi, trouve un vrai logement et un emploi de chauffeur livreur. L'appartement qu'il loue, dans une petite HLM des Dervallières, à l'ouest de Nantes, est minuscule. Ses horaires sont aléatoires : comme il travaille très tôt le matin ou très tard le soir, Laëtitia et Jessica restent souvent seules à la maison. « On dormait, on surveillait quand est-ce que papa arrive. » Les fillettes sont effrayées par la flamme du chauffe-eau, qui se rallume avec un bruit sourd.

Précarité sociale, difficultés financières, appartement exigu, horaires de travail impossibles. Franck Perrais se démène. Il respecte le cadre de rencontres fixé par l'assistante sociale, organise sa vie pour que les filles ne souffrent pas trop de ses contraintes professionnelles. Quand il part, à 5 heures du matin, le petit déjeuner est prêt, il n'y a plus qu'à le réchauffer dans le micro-ondes ; une voisine monte vérifier que tout se passe bien. Les filles vont à l'école toutes seules. Parfois, elles manquent la classe, passant des journées entières livrées à elles-mêmes, à s'inquiéter des bruits du chauffe-eau.

Elles redoublent leur CP. Une nuit, Franck Perrais descend en caleçon et remonte avec le poing en sang : une dispute avec des voisins. Comme le dit Jessica : « Après ma mère, on a vécu avec mon père, mais c'était mieux avec ni l'un ni l'autre. » Selon Franck Perrais, Jessica le protège, le veut pour elle seule. Quand des femmes lui tournent autour, elle s'interpose : « C'est moi la maman ! » Laëtitia est plus effacée, jouant dans son coin avec une figurine Playmobil et un petit coffre.

En 2000, les jumelles accusent un important retard scolaire. Toutes deux sont dans une situation de souffrance affective et psychologique. Âgées de huit ans, elles ne maîtrisent pas les savoirs de base, lecture, écriture, calcul. Franck Perrais instrumentalise ses filles, cherche à s'en faire des alliées contre leur mère. Jessica se plaint à l'assistante sociale : « Papa nous empêche de voir maman. » Laëtitia : « Papa nous tape si on parle de maman. Papa dit qu'elle devrait aller en prison, parce qu'elle est violente. » Force est de reconnaître que, au bout de trois ans, la mesure d'AEMO n'a pas porté ses fruits.

Le 23 novembre 2000, un nouvel acronyme vient bouleverser la vie des jumelles : OPP, pour ordonnance de placement provisoire, signée par le juge des enfants. « Attendu que les deux enfants subissent un échec scolaire majeur, […] que le contexte familial, perturbant, empêche leur concentration… » En conséquence, elles vont être placées à l'ASE. Franck Perrais et Sylvie Larcher perdent le droit de garde, mais ils conservent les autres droits parentaux (orientation scolaire, sortie du territoire, opérations médicales, etc.). L'ASE propose, le juge dispose. En vertu des articles 375 et suivants du Code civil, Laëtitia et Jessica sont envoyées dans un foyer.

Pourquoi le foyer avant la famille d'accueil ? Parce que c'est moins traumatisant pour les enfants, parce que les parents se sentent moins niés, parce que le foyer dispose d'une équipe de professionnels spécialisés.

*

Signalement, services sociaux, juge des enfants, assistance éducative, placement, foyer : du point de vue de l'ASE, le parcours de Laëtitia et Jessica est classique, si ce n'est banal. Entre 1997, date de la première intervention du juge, et 2001, année de leur arrivée au foyer, on assiste à une montée en puissance de l'action publique, à un crescendo des mesures de protection et à un éloignement progressif des parents. Dès que la situation se dégrade, c'est-à-dire aussitôt que l'échec d'une mesure est constaté, une nouvelle mesure entre en vigueur.

Sur le papier, il n'y a rien à dire : un juge retire leurs filles à des parents défaillants. Des fillettes trimballées dans des caves, laissées seules à la maison toute la journée, prises en otage dans les conflits des adultes, incapables de lire et d'écrire à l'âge de huit ans, pour le dire familièrement, ce n'est pas possible. Le législateur a beau considérer qu'un mineur est d'abord l'enfant de ses parents et que le placement n'est pas une fin en soi, la collectivité ne peut tolérer un certain degré de négligence et d'irresponsabilité.

Une psychologue de l'ASE se souvient de la première réunion d'équipe au sujet des jumelles, en janvier 2001 :

> Avant le placement, il y avait des désaccords entre les professionnels, sur la personne du père, sur l'opportunité de placer ou non. Mais deux enfants avec un tel retard d'acquisition, c'est préoccupant ! C'étaient des petites filles d'intelligence normale, mais entravées dans leur apprentissage. Ce n'était pas une déficience intellectuelle ou un mauvais QI, c'était leur environnement familial qui était pathogène. Leur monde était trop chaotique et cela les conduisait à mettre en place des mécanismes de défense.

Mais, si l'on y regarde de plus près, on s'aperçoit que la protection sociale des enfants, aussi nécessaire soit-elle, porte en elle une forme de brutalité. Jessica a rencontré des juges bien avant de perdre sa sœur. À l'âge des poupées, elles ont subi des interrogatoires, elles ont été scrutées par des regards inconnus, elles ont fait l'objet de rapports psychologiques ou médico-sociaux. Et cela ne s'est plus jamais arrêté. Les mesures d'assistance éducative ont bénéficié aux fillettes, mais elles ont aussi fragilisé la confiance qu'elles avaient dans les adultes. Le monde est sans cohérence, les grandes personnes ne sont pas d'accord entre elles, papa et maman se conduisent mal.

Comme au XIXe siècle, on retrouve la béante incompréhension entre les familles (souvent d'origine populaire) et les services sociaux. Chez les Perrais, aujourd'hui encore, règne un grand sentiment d'injustice. Franck est convaincu d'avoir respecté les règles : il a obéi aux assistantes sociales, trouvé un appartement, trimé du matin au soir, mais on lui a quand même retiré ses filles. Un coup de poignard dans le dos. Elles étaient heureuses avec lui. L'ASE a fait trois victimes.

À l'époque, lorsque Franck Perrais évoquait la séparation avec ses enfants, il était très ému. Il ne comprenait pas les raisons du placement : comment la justice peut-elle lui confier ses filles pendant plus d'un an, alors qu'il sort de prison pour crime, et les lui retirer parce qu'elles apprennent mal à l'école ? Aujourd'hui, dans le cabinet de son avocat, il me livre sa vision des choses : « Madame m'a mis au tribunal pour le droit de visite. Le juge m'a donné l'autorisation d'avoir la garde. Madame avait les services sociaux, le conseil général était derrière elle. J'avais la garde, mais, avec les services sociaux, j'étais surveillé. » Comme leurs enfants, les parents ne comprennent pas très bien ce qui leur arrive. Mais ils ont saisi l'essentiel : « J'aurais préféré les garder, mais j'avais pas le droit. »

Une fois que la justice a retiré des enfants « en danger », elle ne les rend plus. L'idée que les parents sont en trop reste gravée dans le cerveau reptilien des institutions. Delphine Perrais, la tante des jumelles, en prend acte avec un mélange de colère et de résignation : « On dit "placement provisoire", mais les familles ne récupèrent jamais leurs enfants. C'est malheureux, mais c'est tout le temps comme ça. » Les services sociaux répondent que le parcours des enfants de l'ASE est au contraire marqué par de nombreux allers-retours, placement, retour en famille, placement, etc., la justice et les institutions voulant à tout prix maintenir le lien familial. Les réflexions en cours (rapport Gouttenoire, travaux des parlementaires Dini et Meunier) soulèvent d'ailleurs ce problème d'instabilité. Visions irréconciliables.

Le 9 janvier 2001, Laëtitia et Jessica quittent Nantes pour la première fois de leur vie. Direction Paimbœuf, une petite ville en bord de Loire.

10

Une journée spéciale

Grâce aux témoignages, aux relevés téléphoniques et aux caméras de vidéosurveillance, les enquêteurs reconstituent par bribes la dernière journée de Laëtitia.

Mardi 18 janvier 2011

Vers 10 h 30, Laëtitia quitte le domicile des Patron. Entre la route de la Rogère, à Pornic, et l'Hôtel de Nantes, à La Bernerie, le trajet dure moins de cinq minutes en scooter.

Laëtitia déjeune à l'Hôtel de Nantes et fait le service du midi.

L'après-midi, pendant sa pause, elle est en compagnie de Jonathan, qu'elle a rencontré en seconde au lycée de Machecoul. Bien qu'ils se soient un peu perdus de vue, ils ont l'habitude de s'envoyer des textos et, ce matin-là, ils se sont donné rendez-vous à 15 heures. Comme le jeune homme le raconte aux gendarmes, il est passé prendre Laëtitia sur le parking en face de la mairie de La Bernerie, à la sortie de son travail. Ils sont allés faire un tour dans sa voiture, qu'il a arrêtée dans un endroit tranquille sur le chemin de la déchetterie. Ils ont bavardé quelques instants, puis la conversation a dérapé, ils se sont embrassés et ils ont fait l'amour dans la voiture. Aussitôt après sont venus les remords : Jonathan, qui vit en couple, n'est autre que le meilleur ami de Kévin, le petit copain de Laëtitia.

Aux alentours de 15 h 30, Laëtitia prévient Mme Patron par SMS : « je reste a la bern ».

À 16 h 06, Laëtitia reçoit un appel de sa copine Lydia. Elle descend vers la plage en attendant l'heure de la reprise. Elle est ravie et heureuse. D'après Lydia, « on sentait que ça allait bien pour elle ».

À 16 h 28, Laëtitia appelle William, son confident et amoureux transi. Elle lui avoue qu'elle vient de tromper Kévin.

Laëtitia est sur la plage avec Meilhon. Il fait froid, mais le ciel est dégagé et le soleil brille. Meilhon lui fait fumer un joint et la prend en photo avec son portable (les photos seront retrouvées dans la carte mémoire de l'appareil).

Meilhon et Laëtitia sont au Barbe Blues aux alentours de 17 h 30. Il la présente au serveur ainsi qu'à Gérald et Cléo, deux connaissances qui consomment au bar. Laëtitia adresse au couple un timide bonjour. Gérald fait remarquer à Meilhon qu'elle est un peu jeune ; Meilhon répond qu'elle a dix-neuf ans et qu'elle travaille à l'Hôtel de Nantes. Ils vont s'attabler au fond de la salle. Meilhon boit un cognac aux amandes et Laëtitia un Coca light. Il la reprend en photo avec son portable.

Vers 18 h 20, Laëtitia rembauche pour le service du soir. M. et Mme Deslandes, ses patrons, qui arrivent en voiture, la voient enlacée à Meilhon devant le garage de leur hôtel-restaurant, dans la petite rue où habite leur fils. Gênée, Laëtitia se dégage aussitôt. À côté de Meilhon, la jeune fille fait l'effet d'une brindille.

Mme Deslandes descend de la voiture pour ouvrir le portail. Elle ouvre le premier battant. Le temps qu'elle atteigne le deuxième, le premier s'est refermé ; elle retourne au premier, mais le deuxième se referme, et ainsi de suite. Laëtitia rigole. Meilhon retient l'un des battants pour permettre à la voiture d'entrer dans le garage.

– C'est une propriété privée, dit Mme Deslandes. Faut pas rester là.

– Vous avez un très bon restaurant, répond Meilhon. On mange bien chez vous.

– On ne se connaît pas, mais c'est vrai qu'on mange bien chez moi.

Steven, l'apprenti cuisinier, arrive en scooter derrière la voiture de ses patrons. Il entend Meilhon lancer à Laëtitia, d'un ton agressif : « N'oublie pas, c'est moi qui viens te chercher ce soir ! »

Laëtitia monte se changer à l'étage. À 18 h 26, elle appelle Kévin. Elle lui avoue le shit sur la plage, mais pas la tromperie avec Jonathan.

Steven, Antony et Laëtitia dînent à l'Hôtel de Nantes. Elle semble tracassée. Elle demande à Steven s'il a déjà fait quelque chose avec sa copine que celle-ci ne voulait pas faire.

Laëtitia sert les clients, des ouvriers qui travaillent sur un chantier d'isolation près de la mairie. À la fin du service, vers 21 h 30, elle décline la proposition de Steven, qui veut l'attendre comme à l'accoutumée : « Non, Coco, je rentre plus tard. » Elle signe sa feuille d'heures et écrit « 11h » en prévision du lendemain matin.

Dans la rue, à 21 h 41, Laëtitia appelle Kévin. Elle lui apprend qu'elle a fait la connaissance d'un homme d'une trentaine d'années. Kévin : « Ben, fais attention. »

Laëtitia et Meilhon sont à nouveau au Barbe Blues, assis à une table au fond du bar. Il lui offre la paire de gants qu'il est allé lui acheter au Leclerc de Pornic. Loulou, un manchot copain de Meilhon, salue Laëtitia qui lui semble «très jeune», dans les seize ans.

– Qu'est-ce que tu fais avec une gamine comme ça, t'as perdu la tête?

Meilhon répond qu'elle est majeure et consentante.

Dans le bar, une quinzaine d'habitués sifflent des bières et jouent au baby-foot. Laëtitia semble gênée, mal à l'aise, perdue au milieu des soûlards. Une dispute éclate entre Gérald et un client éméché qui drague Cléo. Meilhon s'interpose, le ton monte, on se bouscule, des verres tombent et se cassent, on s'échange des insultes. Choquée, Laëtitia sanglote dans un coin.

Vers 23 heures, Meilhon et Laëtitia sont au Key46, un bar-lounge qui jouxte le casino de Pornic, en face du port de plaisance. Meilhon commande deux coupes de champagne. Laëtitia semble inquiète, pas à sa place. Pendant qu'il va fumer sur le quai, elle reste seule au bar à pianoter sur son portable. Elle reçoit un appel de William: «J'ai bu de l'alcool, j'aurais pas dû.» Meilhon revient. Avant de ressortir fumer, il lance au barman: «Tu nous remets deux coupes.»

À 23 h 30, sur les caméras de surveillance du casino de Pornic, on voit une 106 blanche quitter le parking en bord de mer.

Mercredi 19 janvier 2011

Sur la route, Laëtitia échange des textos avec William. La 106 arrive au Cassepot, Meilhon se gare sur le terrain de son cousin. À 0 h 13, les textos de Laëtitia s'interrompent.

Vers minuit et demi, la conversation par SMS reprend :
0 h 35, *Laëtitia* : j tappel tt taleur j ai un truc grave a te dir
0 h 36, *William* : ton mec est au couren ? ta tro bu vomi
0 h 38, *Laëtitia* : nn tkt pa atten dan 10 minute
0 h 42, *William* : tro grave ?
0 h 43, *Laëtitia* : oai
0 h 43, *William* : di alor
0 h 44, *Laëtitia* : attent
0 h 46, *William* : ta larguer ton mec ou tu sor avec deux persone a la foi
0 h 47, *Laëtitia* : nn plu grave

Meilhon dépose Laëtitia dans la petite rue derrière l'Hôtel de Nantes, où Antony l'aperçoit depuis la fenêtre de son studio. Elle parle avec colère à Meilhon, resté au volant de la 106.

À 0 h 58, près de son scooter, Laëtitia appelle William : elle lui dit qu'elle a été violée.

Le Barbe Blues est en train de fermer. Le serveur, ainsi que Loulou, Patrick et Jeff, tous trois anciens codétenus de Meilhon, voient une 106 blanche passer et repasser à 80-100 km/h, feux éteints, dans la rue qui traverse La Bernerie endormie. L'un d'eux s'écrie « qui c'est, ce malade ? », mais tout le monde sait qu'il s'agit de Meilhon.

À 1 h 04, William envoie un SMS à Laëtitia. Le portable de la jeune fille borne pour la dernière fois sur le relais de Pornic.

Entre 1 heure et 1 h 30 du matin, Jessica et une voisine sont réveillées par des claquements de portières sur la route de la Rogère. M. Patron, qui attend le retour de Laëtitia, pense aussitôt à un vol sur le chantier de sa maison en construction. Il sort en pyjama, muni de sa lampe torche, sans apercevoir le scooter renversé sur le bas-côté.

Patrick et Jeff roulent en direction de Pornic. À 1 h 10, en passant par la route de la Rogère, ils aperçoivent le feu arrière d'un scooter couché sur le bas-côté.

À 4 h 17, Meilhon envoie un SMS à Laëtitia : « Je désolé pour ce soir j avait bu un coup de trop. Ce n es pas dans mes habitudes d etre com sa, aussi insistant. Excuse moi ! Je peu attendre com tu me la demandé. J espere que tu es bien rentré et que tu gardera les bon momments de cet journée. biz Tony »

*

Il ressort des auditions que Laëtitia est une jeune fille à la fois réservée et dynamique, heureuse de son apprentissage dans la restauration. Son salaire est versé sur un compte auquel elle ne touche quasiment pas. Elle ne possède rien, hormis des vêtements, un téléphone portable et un scooter. Les rares fois où elle sort, c'est dans le secteur de La Bernerie. Elle communique avec ses amis par téléphone, SMS ou Facebook.

Les trois lettres saisies dans sa chambre laissent présager des intentions suicidaires. Ces courriers turlupinent Frantz Touchais. Rien ne les explique : Laëtitia est décrite par tous comme une fille heureuse, épanouie dans la voie professionnelle qu'elle a choisie, sauvée du malheur par M. et Mme Patron, un couple modèle qui force l'admiration. Ces trois lettres sont des pièces qui ne rentrent pas dans le puzzle.

Peu à peu, les enquêteurs repèrent des aspérités dans la vie de la jeune fille. Son père d'accueil, M. Patron, exerce sur elle une surveillance maniaque. À partir de novembre 2010, soit trois mois avant sa disparition, Laëtitia a changé : elle est devenue sombre, plus renfermée que d'habitude, et elle a dit à ses proches qu'elle voulait quitter la maison des Patron.

Et le 18 janvier 2011 est arrivé.

Pour Laëtitia, cela a été une journée spéciale. À 15 h 30, elle a couché avec le meilleur ami de son amoureux. À 18 h 30, elle est retournée au travail enlacée à un homme patibulaire qu'elle connaissait à peine. À 21 h 30, elle est venue au rendez-vous que cet homme lui avait fixé sur un ton agressif. La relation sexuelle sans lendemain dans une voiture, le shit sur la plage, le flirt avec un inconnu beaucoup plus âgé qu'elle, la tournée des bars en pleine semaine, le champagne, l'expédition au Cassepot, ces transgressions ne correspondent pas à la personnalité de cette jeune fille de dix-huit ans à peine sortie de l'adolescence, si peu délurée, si peu extravertie, qui travaille dur, ne fume pas et ne boit jamais. Quelque chose ne tourne pas rond.

Plusieurs questions restent ouvertes.

Où, comment et pourquoi Laëtitia a-t-elle été tuée?

Que s'est-il passé au Cassepot entre 0 h 13 et 0 h 35, intervalle pendant lequel la conversation avec William s'interrompt? Peut-on mettre en relation ce brusque silence et le «truc grave» qu'elle dit avoir subi aussitôt après?

Que signifient les allers-retours de la 106 à toute vitesse, devant le Barbe Blues, vers 1 heure du matin?

Pourquoi Laëtitia est-elle restée si longtemps en compagnie de Meilhon? Cet individu louche et gluant, elle l'a suivi cinq fois: sur la plage, au Barbe Blues à 17 h 30, au Barbe Blues à 22 heures, au Key46 et jusque dans son antre du Cassepot, à minuit passé. Toute la journée, la lumière rouge du danger a clignoté sous les yeux de Laëtitia. Au lieu de faire marche arrière, elle s'est enfoncée dans la spirale: elle a bu et fumé avec Meilhon, elle l'a docilement attendu après son travail, elle est montée dans sa 106 poubelle, elle est allée chez lui en pleine nuit. Immaturité, inconscience, vertige de mort?

Puisque Meilhon refuse de coopérer avec les gendarmes, il n'y a que deux manières de répondre à toutes ces questions: retrouver Laëtitia en fouillant les environs, grâce à une enquête criminelle; retrouver Laëtitia en fouillant son passé, grâce à une enquête de vie.

11

La maison « avec un toit en pente »

En janvier 2001, à l'âge de huit ans, Laëtitia et Jessica emménagent au foyer La Providence de Paimbœuf. Elles ne vivront plus jamais avec leurs parents. En ce sens, et même si ces derniers souhaitaient les garder, elles rejoignent l'immense fratrie des abandonnés, des « sans-famille » – drame pluriséculaire dont les maîtres mots sont violence et solitude.

L'abandon d'enfants, utilisé au XVIIIe siècle comme une sorte de contraception postnatale, devient, avec la révolution industrielle, une facette de la question sociale, l'échappatoire grâce à laquelle des jeunes femmes peuvent conserver leur emploi et survivre à la misère. L'augmentation du nombre d'enfants trouvés, de nourrissons oubliés, de petits mendiants, de jeunes prostituées, d'adolescents errant dans les rues finit par poser problème aux philanthropes et aux pédagogues. Un enfant victime est potentiellement un enfant coupable. Qu'en faire ?

On peut choisir entre la famille d'accueil à la campagne et l'orphelinat en ville. La chaumière offre un cadre idéal pour les petits abandonnés, mais il n'est pas facile de convaincre les paysans. L'établissement d'éducation collective semble tout indiqué pour accueillir des cohortes d'enfants miséreux, mais les hospices, bagnes agricoles, écoles industrielles et autres orphelinats corrompent au lieu de sauver, quand ils ne se révèlent pas tout simplement des mouroirs.

73

Dans la première moitié du XIXe siècle, une solution médiane est expérimentée, qui consiste à accueillir un nombre restreint d'enfants (orphelins, pauvres ou délinquants) à la campagne, dans un établissement à taille humaine, où une atmosphère de religion et de travail facilitera leur amendement. L'asile agricole de Hofwyl en Suisse, la Maison sauvage près de Hambourg, la colonie pénitentiaire de Mettray dans le Val de Loire sont des institutions de type « collectif-familial », composées de pavillons, de jardinets, d'allées, de champs autour d'un clocher, propres à concilier l'efficacité de l'institution et la chaleur du placement.

Quand le directeur de la structure qui gère aujourd'hui le foyer de Paimbœuf m'a assuré, enthousiaste, que Laëtitia et Jessica avaient grandi dans « une vraie maison avec un toit en pente », j'ai su que cette utopie n'était pas morte.

*

L'œuvre de charité de La Providence a été fondée en 1824, à l'initiative de dames patronnesses de la bonne société de Paimbœuf, jolie petite ville établie à l'endroit où l'estuaire de la Loire s'ouvre comme un sourire. La maison recueille des orphelines et des jeunes filles pauvres, afin de les instruire dans la religion chrétienne sous la houlette d'une vingtaine d'hospitalières. En 1865, grâce à un don pieux, les Filles de la Sagesse s'installent dans une grande bâtisse, quai Éole, en bordure de Loire. Un siècle plus tard, l'établissement, devenu mixte et laïc, travaille en partenariat avec la DDASS de Loire-Atlantique, accueillant des enfants placés par le conseil général ou sur décision de justice.

Aujourd'hui, La Providence a été rebaptisée Les Éolides, mais c'est bien sous ce nom religieux que Laëtitia et Jessica l'ont connue en 2001, débarquant de la grande ville dans un petit port pittoresque, échappant à l'affection déstructurée et aux conflits des adultes pour se glisser dans un cadre de vie conçu par des professionnels de l'enfance. Et, de fait, le premier souvenir que m'évoque Jessica a trait au lait et au sucre, ces douceurs de l'enfance retrouvée : « À Paimbœuf, ce sont des souvenirs plutôt bons. On adorait la soupe au lait, c'est du lait avec du sucre. On en demandait toujours plus ! » Le deuxième souvenir se veut tout aussi joyeux : à dix ou onze ans, Laëtitia a joué à courir dans le couloir, elle est tombée la tête la première et s'est cassé la partie inférieure des incisives. « Elle a pleuré, ensuite elle était morte de rire ! Le dentiste lui a mis des morceaux de fausses dents. » Quand elle souriait, on pouvait le deviner, car, si les dents sont blanches, les composites en résine sont plutôt grisâtres.

Ces souvenirs m'assombrissent. J'ai le sentiment confus qu'ils renvoient moins à la joie de l'enfance qu'à l'instabilité, à la casse humaine, à la fragilité de corps qui ne sont pas habitués à être en sécurité, intègres et repus. Le fait que Jessica me raconte tout cela en riant est évidemment positif. Hélas, quand il a fallu identifier le corps de Laëtitia, dix ans plus tard, ses incisives cassées, sujet d'une rigolade douce-amère au foyer de La Providence, sont devenues un élément de preuve dans un rapport d'odontologie médico-légale.

Sous son « toit en pente », la maison abrite une trentaine d'enfants répartis en trois groupes (petits, moyens, grands) et encadrés par un directeur, un chef de service, des éducateurs, deux psychologues, des femmes de ménage, des lingères et un cuisinier – presque autant d'adultes que d'enfants. Les chambres sont à l'étage, avec des lits simples ou superposés. Les petits, jusqu'à huit ans, dorment dans des dortoirs ; les moyens, comme Laëtitia et Jessica, sont à trois par chambre. À travers la grille du jardin, on aperçoit une contre-allée plantée d'arbres et, de l'autre côté de la route, la Loire immense, déjà salée, ouverte en son estuaire.

Même si elles ne sont pas dans la même chambre, les jumelles passent tout leur temps ensemble, de plus en plus différentes, mais toujours aussi complémentaires. Laëtitia est chétive, tout en effacements et en fragilités. Prostrée dans son coin, elle passe inaperçue, sauf quand elle refuse de manger ou quand elle se blesse. On remarque alors qu'elle a un poids inférieur à la moyenne et qu'elle pleure beaucoup pour son âge, le jour pour des bobos, la nuit pour des cauchemars. Rapport des éducateurs : « Câline, ayant les larmes faciles et dotée d'un appétit d'oiseau. » On observe qu'elle a du mal à manger, à apprendre, à s'endormir, mais aussi à s'affirmer, à dire ce qu'elle pense et même à s'opposer. Elle n'arrive pas à choisir parmi les différentes activités que le foyer propose, musique, chant ou piscine. En fin de compte, elle n'est inscrite nulle part et se plaint d'être la seule de son groupe à ne rien faire. Son référent à l'ASE la surnomme « Little », parce qu'elle est plus petite que sa sœur jumelle.

Jessica, qui a commencé le judo, est leur porte-parole, investie d'une mission de protection. C'est peut-être pour cela que le directeur ne les envoie pas dans la même école : Laëtitia va à l'école privée du Sacré-Cœur, tandis que Jessica fréquente l'école Louis-Pergaud. « Au foyer, conclut Jessica, on nous a appris pas mal de choses. Je suis plutôt contente. »

La première fois que Franck Perrais est venu à La Providence – « La Résidence », comme il l'appelle –, il était hors de lui, prêt à tout casser. Le chef de service, un homme carré, l'a reçu dans son bureau avec d'autres collaborateurs. Il lui a dit qu'il le respectait en tant que père, mais qu'il avait l'obligation judiciaire d'accueillir ses filles et que lui, de son côté, devait respecter la loi.

Franck Perrais a un droit de visite un dimanche sur deux de 10 à 12 heures. Ces jours-là, il se comporte en papa poule : il apporte des petits cadeaux, se montre très à l'écoute, même s'il valorise davantage Jessica que Laëtitia. Après les retrouvailles, ils vont se promener tous les trois dans le petit parc à côté, n'ayant pas le temps de faire autre chose. Laëtitia et Jessica sont en bonne santé, bien élevées, polies, joyeuses. « C'était un foyer bien, admet Stéphane Perrais. Je suis capable de juger, j'en ai connu pas mal ! »

Les rencontres avec Sylvie Larcher, une heure et demie tous les quinze jours dans les locaux de l'ASE, se passent moins bien. Parfois, elle ne prévient pas qu'elle a été hospitalisée et Laëtitia et Jessica, après un long trajet en taxi, ne trouvent personne au rendez-vous. Elle dit devant ses filles qu'elle refuse de donner son numéro de téléphone, de peur d'être «sur écoute». En décembre 2001, un éducateur de l'ASE écrit :

> Madame ne supporte pas que les filles jouent et rient ensemble : elle leur fait des remarques constamment devant le travailleur social présent, afin de se montrer dans un rôle de «bonne mère». Elle dit qu'on lui reprochait de manquer d'autorité sur ses filles et elle se met à parler du passé, des périodes où elle avait ses filles à son domicile. Ces évocations sont difficiles à vivre pour les enfants et notamment pour Laëtitia, qui est décrite comme la méchante. [...] Madame a apporté un jeu de société, ce qui marquait une attention de sa part. Cependant, elle ne peut s'empêcher de distiller des messages désagréables à ses filles, parce qu'il ne faut pas faire ceci ou cela, sous-entendu «tu es nulle, tu n'y arrives pas». Laëtitia est celle qui est décrite par sa mère comme fragile, «tu me ressembles, tu es fragile comme moi». Les propos de Madame devant sa fille sont insupportables à vivre pour Laëtitia, qui retient ses larmes.

Il ne faut pas se tromper de causalité. Ce n'est pas parce que Laëtitia est «fragile» que sa mère s'identifie à elle ; c'est l'inverse. Dans le couple parental, les rôles sont clairement distribués : un père menaçant, une mère terrorisée. Dans le duo gémellaire formé par Laëtitia et Jessica, l'une est devenue la victime désignée, tandis que l'autre, bénéficiant de l'estime de ses parents, concentrait toute l'énergie vitale. On ne mise pas sur la «faible», celle qui est «comme maman».

Alain Larcher, de son côté, se réjouit que ses nièces soient désormais en sécurité au foyer. Les fêtes de fin d'année se passent en famille. En 2004, Laëtitia et Jessica obtiennent le droit d'aller un week-end sur trois chez leur père – dans les faits, chez leur oncle Perrais, à Nantes. Avec leurs cousins, elles jouent en bas de l'immeuble, à la poupée, à la dînette, à la bagarre. Au mariage de Stéphane et Delphine Perrais, elles se sont chamaillées pour savoir qui tiendrait le bouquet et la traîne de la mariée.

*

Les poux. Tout le monde s'en souvient, Franck Perrais et sa nouvelle compagne, mais aussi Mme Patron, qui accueille les filles à partir de 2005. À chaque fois que les jumelles retournent dans leur famille, il faut les traiter à l'anti-poux. Lors des shampoings, c'est une centaine de poux et de lentes qui tombent dans le lavabo, même avec les cheveux courts. Personne n'arrive à s'en débarrasser. Franck Perrais envisage même de faire « descendre l'Hygiène » au foyer.

Les poux, ce fléau des collectivités enfantines, bébêtes griffues, presque sympathiques tant elles rappellent l'enfance, l'école, l'âge des nattes et des culottes courtes, figurent pour moi un tout autre symbole : la persistance d'une menace, l'envahissement des fillettes par un mal encore invisible.

12

Les proches et les approchants

Tous les proches de Laëtitia se souviennent de ce qu'ils faisaient, ce mercredi 19 janvier 2011, lorsqu'ils ont appris qu'elle avait disparu.

Alors qu'elle marche vers son arrêt de bus, route de la Rogère, Jessica aperçoit le scooter de sa sœur couché sur le flanc. Elle revit la scène à chaque fois qu'elle la raconte – l'obscurité, le froid, la surprise, la panique, la course éperdue vers la maison. Ensuite, elle a toujours gardé espoir. Elle comptait les heures.

Mme Patron est encore au lit. Son mari se précipite dans la chambre et s'habille en toute hâte. Elle bondit hors du lit, appelle tous les hôpitaux de la région, prévient la gendarmerie. Puis c'est l'attente. Elle a cru jusqu'au bout que Laëtitia était vivante, séquestrée quelque part. Quand Meilhon a été arrêté, elle s'est dit : « Mon Dieu ! Il ne pourra plus lui apporter à manger. »

Kévin, son petit ami : « Le mercredi matin, dans les couloirs du lycée – je m'en souviendrai toujours –, Jessica me saute dans les bras, les larmes aux yeux. Elle a trouvé le scooter de Laëtitia par terre, avec ses chaussures. Elle me demande si j'ai des nouvelles. »

Franck Perrais est en formation de conducteur d'engins à Nantes. Le conseil général l'appelle sur son portable : « On vous demande de venir. » Quand il arrive : « Votre fille a été kidnappée. » Franck Perrais se lance à 150 km/h sur la route de Pornic. Sur place, les enquêteurs vérifient son emploi du temps. Quand il sort de la gendarmerie, aucun des journalistes présents ne sait qu'il est le père. Il annonce à l'encan : « J'ai un alibi, hein ! »

Mme Laviolette, la référente de Laëtitia à l'ASE : « J'étais en RTT ce jour-là. Une collègue m'appelle : "Une jeune à toi a fait une fugue." J'ai su immédiatement que c'était beaucoup plus grave. Ce n'était pas le genre de Laëtitia de fuguer. Et puis une fugue est tellement banale qu'on ne nous appelle pas pour cela un jour de RTT : les collègues traitent directement avec la police et la famille d'accueil. Ensuite, ça a été les gendarmes, la police scientifique. »

Mai 2013. Mme Deslandes, restauratrice à l'Hôtel de Nantes et ancienne patronne de Laëtitia, dépose à la barre devant la cour d'assises de Loire-Atlantique.

> Elle m'a demandé plusieurs fois de rester dormir à l'hôtel.
> Je lui ai toujours dit : « Tu peux pas dormir chez nous, tu habites à 500 mètres ! »
> Elle m'a dit : « Un jour, je partirai. »
> Elle m'a dit : « Un jour, tu entendras parler de moi. »
> Elle disait : « Toi, tu m'as appris à danser. Moi, je faisais des ménages. »
> Ce mardi, elle revenait de sa semaine d'école, je ne l'avais pas vue pendant huit jours.
> Elle portait son petit manteau en fourrure et ses ballerines.
> Le soir, je referme ma grille.
> Je dis : « C'est marrant, le scooter de Laëtitia est encore dans la rue. »
> On s'est dit : « Elle est tombée en panne ou elle s'est fait raccompagner. »

LES PROCHES ET LES APPROCHANTS

Dans la nuit, Antony était chez lui. Il me dit : « À 1 heure du matin, le scooter à Laëti était encore dans la rue. » Le lendemain, le facteur a dit : « Y a un enfant qui s'est fait culbuter au rond-point. » Mon mari et moi, on s'est écriés : « Laëtitia ! »

Delphine Perrais prépare l'anniversaire de sa fille, qui aura dix ans le 20 janvier 2011. La fête est tombée le jour de l'arrestation de Meilhon. « On ne savait pas si Laëtitia était toujours en vie, on ne savait rien du tout. On essayait que nos filles ne regardent pas la télé. Dans les rues, dans les bureaux de tabac, partout, partout, il y avait la photo de leur cousine. Elles me demandaient : "Pourquoi Laëtitia est en photo ?" »

*

Laëtitia Perrais n'existerait pas sans les médias, sans l'onde de choc transmise aux quatre coins du pays. Les dizaines de millions de personnes qui n'avaient jamais entendu parler d'elle ont appris son existence au moment de sa disparition. La télévision, la radio, la presse, Internet ont érigé une figure paradoxale, présente parce que absente, vivante parce que morte.

Dans ce contexte, les marches blanches de la fin janvier représentent davantage qu'une manifestation de solidarité : elles ont permis aux gens de nouer un lien personnel avec la « petite de Pornic ». Comme les appels à la générosité publique pour combattre une maladie, les défilés silencieux ont produit un transfert d'affection. Marcher avec une rose blanche ou une photo de Laëtitia, faire acte de présence, mais aussi regarder les informations, être de tout cœur avec les parents et amis, communier dans l'angoisse sont des manières de *se rapprocher* de Laëtitia. Pour tous ces proches « de loin », ce n'est pas la date de l'enlèvement, mais les différentes marches blanches qui revêtent une importance particulière : l'empathie est aussi une décharge d'émotion.

Au XIXᵉ siècle, on croyait que les « cruautés envers les enfants » étaient le produit de la misère et des taudis. Aujourd'hui, la réprobation universelle que suscitent les violences sexuelles sur mineurs traduit le consensus d'une société libérée de la lutte des classes. Apparue en Belgique au milieu des années 1990, à la suite de l'affaire Dutroux, la « marche blanche » est une manifestation sans les attributs de la manifestation, un défilé sans cris, ni slogans, ni revendications, le rassemblement d'un peuple-famille blessé qui rétablit son unité par la sacralisation de l'enfant-victime et le rejet des appareils politiques.

Mais où se réunir ? Où se recueillir, en l'absence de corps ? Le lundi 24 janvier 2011, six jours après l'enlèvement, trois cents personnes se réunissent au pont de Saint-Nazaire, d'où le corps de Laëtitia aurait été jeté. Les Patron, Jessica, les Perrais marchent en tête du cortège, précédés d'une banderole « Familles et proches en colère ». L'appel à témoins est distribué aux automobilistes. Un panneau proclame : « On est là pour toi. » Tous les médias sont présents.

Le soir, le journal de TF1 consacre un long reportage à la marche. On voit défiler le cortège, on entend la colère des proches, après quoi la présentatrice s'étonne qu'un multidélinquant comme Meilhon n'ait pas été suivi à sa sortie de prison. La polémique n'est pas loin ; le président de la République la fera éclater dès le lendemain, mardi 25 janvier, dans son discours de Saint-Nazaire. Cette politisation est d'autant plus frappante qu'elle s'appuie sur une émotion qui se veut apolitique. Habile récupération ou relais des attentes populaires ?

13

Dessins

À La Providence de Paimbœuf, « tout se passe bien ». Mais je voudrais aborder les années 2001-2005 sous un autre angle : à l'âge des apprentissages fondamentaux, comment la prise en charge éducative, psychologique et médicale a-t-elle infléchi la personnalité des jumelles ?

Lorsque l'enfant arrive dans un foyer après une enfance bousculée, on l'envoie chez le médecin et le dentiste pour faire un petit bilan de santé, approfondi, si nécessaire, par un rendez-vous chez l'orthodontiste, l'ophtalmologiste ou l'orthophoniste. « J'ai eu ma carte Vitale à huit ans », se souvient Jessica avec fierté. Hypermétrope, elle doit porter des lunettes.

Les jumelles sont désormais assidues à l'école, mais leur niveau reste faible. Elles sont dépassées par les enseignements et ne comprennent pas ce qu'elles lisent. Il serait souhaitable qu'elles redoublent leur CE1 après leur CP, mais c'est impossible, en raison de leur âge. Alors que Laëtitia entre en CE2, Jessica est envoyée en « classe d'adaptation » (CLAD), une classe à effectifs réduits. Ce sas de remise à niveau, dans le cadre du réseau d'aide spécialisée aux élèves en difficulté, est l'héritier des « classes de perfectionnement » pour enfants « arriérés », selon le vocabulaire stigmatisant de l'époque, introduites par la loi de 1909 à la suite des travaux de Bourneville, Binet et Simon.

Après son passage par la CLAD, Jessica reprend une scolarité normale en CE2. Par rapport à Laëtitia, elle a une année de retard, mais Laëtitia elle-même, en CM1, passe la matinée au niveau inférieur. L'année où Jessica entre en CM1, Laëtitia, en CM2, vient la rejoindre à l'école publique. Le jeudi, elles ont cours de chant ensemble. En 2004, âgée de douze ans, Jessica saute le CM2 pour entrer, avec sa sœur, en sixième au collège Louise-Michel de Paimbœuf. Cette fois, elles sont dans la même classe.

Un des grands changements de la période, outre la vie collective en foyer, est la mise en place d'un suivi thérapeutique. Celui-ci est assuré par Mme Carr, une psychologue qui exerce à Paimbœuf. Jessica est en demande : fillette tonique, volubile, elle parle facilement de son père et de sa mère, s'interroge sur son identité de « fille », se saisit de la parole comme d'un instrument de libération. Laëtitia, elle, ne voit pas l'intérêt des consultations. Les rares fois où elle s'y rend, elle n'ouvre pas la bouche de toute la séance, ou bien elle dessine silencieusement. Jessica est capable de dire « mon papa, c'est pas un papa », mais Laëtitia reste muette. Si l'on insiste un peu, elle esquive. À propos des scènes de violence, elle dit : « Je peux pas m'en souvenir, j'étais trop petite, en plus je dormais. » De fait, Mme Carr possède deux cartons d'archives pour Jessica, mais seulement un carton tout fin pour Laëtitia. La petite Little est devenue transparente.

Entourées de leurs amies, moins inhibées, plus insouciantes, les fillettes mûrissent. Elles s'impliquent dans les activités de groupe, dans les jeux, en classe. L'école leur ouvre l'esprit. Le foyer leur donne des repères, un sentiment de sécurité. Elles sont capables de s'opposer aux autres enfants, voire aux adultes. Jessica, attirée par les jeux sportifs et dynamiques, se mêle facilement aux garçons. Dans un camping, pendant les grandes vacances, elle prend la défense de Laëtitia contre un garçon qui l'embête. Le garçon lui donne un coup de poing dans le nez : fracture du cartilage. Quant à Laëtitia, elle passe toujours un peu inaperçue, mais elle est en demande d'attention et d'affection. « Depuis quelque temps, notent les éducateurs, elle cherche à se signaler, à dire, très modestement, qu'elle existe. Elle formule avec beaucoup de réserve une ou deux demandes. » Quand elles vont chez leur père, le week-end, elles partent avec le numéro du service, en cas de problème. À La Providence, les sœurs Perrais ont marqué tout le monde. Jolies, attachantes, obéissantes, respectueuses, elles se sont saisies de toutes les ressources qu'elles pouvaient trouver au sein de la maison – protection, stabilité, mais aussi sorties et activités sportives –, alors que d'autres enfants fuguaient, se montraient injurieux ou violents.

Lors de la disparition de Laëtitia, sept ans plus tard, les éducatrices du foyer ne se rappelleront pas le QI de la fillette, mais sa gentillesse, sa joie de vivre, sa persévérance, les énormes progrès qu'elle a accomplis en quelques années.

*

Laëtitia est une fillette charmante qui ne pose de problème à personne, mais on discerne des failles sous sa personnalité lisse.

En premier lieu, c'est une enfant à la fois contrainte et délaissée. «Elle était gauchère, raconte Jessica, mais on l'a forcée à écrire de la main droite. Finalement, elle était capable d'écrire avec les deux mains.» Cette compétence, mais aussi le mutisme et le refus du suivi thérapeutique, peuvent apparaître comme une forme de résistance sourde, un entêtement dans la souffrance, une protestation sans paroles.

Deuxièmement, les bénéfices du placement à La Providence ne sont pas reconnus par Franck Perrais, qui se sent exclu, nié en tant que père. Laëtitia et Jessica sentent que les éducateurs s'occupent bien d'elles, mais que papa n'est pas d'accord. Cette situation crée un *double bind*, selon la formule du psychologue Gregory Bateson, c'est-à-dire une injonction contradictoire dans laquelle la personne se trouve piégée, écartelée entre deux fidélités, deux affections – et davantage, dans le cas des fillettes, car Sylvie Larcher ne leur rend plus visite et ne leur téléphone plus. Cette absence ne laisse pas de les inquiéter.

Comme les enfants de l'Assistance publique au XIXe siècle, tiraillés entre leurs parents, leur famille d'accueil et le directeur d'agence, Laëtitia et Jessica doivent faire allégeance à plusieurs légitimités adultes, souvent concurrentes. Il en résulte non pas un espace de liberté, des interstices où l'enfant pourrait se faufiler, mais un conflit de loyauté. Les silences de Laëtitia peuvent s'interpréter comme un refoulement massif, une crainte inexprimable. Parler, c'est provoquer de la douleur, c'est trahir le père et les secrets familiaux. Raconter, c'est faire resurgir la menace. Mieux vaut tout enfouir en soi. Laëtitia n'est pas fine comme du papier à cigarette, mais obtuse comme un bloc de pierre. Ce n'est pas parce qu'elle verbalise peu qu'elle n'a rien à dire ; ce serait plutôt le contraire.

Enfin, Laëtitia développe des troubles de nature psycholinguistique. Elle donne des signes de dyslexie. Quand elle parle trop vite ou sous le coup de l'émotion, elle se met à bégayer : « Ça la gênait, se souvient Jessica, alors elle s'arrêtait. On lui demandait de répéter, on lui disait "vas-y doucement", mais non, c'était terminé. »

Quant à l'orthographe, c'est tout un poème. Il n'y a pas un seul proche qui ne m'en ait parlé, et toujours avec bienveillance, comme d'une gracieuse idiosyncrasie. Même ceux dont l'orthographe est mauvaise s'amusent que celle de Laëtitia soit pire encore. Pour leur anniversaire, Laëtitia a offert des chocolats à M. et Mme Patron ; un petit mot disait qu'ils étaient « dans le fricot ». Une collègue témoigne :

> Elle était un petit bout de femme toujours souriante et gentille, un an plus vieille que moi. Au travail, tout le monde pensait l'inverse, c'était drôle. Elle me faisait rire avec ses fautes d'orthographe : sur les bons qu'elle donnait pour la cuisine, elle écrivait « criton » au lieu de « citron ». On en rigolait encore il y a peu, avec mes parents.

86

Une des éducatrices de Laëtitia m'a montré ses dessins, qu'elle a conservés dans un carton. Je ne veux pas faire de la psychologie de comptoir, ni de la psychanalyse de colloque, aussi dirai-je simplement les sentiments qu'ils ont fait naître en moi.

En 2002, à la veille de ses dix ans. Un soleil qui pleure éclaire des femmes informes et une maison carrée avec un toit en triangle. La porte est fermée avec un énorme loquet violet. Maman est une chose sur laquelle on peut taper jusqu'à ce qu'elle n'ait plus de forme. Laëtitia est une maison dont les portes et les volets sont fermés ; les clés, perdues.

En 2003, âgée de onze ans. Un bonhomme rouge, morcelé, doté de mains énormes, de jambes carrées et d'une tête informe, sans visage. Pour dessiner, Laëtitia a utilisé un gros crayon de bois, sans appuyer : le trait est tremblé, le remplissage du bonhomme est incomplet et maladroit.

En 2003, la « maison de papa ». En haut, dans un coin de la feuille, les rayons du soleil se mêlent à la fumée de la cheminée. La maison est envahie d'escaliers qui se recoupent dans tous les sens et de petits carrés semblables à des maisons miniatures. La porte est verrouillée. À l'extérieur, un homme et une petite fille attendent, comme enfermés dehors.

Un autre dessin, sans date. Un arbre, composé d'une souche monochrome marron et de huit traits représentant les branches. Pas de vert, pas de feuilles, pas de vie, pas d'énergie.

*

La vie en collectivité convient davantage à des fillettes qu'à des adolescentes, qui ont besoin d'une chambre, d'un bureau pour travailler, d'une certaine intimité. Quelle que soit leur motivation, les éducateurs ne peuvent devenir des figures d'attachement. C'est la limite de l'éducation dans les maisons « au toit en pente ».

À l'approche de leurs treize ans, l'équipe demande à Laëtitia et Jessica si elles souhaitent retourner chez leur père. Réponse commune : « Bof… » Elles craignent toujours sa violence latente. Finalement, elles optent pour un placement en famille d'accueil.

Au printemps 2005, les jumelles sont envoyées à l'essai, le week-end, chez Gilles et Michelle Patron, qui vivent à Pornic dans une belle maison spacieuse, idéale pour accueillir deux grandes filles. Les séjours se passent bien ; les filles sont heureuses de venir et s'acclimatent rapidement. M. et Mme Patron les surnomment « les inséparables », comme les petits oiseaux, car elles sont tout le temps fourrées ensemble. Consulté, Franck Perrais réitère son refus. Comprenant qu'on ne tiendra pas compte de son avis, il exige, au minimum, des garanties sur la famille d'accueil, avec qui il souhaite avoir des échanges directs. Il demande aux services sociaux de ne pas tenir pour définitives les difficultés qu'il rencontre : sa situation va s'améliorer, il sera bientôt en mesure de reprendre ses filles.

Le 15 avril 2005, le juge des enfants renouvelle le placement de Laëtitia et Jessica à l'ASE et fixe leur domicile chez M. et Mme Patron, route de la Rogère, à Pornic. Le 4 mai, elles y fêtent leur treizième anniversaire.

Sur la photo que Mme Patron m'a transmise, on les voit attablées devant un gâteau, quelques secondes avant de souffler les bougies. À l'arrière-plan, un buffet, une cheminée, un canapé, des photos de famille accrochées au mur. Jessica esquisse un sourire timide. Laëtitia, raide sur sa chaise, les yeux grands ouverts, a un visage inexpressif. Leurs cheveux mi-longs sont respectivement bruns et châtain clair. Laëtitia est plus petite que sa sœur de 10 centimètres. Elles portent, bien en évidence par-dessus leur pull, un collier fait de perles et de coquillages. Une atmosphère d'étrangeté et de tristesse imprègne la photo. Pourtant, elle suggère tout le contraire : à peine arrivées, et déjà choyées.

14

Naissance d'un fait divers

De nos jours, les gens meurent à l'hôpital ; parfois chez eux, dans leur lit. Qu'ils soient seuls ou entourés de leurs proches, leur décès est un drame privé, un malheur qui appartient à l'intimité des familles. Laëtitia, elle, est morte publiquement. Son décès a été un événement médiatique. Ses parents ont suivi l'enquête à la télévision. Ses proches l'ont pleurée au vu et au su de tous, entourés de dizaines de voisins, de milliers d'anonymes et de millions de téléspectateurs. Les journalistes se sont invités aux marches blanches et à l'enterrement. Des chaînes de télévision ont commenté sa personnalité, glosé sur sa fin, sur un mode tantôt grave et contristé, tantôt voyeuriste et anxiogène.

Lors des marches de janvier 2011, sur le pont de Saint-Nazaire, à La Bernerie, à Nantes, ou à l'église en juin 2011, les journalistes étaient «comme des vautours», selon Alain Larcher : on les trouvait partout, dans la rue, dans les jardins, sur les toits, brandissant des micros sous le nez des proches bouleversés, extorquant des souvenirs ou des photos d'enfance, déclenchant des flashs en rafales, débarquant en troupeau dans les moments de recueillement.

Pour Mme Patron, les médias ont été «horribles». Comment peut-on être si cruel, si inquisiteur ? Des camions de presse avec antennes paraboliques stationnaient toute la journée devant sa maison. Des journalistes ont sauté par-dessus son portail.

Mme Patron a fini par leur donner des photos de Laëtitia
« pour qu'ils fichent le camp ». Ces photos sont tombées dans le
domaine public et, aujourd'hui, n'importe quelle recherche sur
Internet en fait sortir une douzaine, sans compter les innombrables reportages sur les marches blanches, l'enterrement
et les procès. Un journal a même publié un photomontage
où Laëtitia, les cheveux pleins de soleil, les yeux riants et les
joues roses, figure à côté de son meurtrier dont le portrait est
reproduit en médaillon. Toute cette publicité a volé Laëtitia
à ses proches et rendu leur peine encore plus accablante, leur
deuil encore plus impossible.

Mais on peut aussi considérer cette médiatisation comme
une sorte d'adieu, un hommage populaire, l'expression du
chagrin et de la révolte qu'a ressentis tout un chacun en son
for intérieur. Laëtitia a été pleurée par le pays tout entier. Un
envoyé spécial à son enterrement, c'est l'assurance que chaque
téléspectateur pourra déposer, par l'esprit et par le cœur, une
rose sur son cercueil. Ainsi est née l'« affaire Laëtitia », l'un des
faits divers les plus horribles du début du XXIᵉ siècle.

À PORNIC, L'INQUIÉTUDE GRANDIT POUR LAËTITIA
(*Ouest-France*, 21 janvier 2011)

PORNIC : TOUJOURS SANS NOUVELLES DE LAËTITIA
« Laëtitia n'était pas connue des services de police et est décrite
comme une personne bien insérée socialement. "Laëtitia est
très gentille. Elle avait l'air d'être heureuse", a assuré une
voisine de la jeune femme. »
(*Paris Match*, 21 janvier 2011)

LES PROCHES DE LAËTITIA PLONGÉS DANS L'ANGOISSE
« L'attente. L'interminable et angoissante attente, sans pouvoir
faire quoi que ce soit. Hier, les proches de Laëtitia ont passé
une nouvelle et éprouvante journée à guetter la moindre
nouvelle. "Je veux que tu reviennes, mon amour. Je t'aime,
tu me manques tellement", écrivait lundi Kévin sur la page
Facebook de Laëtitia. Que Laëtitia revienne, c'était hier soir le

vœu le plus cher de tous ses proches et de tous les anonymes, choqués par ce drame. »
(*Le Parisien,* 22 janvier 2011)

UNE FAMILLE DANS L'ANGOISSE

« Voici les titres de l'actualité de ce dimanche soir. Nous irons bien sûr à Pornic, avec beaucoup d'émotion. Vous le verrez aujourd'hui, c'est la famille d'accueil de Laëtitia qui est sortie de son silence. Elle évoque cette insoutenable attente. Cela fait maintenant cinq jours que l'on est sans nouvelles de la jeune fille. »
(France 2, journal de 20 heures, 23 janvier 2011)

Cette déferlante médiatique relève de l'hommage, du suivisme grégaire et de la compétition acharnée : c'est la « course à l'info ». Mais, s'ils parlent tous de la même chose au même moment, les journalistes ne sont pas tous en lutte les uns contre les autres ; il peut même y avoir une solidarité de terrain. En fait, il n'y a que des concurrences frontales : Europe 1 contre RTL, pour les radios grand public, ou BFM TV contre i-Télé, pour les chaînes d'information en continu.

Les caméramans et photographes massés devant la gendarmerie de Pornic, les envoyés spéciaux aux procès Meilhon et Patron, les centaines d'articles et de reportages produits entre 2011 et 2015 font oublier que seule une poignée de journalistes a suivi l'affaire au jour le jour. Parmi eux, un quatuor d'élite : Patrice Gabard, reporter à RTL, chargé du Grand Ouest ; Anne Patinec, de France Bleu Loire-Océan ; Jean-Michel de Cazes, correspondant de i-Télé à Nantes ; Alexandra Turcat, du bureau de l'AFP à Nantes, en charge de la Loire-Atlantique et de la Vendée.

Alexandra Turcat m'a été présentée par Cécile de Oliveira en marge du procès d'appel de Meilhon à Rennes, reporté le jour même de son ouverture en raison d'une grève des avocats. Quelques semaines plus tard, je lui rends visite. Divorcée, mère de quatre enfants, elle est devenue chef de la rédaction du bureau de l'AFP à Rennes. Je lui demande de me raconter « son » affaire Laëtitia. À l'époque, elle était journaliste détachée, c'est-à-dire qu'elle devait couvrir tout ce qui arrivait dans sa zone, la Loire-Atlantique et la Vendée : visites officielles, mouvements sociaux, événements sportifs, catastrophes naturelles et, bien sûr, faits divers. En un mot, envoyée spéciale permanente.

Le mercredi 19 janvier 2011, je suis au bureau, à Nantes. Il y a eu une autre disparition dans la journée, à un autre endroit, mais on n'a pas donné l'info. Des disparitions pour cause de suicide ou de fugue, il y en a presque tous les jours. Pour cette disparition-là, à Pornic, je vois un autre média qui donne l'info. Là, j'ai un coup de fil, une source me dit : « Celle-là, c'est très mauvais. » J'appelle notre bureau à Rennes : « J'ai une disparition. » Eux : « On ne donne pas. » Moi : « Si, celle-là, il faut prendre. » J'obtiens gain de cause, pour une petite dépêche de trois paragraphes.
Patrice Gabard et Anne Patinec sont sur place dès le 19 au soir. Ils me rappellent de La Bernerie : « C'est un endroit glauquissime ! » Au Barbe Blues, ils se sont fait à moitié agresser par les copains de Meilhon. Ils sont tous dans le même état d'esprit : on lance ou on lance pas ? Mais tous ont eu le même tuyau : c'est du lourd, malheureusement.
Le 20, j'y vais. Sur la route, la voiture de RTL me double. C'est Patrice Gabard. Il me dit au téléphone : « Reste derrière moi, je te montre. » On va directement à La Bernerie par la route qui passe devant chez les Patron. « Tu vois, là, par terre ? C'est là qu'elle est tombée. » Je réalise d'emblée que la dernière chose qu'elle a vue, c'est le portail de sa maison. Ma réd-chef : « Je ne veux pas te mettre la pression, mais tu es le seul fait divers en France. » Je sais que je ne dois pas me planter. Ça s'emballe dans le courant de la journée. Notre bureau à Paris annonce une interpellation. On m'appelle :
– Tu peux vérifier ?
– Non, pas possible, il est encore à l'hôpital.
J'apprends par des collègues que sa garde à vue commence à partir de 11 h 30 à la gendarmerie de Pornic.
Sur le terrain, on ne voit rien. Il y a des mouvements, des

bruits, des infos sur les perquisitions en cours, mais on n'a pas accès aux PV d'audition qui, en revanche, fuitent joyeusement à Paris.

Le 20, il y a déjà beaucoup de monde sur place, des camions télé partout. L'affaire est lancée. Les chaînes d'info en continu triplent les équipes pour qu'il y ait le flux officiel et l'enquête de terrain en plus : chercher les noms de famille dans l'annuaire, essayer d'appeler le père, la mère, le beau-frère, remonter le côté victime ou le côté meurtrier. Je reste seule sur le terrain, avec l'appui des « infos géné » à Paris et, pour la rédaction, l'aide du bureau de Rennes à qui je dicte au fur et à mesure les éléments que je recueille.

Dès le 21, le proc laisse sortir l'info qu'il y a trop de sang dans la voiture. Elle est morte, et ça change beaucoup pour nous. Au début, il y avait une tension d'autant plus forte qu'on avait l'espoir de la retrouver vivante. Maintenant, l'affaire semble terminée : la fille est morte, le gars est coffré. Il n'y a plus de suspense, tout devrait retomber. Mais ça ne retombe pas !

Quand l'affaire Laëtitia a débuté, le 19 janvier 2011, aucun journaliste n'imaginait qu'elle tiendrait la « une » jusqu'à la fin février, soit pendant six semaines, avec des rebondissements jusqu'en août. Dans le flot d'informations qui déferle tous les jours, toutes les heures, toutes les minutes, cette durée est rarissime. Médiatiquement, Laëtitia ne s'est pas usée. À titre de comparaison, en avril 2011, l'affaire Dupont de Ligonnès – un quintuple meurtre dans une famille nantaise, le père suspect en fuite – n'a « tenu », en non-stop, que dix jours.

*

Les journalistes passent parfois pour des cyniques, des mercenaires sans foi ni loi, des charognards, mais leur métier est d'informer, parce que n'importe quel citoyen a envie de savoir ce qui se passe autour de lui. Pour répondre à ce besoin et à ce droit, le journaliste mène des enquêtes fondées sur des sources – entretiens ou procès-verbaux, observations ou rapports, communiqués officiels ou renseignements officieux –, comme un historien, à ceci près que ce dernier est censé préciser l'origine de ses archives. Sa documentation doit être, autant que possible, explicite, publique et accessible, alors qu'un journaliste peut « traiter » n'importe quelle source, du moment qu'elle lui apporte une information utile. Avant d'écrire, tous deux sont tenus de vérifier, de recouper, d'agencer les faits. Dans le cadre de ce livre, j'ai rencontré des témoins et j'ai consulté des dossiers, en les complétant par les informations divulguées par les procès successifs.

Le travail du journaliste est indissociable de ses sources, plus ou moins protégées, plus ou moins secrètes. Quand les acteurs n'ont pas le droit de parler à visage découvert, l'information s'obtient à travers un jeu donnant-donnant : les « fuites ». S'il est vrai que le droit de savoir est légitimé par l'intérêt général, alors l'exercice de la démocratie repose sur un délit, la violation du secret de l'instruction.

Dans l'affaire Laëtitia, les fuites ont été systématiques. Alexandra Turcat, vingt ans de métier à l'AFP, dont cinq au service politique, m'en esquisse une rapide théorie :

> Sur le terrain, il y a très peu de fuites. Presque tout vient d'en haut, de Paris. Il n'y a que des fuites verticales. Dans le cas de l'affaire Laëtitia, instrumentalisée par le pouvoir politique, l'info remontait et descendait extrêmement vite, en quelques minutes.
> À notre contact, les sources décident – ou pas – de nous faire confiance. Dans une affaire, si les interlocuteurs sont touchés, ça sort : les gens ont besoin de parler. Mais ça ne fuite pas pour les beaux yeux de la journaliste. Aucune info n'est donnée par hasard ou par gentillesse. Une source, c'est quelqu'un qui veut – pour des raisons politiques ou stratégiques, mais aussi parfois morales – que l'info devienne publique. Il y a le mythe du journaliste d'investigation, l'enquête, les risques du métier, mais le Watergate, c'est

quelqu'un qui voulait la tête de Nixon, et c'est pour cela qu'il a donné l'info.

Dès le début, l'instruction du juge Martinot a fuité de partout. D'où viennent ces fuites ? La question n'a pas grand sens : l'information remonte à jet continu par la voie hiérarchique, dans les ministères, et beaucoup de gens voient passer des éléments relatifs au « secret de l'enquête ». Petites mains, employés de préfecture ou de commissariat, gradés de la gendarmerie, hauts fonctionnaires, cabinets, ministres, tous ont un intérêt à parler et une information ne reste donc jamais secrète très longtemps. Les journalistes s'efforcent ensuite de la « recouper » auprès du procureur de la République.

Le procureur est en effet le seul habilité à violer le secret de l'instruction : l'article 11 du Code de procédure pénale l'autorise à rendre publics « des éléments objectifs tirés de la procédure », dans le respect de la présomption d'innocence. Il y a trente ans, le procureur n'avait pour interlocuteurs que le localier et le correspondant de l'AFP ; aujourd'hui, à l'heure d'Internet et des chaînes d'information en continu, il est assailli de partout, à toute heure du jour et de la nuit, par mail et sur son portable.

Xavier Ronsin, procureur de la République à Nantes, s'est fait des alertes Google pour savoir en temps réel ce qui était en train de fuiter. Alors, au moyen d'une parole authentifiée et incontestable, il répond aux inexactitudes, aux rumeurs, aux contre-vérités, au délire, voire aux stratégies de déstabilisation : il y a toujours une marge de manœuvre entre l'absence de secret et la langue de bois. Nouveauté pour l'époque, Ronsin communique par mails avec l'ensemble des journalistes, mettant tout le monde sur un pied d'égalité, le journaliste de BFM TV qui campe devant le palais de justice comme le correspondant de *Ouest-France*. La chasse aux scoops en est pacifiée.

*

Pourquoi les journalistes se sont-ils intéressés à Laëtitia, faisant d'elle un personnage public? Bien des victimes n'ont pas eu, si j'ose dire, cette chance.

En 2013, une femme disparaît à Vritz (Loire-Atlantique). Son mari lance immédiatement un avis de recherche, placarde des affiches un peu partout, prend la tête d'un défilé de 700 personnes, organise une manifestation devant la gendarmerie pour activer les recherches. Trois jours plus tard, un corps est retrouvé dans le coffre de la voiture calcinée de la femme, au milieu d'un bois. Il s'agit de l'épouse, qu'on peine à identifier tant le corps est dégradé, y compris l'ADN et les dents. Le mari s'effondre, fait enterrer son épouse en robe de mariée, prend un avocat, se porte partie civile. Il faudra huit mois à l'équipe de Frantz Touchais pour le faire tomber : en garde à vue, lui et sa maîtresse avouent avoir trucidé l'épouse à coups de bûche en l'attirant dans un guet-apens, avant de mettre au point un plan machiavélique pour faire croire à un crime crapuleux.

Cet assassinat, digne d'un (petit) Landru, est passé quasiment inaperçu. Mauvais timing : une affaire qui s'enlise pendant des mois. Mauvais endroit : on se trouve à la lisière de deux départements. « Le corps ayant été retrouvé dans le Maine-et-Loire, hors de ma zone de couverture, explique Alexandra Turcat, je n'ai plus eu accès à l'enquête jusqu'à la mise en examen du gars. » Mauvaise sociologie : une affaire trop campagnarde, un peu bouseuse. En bref, la pauvre épouse n'est morte ni au bon moment, ni au bon endroit, ni de la bonne manière.

Inversement, la plupart des médias nationaux du Grand Ouest étant basés à Nantes (et non à Rennes ou à Brest), une affaire qui survient en Loire-Atlantique aura tendance à être amplifiée. En moins de deux heures, la presse écrite, les agences, les chaînes de radio et de télévision peuvent débarquer sur place à moindres frais, d'autant que les correspondants seront, consciemment ou non, tentés de couvrir ce qui s'est passé près de chez eux. En outre, pour Laëtitia, le *storytelling* fonctionne particulièrement bien : un « ange » livré à un « monstre », une « innocente » assassinée par un « fou », deux figures réunies – encore et toujours – en un couple obscène où la victime et le meurtrier deviennent siamois dans la mort. Du suspense autour d'une disparition puis d'un corps introuvable, une rapide politisation du dossier, des familles éplorées : une histoire prête à consommer.

Il y a les macchabées locaux, les contes d'horreur mort-nés, les petits faits divers sans envergure, et il y a les affaires qui « prennent ». Comment passe-t-on de l'entrefilet, parcouru d'un œil distrait dans le journal du soir, au drame national qui occupe les médias pendant des semaines ?

Un fait divers émerge, naît à la conscience publique, parce qu'il se trouve à l'intersection d'une histoire, d'un terrain médiatique, d'une sensibilité et d'un contexte politique. Ce sont les « grandes affaires », héritières des *Histoires tragiques* de François de Rosset qui, en 1614, bien avant l'avènement de la presse de masse, échauffaient et épouvantaient les esprits avec des récits pleins de sang et de sexe, crimes atroces, vengeances sauvages, empoisonnements, viols, incendies, auxquels on assiste depuis son fauteuil. Ces convulsions horrifiques et baroques ne flattent pas tant la perversité du lecteur qu'elles le purgent, comme une catharsis, en l'aidant à surmonter les traumatismes du temps et à apprivoiser la mort.

15

Une famille d'accueil

J'ai rencontré Michelle Patron à son domicile le 31 mars 2015. Elle est venue me chercher à la gare de Pornic et, dans la voiture, elle m'a aussitôt posé les deux questions qui les taraudent, elle et ses enfants. Pourquoi je fais ce livre ? Quelle opinion j'ai d'eux ?

La route de la Rogère est bordée, à droite, par des haies bien taillées protégeant de coquets pavillons et jardinets et, à gauche, par des champs et des terrains à construire. C'est là que les recherches ont commencé, il y a quatre ans. La petite clôture blanche est toujours là, mais les fleurs ont été retirées depuis longtemps et l'accotement a été réaménagé.

Bien que ses enfants soient partis, Mme Patron ne vit pas seule dans sa grande maison : Gaël, qui a été placé à la même époque que les jumelles, habite dans l'une des chambres avec son petit garçon.

Pour m'accorder cet entretien de trois heures, Mme Patron a dû vaincre ses réticences. À la fin, elle m'a donné l'adresse de son mari, avec le numéro d'écrou. Au centre de détention, il fréquente l'atelier poterie, l'atelier informatique (sans Internet), le groupe de parole catholique. Il a le droit de téléphoner à sa femme et à ses enfants.

On entre dans la maison par une agréable véranda qui communique avec le salon et la cuisine. Dans le salon, le canapé en cuir où Laëtitia a passé tant de temps devant la télé ;

des bibelots sur les étagères ; des photos encadrées. Dans la cuisine, des meubles de style normand ; une table ovale où la famille dînait. Un couloir mène à l'ancienne chambre des filles (aujourd'hui, celle de Gaël) et à la salle de bains. Par un autre couloir, côté véranda, on accède à la chambre conjugale et à la chambre dite « relais », où dormaient les enfants placés pour le week-end ou pour de courts séjours. La chambre où vivaient les jumelles et celle de M. et Mme Patron donnent sur la route de la Rogère. Derrière la maison s'étend un jardin, séparé par une clôture d'un autre terrain qui appartient aux Patron.

Elles semblaient contentes de faire notre connaissance, et c'était réciproque. Ce sont les premiers enfants que j'ai vus poser leurs valises tout de suite.

À son arrivée chez nous, Jessica était perturbée, elle avait des crises d'angoisse : « Je peux plus respirer, j'ai mal dans la poitrine. » Dès le début, Jessica racontait, tout le temps. Sa parole était libérée. Laëtitia, par contre, était très secrète. Elle ne se livrait pas. C'était une petite bonne femme qui cachait sa souffrance. Elle était dans le déni, elle ne voulait pas admettre qu'elle avait été maltraitée par son papa.

Elles étaient polies, bien élevées au sens large. Le foyer avait bien fait son travail. Par contre, l'hygiène… Elles sont arrivées couvertes de poux. On a mis un an pour s'en débarrasser. Pour Laëtitia, il a fallu faire un bain de lumière chez le coiffeur, ça a été radical.

Elles ont eu une chambre commune pendant cinq ans, avec des lits superposés. Elles nous étaient très attachées, dès le départ. On ne pouvait pas aller quelque part sans les emmener. Elles n'ont jamais eu de velléités de liberté, elles avaient plutôt peur de rester toutes seules. Elles étaient assez craintives, elles avaient peur de l'extérieur. Ici, elles ont eu une sécurité. Nos enfants les considéraient comme des petites sœurs. Si, à Noël, il y avait du homard pour nous, il y en avait aussi pour elles. Ce n'était pas parce qu'elles étaient en famille d'accueil qu'elles auraient eu moins que les autres. Un jour, au restaurant, j'ai dit à ma mère : « Je vais payer la part des filles. » Maman a répondu : « Certainement pas ! »

C'est Laëtitia qui a choisi nos surnoms. «Papa, maman», ce n'était pas possible. «Tonton, tata», ça faisait bébé. «Mimi» convenait bien, ça ressemblait à «Mamie». Gilles, c'est devenu «Gilou, Tilou, P'tit Loup».

*

Laëtitia et Jessica ont leur place dans la famille Patron. Elles y trouvent sollicitude, attention, cadre éducatif. On fête leur anniversaire, on les emmène en vacances. Elles sont très proches des enfants des Patron et de leurs petites-filles, surtout Maelys et Anaé, plus jeunes de huit et dix ans. Elles se font des gâteaux, des cadeaux, des surprises.

Une autre vie commence : non seulement elles intègrent une vraie structure familiale, mais leur horizon s'élargit. Les parties de pêche à la palourde, les séances de bricolage, les voyages en Haute-Savoie, les vacances en camping-car dans le Lot, les sports d'hiver à Super-Besse et dans les Pyrénées, les activités humanitaires aux côtés de la sœur de M. Patron, toutes ces activités nouvelles sont synonymes de découvertes et d'apprentissages. Laëtitia se met à skier, elle adore dévaler les pistes noires. Jessica s'inscrit au club d'athlétisme de Pornic.

Le 7 juillet 2007 – une date mythique, avec son triple 7 –, elles assistent au mariage du fils des Ermont, les grands amis des Patron, qui habitent en Haute-Savoie. Dans une ambiance familiale et au milieu des rires, Mme Patron leur apprend à danser le madison. À l'été 2008, Laëtitia part en colonie «Équitation, sciences et découvertes», où elle aide l'équipe à s'occuper des petits.

L'éducation des jumelles obéit enfin à quelques règles de base : parler poliment, mettre la table, débarrasser, faire ses devoirs, se laver, ne pas se coucher trop tard. Jessica me l'a répété à chaque fois que, dans notre conversation, il a été question des Patron : ils ont été de vrais parents, ils leur ont donné une vraie éducation, ils leur ont tout appris, et «Laëtitia vous dirait la même chose».

Mme Patron m'a communiqué un billet non daté de Laëtitia :

> Vous être mon petit rayon de soleil.
> même si défois je vous le montre pas.
> Vous être la chaleur du monde qui vous uni
> le bonheur de chaquin
> Vous donner toute votre joie et la vie vous
> remerci
> Vous aurait un jour le remerciment de vous
> effort qui ont fait toute la difference de chaquin
> Merci.   Laëtitia

À leur arrivée, peu avant treize ans, elles ne savent pas lire : elles déchiffrent, mais sans comprendre. Mme Patron, institutrice à la retraite, épluche leurs devoirs avec elles, impose des exercices de Bled, leur fait recommencer jusqu'à ce qu'elles sachent leur leçon. À cause de ses difficultés, Jessica est demandeuse, mais Laëtitia n'a pas la même soif d'apprendre : «Je sais lire, Mimi, tracasse-toi pas.» Plus paresseuse, plus renfermée, Laëtitia a aussi une intelligence plus vive, si bien qu'elle obtient de bonnes notes en classe, «sans se fouler».

Lorsqu'elles arrivent chez M. et Mme Patron, au printemps 2005, les jumelles sont scolarisées au collège Louise-Michel de Paimbœuf. Elles sont en sixième, en section d'enseignement général et professionnel adapté (SEGPA), une filière aux effectifs réduits et aux enseignements allégés, destinée aux élèves en difficulté avant leur passage en CAP. Les professeurs enseignent toutes les matières, comme au primaire. Les ateliers couture, maçonnerie ou vente-distribution préparent aux futures orientations professionnelles.

Appliquées, sages, joyeuses, les sœurs Perrais aiment participer. Quand le professeur doit désigner un élève pour garder la classe en son absence, il choisit toujours Laëtitia. M. et Mme Patron viennent aux réunions d'orientation et à la remise des bulletins, qui comportent de très bonnes appréciations. Ils sont pointilleux et vigilants, préoccupés par la réussite scolaire des filles, plus investis que la majorité des parents. En classe, Laëtitia et Jessica parlent de M. Patron comme d'un père. À la maison, elles l'appellent «P'tit Loup».

Très attachées au collège de Paimbœuf, les jumelles ont demandé à y rester après leur déménagement à Pornic. Laëtitia y rencontrera ses deux meilleurs amis, Lola, une fille de son âge placée à La Bernerie, et Fabian, un garçon qui a trois ans de moins qu'elle. Le matin, un minibus vient les prendre à l'arrêt du rond-point de la Rogère. Il s'arrête aux Moutiers, à Chéméré (où Fabian monte) et à Frossay. Ils sont six quand le minibus arrive au collège. Laëtitia et Fabian sont toujours à l'arrière, en train de pépier et de rigoler. C'est là que Laëtitia, en quatrième, a embrassé un garçon pour la première fois.

Quand Fabian a rencontré Laëtitia, elle était en troisième et lui en sixième. Immédiatement, elle l'a pris sous son aile : elle lui a demandé comment il s'appelait, elle l'a mis en confiance, lui a expliqué que la sixième n'était pas si terrible que cela. Ils se voyaient tous les matins et tous les soirs. Cette amitié de bus est devenue une amitié pour la vie, «grande sœur» et «petit frère». Une fois, Laëtitia lui a offert une photo d'elle.

Dans la journée pendant les cours, ou le soir à la maison, ils s'écrivent des lettres qu'ils se remettent de la main à la main, dans le bus. Laëtitia fait beaucoup de fautes d'orthographe. Parfois, le lendemain, Fabian est obligé de lui demander ce qu'elle a voulu dire. Elle a une certaine façon de plier ses lettres : en deux, puis encore en deux, avec une moitié de carré en forme de triangle, cela fait une jolie pliure. Elle termine ses lettres avec un grand B majuscule qui figure l'initiale de plusieurs mots à la fois :

B isous
ien
aveux

Fabian m'a apporté le cahier où il lui parle depuis qu'elle est morte :

> Coucou, ma sœur. J'espère que, là-haut, tu vas bien. Moi, sur Terre, je suis triste.
>
> Pourquoi, ce jour-là, je n'ai pas pensé à venir te voir ? Pourquoi je n'ai pas senti que tu n'allais pas bien ?
>
> Repose en paix, petit ange.

Si la relation entre Laëtitia et Fabian me touche, ce n'est pas tant pour sa pureté de sentiments que pour l'instinct de protection qu'elle révèle. On ne l'a pas entourée, elle, quand elle était bébé, fillette, gamine. Elle sait que les « petits » ont besoin d'être rassurés ; et c'est ce qu'elle fait, dans le minibus, dès qu'elle aperçoit le sixième apeuré.

Je me dis qu'on est capable de protéger quelqu'un seulement quand on se sent soi-même en sécurité. Laëtitia et Jessica auraient-elles enfin touché au port ?

16

Dans la boue et la vase

Lors du premier procès Meilhon, un gendarme a déclaré:
«Il fallait arriver à amorcer le dialogue avec lui. Cela n'a pas
été possible. Être confronté à un tel mutisme, cela m'est déjà
arrivé, mais pas aussi longtemps. D'habitude, les gens finissent
par livrer ce qu'ils ont sur le cœur. Là, on a senti qu'il n'y avait
rien à faire.»

La recherche du corps occupe toute la fin du mois de
janvier 2011. Après l'arrestation de Meilhon, le périmètre
de recherches s'étend de La Bernerie au Cassepot, du littoral
au bocage. Des dizaines de gendarmes inspectent les bouquets
d'arbres grêles, les fossés durcis par le gel, les chemins creux, les
cuvettes herbeuses, les bois sur lesquels des nappes de brouillard
stagnent. Les chiens flairent l'herbe. Des plongeurs fouillent
les étangs et les trous d'eau du secteur. Un hélicoptère balaie
la région d'Arthon-en-Retz.

Le dimanche 23 janvier, près du Cassepot, un cultivateur
découvre une fosse creusée sur l'une de ses parcelles. Le trou
mesure 1,50 mètre de long sur 50 centimètres de large, pour
une profondeur de 40 centimètres. Meilhon a sans doute tenté
d'enfouir le corps, avant d'y renoncer en raison de la dureté
du sol hivernal. Début janvier, un Renault Trafic avait été
découvert embourbé dans un chemin menant à cette parcelle.
Il ressort de l'enquête que le camion appartient à l'entreprise
de panneaux solaires cambriolée par Meilhon et Bertier.

Les premières déclarations de Meilhon, lors de sa garde à vue, orientent les enquêteurs vers le pont de Saint-Nazaire et la Loire. Un hélicoptère survole le fleuve au niveau de Corsept, Paimbœuf et Couëron. Un bateau de la gendarmerie met à l'eau un sonar prêté par l'armée suisse. Traîné dans les eaux glacées de l'estuaire et du canal de la Martinière, il permet de remonter à la surface trois ou quatre cadavres liés à de vieilles affaires. Les plongeurs des brigades fluviales et nautiques sont mobilisés depuis Nantes jusqu'à Pornic. En aval, la zone de recherches couvre toute la côte de Saint-Marc-sur-Mer à La Roussellerie en passant par Saint-Brévin, plages, moulières, rochers, bancs de sable, îles. Des jeunes filles de La Bernerie en gilet fluo, réunies par une page Facebook, arpentent la plage déserte et venteuse à la recherche de leur amie. La mer écume furieusement, mais ne rejette rien.

Dans l'arrière-pays, toutes les pistes sont exploitées : étangs et pièces d'eau, mais aussi sous-vêtements abandonnés, traces de sang sur un pont, appels anonymes. Un jour, Franck Perrais, Stéphane et Delphine se rendent dans un village près d'Arthon-en-Retz, après qu'une voyante leur a assuré que Laëtitia se trouvait à proximité, au bord d'un étang, près d'une ferme abandonnée. Toute la nuit, les Perrais et les habitants fouillent les environs à l'aide d'une lampe torche. La piste sera vérifiée par les gendarmes. Franck Perrais : « Je voulais avoir ma fille à tout prix, à tous moyens, mais j'avais peur de l'état, si je serais tombé dessus. »

Pour Laëtitia, et contrairement à d'autres disparitions inquiétantes, les moyens mis à la disposition des enquêteurs ont été très importants, à l'échelle de la région, dès les premières heures. Le colonel Hubscher, commandant du groupement de gendarmerie de Loire-Atlantique, a joué un rôle décisif dans cette mobilisation.

Le « PC enquête » est installé dans la salle de réunion de la brigade de Pornic. On y trouve le directeur d'enquête, l'analyste criminel, le coordinateur des opérations de police scientifique, ainsi que le commandant de la SR d'Angers, présent presque tous les jours. Tous les quatre, ils pilotent la «cellule Laëtitia», composée de soixante-dix hommes et femmes à temps plein, sans compter les deux cents gendarmes mobiles engagés dans les recherches de terrain. Au cours de l'année 2011, la cellule ne descendra pas au-dessous de vingt-cinq enquêteurs : vu les problèmes d'effectifs dans la gendarmerie, c'est beaucoup. Faire tenir une cellule d'enquête plus de quatre mois relève même de l'exploit.

Frantz Touchais dirige l'enquête. Le travail est collectif, le dialogue permanent, mais l'organisation est pyramidale : chaque responsable d'équipe rend compte à Frantz Touchais de l'avancement du dossier dont il est chargé : le relationnel de Meilhon, la vie de Laëtitia, les auditions, les gardes à vue, les perquisitions, le porte-à-porte à La Bernerie à la recherche de témoins et d'indices, les véhicules en police technique, l'épluchage des relevés téléphoniques et bancaires de la victime, du suspect, de leur entourage respectif, les sites où Meilhon a pu cacher le corps. Tous les jours, les équipes apportent des informations, qu'il faut analyser et intégrer à l'ensemble. Un vendredi soir, le système Internet est tombé en panne : il n'était pas conçu pour être utilisé par autant de personnes. La Marine a accepté d'envoyer des techniciens en urgence, à bord d'un hélicoptère, pour dépanner les enquêteurs avec une liaison satellite.

Frantz Touchais se souvient parfaitement de cette époque :

> Ce sont de très grosses journées, de très grosses semaines, très intenses. Moi, je répartis le boulot. Il y a plusieurs ateliers, avec des responsables pour chaque atelier. Est-ce qu'il y a un acte de complicité ou pas ? Et puis on n'a toujours pas la petite.
> La photo de Laëtitia est accrochée au mur de la cellule d'enquête. Cette photo, c'est le fil conducteur, le lien. Il ne faut pas qu'il y ait un seul jour où les gars se demandent ce qu'ils font là.

Devant la brigade de Pornic, il y a des dizaines de journalistes, des camions avec des antennes paraboliques, RTL, Europe 1, BFM TV.

On ne dort pas beaucoup. Le peu de temps qu'on a pour se reposer, on continue d'y penser. Le soir, dans notre mobilhome, on en parle et, quand on se couche, on y pense encore.

*

Une horde de journalistes assistent, transis, aux battues dans les champs et aux fouilles autour du Cassepot. Leurs articles et reportages sont illustrés par des images montrant des militaires ratissant la campagne, des plongeurs émergeant d'une rivière, des plantons devant la gendarmerie de Pornic, la foule emmitouflée lors des marches blanches, l'appel à témoins placardé sur toutes les vitrines de la région.

Entre le 19 et le 31 janvier 2011, Alexandra Turcat rédige une centaine de dépêches. Le nombre de reprises d'une dépêche AFP est énorme, entre trente et quarante par jour : presse nationale, presse régionale, quotidiens, hebdomadaires, sites Internet des télévisions et des radios, portails de news, etc.

CORPS TOUJOURS PAS RETROUVÉ, LES RECHERCHES CONTINUENT
(AFP, 23 janvier 2011)

REPRISE DES RECHERCHES EN PLUSIEURS ENDROITS LUNDI
(AFP, 24 janvier 2011)

LAËTITIA TOUJOURS INTROUVABLE
(AFP, 27 janvier 2011)

Dans les médias à flux continu, même quand il ne se passe rien, il faut qu'il se passe quelque chose. D'où cette litanie vide et angoissante : Laëtitia reste « introuvable ». Mais la présence des journalistes sur le terrain est essentielle : il faut humer l'atmosphère, décrire ce qu'on voit, rencontrer les proches, recouper les informations. On passe des journées entières dans la boue, par un froid humide qui pénètre jusqu'aux os, à regarder les gendarmes fouiller les haies, remuer mer et terre. On essuie les crépuscules du Cassepot où l'on tremble, dans tous les sens du terme, tant l'endroit semble maudit.

Contrairement à ce qu'on pourrait penser, ce sont des journées intenses, pendant lesquelles le stress, le froid et la fatigue siphonnent toute votre énergie. Le soir, on se retrouve entre collègues au McDo, avec les jeunes du coin, ou au casino de Pornic, en face du port de plaisance. On a besoin d'être ensemble, on décompresse devant un thé chaud en repassant les événements de la journée ; mais, comme la gadoue salit les chaussures et le bas du pantalon, l'hiver, le crachin, l'ambiance sinistre vous collent à la peau. Vers 19 heures, on reprend sa voiture, on fait 50 kilomètres à la nuit tombée et on retrouve ses enfants juste à temps pour leur lire une histoire au lit. On redevient un parent aimant dans la sécurité d'un foyer, mais on reste sur le qui-vive, journaliste, reporter, envoyé spécial, caméraman, photographe, assailli par des images de mort et l'angoisse des proches. Il est difficile d'en faire part à son entourage. Alors on garde tout pour soi, cela fait partie du métier.

Comme les battues et les ratissages demeurent vains, Frantz Touchais privilégie une méthode plus fine. Il va s'agir, avec l'aide des proches de Meilhon, de deviner où il a caché le corps. Dans le jargon, cela s'appelle « cibler les recherches en lien avec les investigations judiciaires ».

17

Monsieur Patron

Lorsque j'ai interrogé la juge qui a instruit le dossier Patron, elle m'a déclaré : « Je n'exclus pas une forme d'attachement aux jumelles. Elles ont pu vivre de bons moments, conviviaux, jouer à des jeux de société. La nature humaine est complexe. On n'est jamais complètement un salaud, c'est ça qui est affreux. »

*

Gilles Patron est né en 1950 à La Montagne, près de Nantes. Apprenti chaudronnier, titulaire d'un diplôme équivalent à un bac technique, il commence sa carrière comme ouvrier puis secrétaire comptable à la Direction des constructions navales à Indret, une entreprise spécialisée dans la conception et l'entretien des bateaux de guerre et sous-marins. À sa demande, il est muté à Tahiti, où il emmène sa famille au début des années 1990. Il a trois enfants (deux filles et un garçon) et une réputation de coureur de jupons. De retour en métropole, il est victime d'un plan social. Sans travail, il décide de devenir assistant familial en 1995, à l'âge de quarante-cinq ans : il va désormais accueillir des enfants placés.

Employé par le conseil général de Loire-Atlantique, qui lui a accordé l'agrément, il a pour mission de garantir « la santé, la sécurité et l'épanouissement des mineurs et jeunes majeurs de moins de vingt et un ans ». Concrètement, il s'agit – comme toutes les familles d'accueil depuis le XIXe siècle – d'élever les enfants « en bon père de famille », avec sérieux et affection, en les orientant dans leur vie quotidienne et leurs études. Est-il un « professionnel de l'enfance », un « assistant familial » ou un « père d'accueil », sachant que la plupart des enfants placés ont encore leurs parents ? En tout état de cause, sa position est ambiguë, car il est amené à prendre des décisions touchant à l'existence et même à l'intimité de l'enfant – règles de vie à la maison, horaires, aménagement de la chambre, travail scolaire, usage d'Internet et du portable, sorties avec les amis, punitions le cas échéant –, alors qu'il ne détient pas l'autorité parentale et qu'il est censé en référer aux éducatrices mandatées par l'ASE.

M. Patron est un homme dynamique, investi dans de nombreuses activités. Il a été entraîneur de gymnastique et de football, président d'un club de judo, tuteur de personnes âgées. Dans le cadre de ses activités d'assistant familial, il est délégué de l'association des familles d'accueil pour le pays de Retz. Bricoleur, il a restauré sa maison de Pornic, installé des garages, aménagé une autre maison qu'il loue, aidé ses enfants à rénover leur propre maison. Il construit de ses propres mains une nouvelle maison, route de la Rogère, à deux numéros de chez lui.

En tout, M. et Mme Patron ont accueilli chez eux six enfants en continu et cinquante-cinq en accueil « relais », pour le week-end ou les vacances. Certains, devenus adultes, sont revenus vivre chez eux quand ils étaient en galère. Le premier des six, Jérôme, a passé huit ans avec eux ; il est devenu boulanger et il élève seul sa petite fille. Arnaud, qui est resté de huit à onze ans, arrivait le dimanche soir en miettes : « Maman m'a battu. » Toute la semaine, il attendait le week-end dans l'euphorie : « Maman va changer, elle ne va plus me taper. » Mais, le week-end venu, elle le battait consciencieusement avec une baguette de machine à tricoter. Il est retourné vivre avec elle au bout de trois ans. Les Patron lui avaient offert une radiocassette. Quand sa maman est venue le chercher, elle a jeté l'appareil dans le coffre de sa voiture : «Tu vois ça ? Confisqué ! Confisqué !» Finalement, lors d'une dispute, Arnaud lui a cassé une jambe. Aujourd'hui sans emploi, il vit dans un foyer de réinsertion. Tous les samedis, il va faire le ménage chez sa mère.

Entre 2001 et 2004, M. et Mme Patron ont eu Clémentine, une fillette d'une dizaine d'années. L'année suivante, Laëtitia et Jessica sont arrivées du foyer de Paimbœuf. Quelques années plus tard, ils ont accueilli aussi Gaël.

Ceux qui apprécient M. Patron disent que c'est un leader, un homme à poigne, franc, travailleur, droit dans ses bottes, investi dans le social, toujours prêt à rendre service. Ceux qu'il exaspère parlent d'un Monsieur Je-sais-tout, imbu de sa personne, psychorigide, doté d'un ego aux dimensions d'un bœuf, rabaissant sa femme en permanence.

Très strict avec Laëtitia et Jessica, il leur apporte les principes, les valeurs, le cadre dont elles ont manqué toute leur vie. Son éducation n'est pas exempte d'affection : à treize ou quatorze ans, elles s'assoient sur les genoux de «P'tit Loup» (comme sur ceux de Mme Patron, «Mimi»). Il est très présent dans leur vie : il vérifie leurs devoirs, leurs bulletins scolaires et leurs comptes en banque, leur interdit de sortir, harcèle Laëtitia au téléphone lorsqu'elle est avec son petit copain, exige que Jessica rentre à la maison dès que son entraînement d'athlétisme est terminé, assure lui-même son échauffement lors des compétitions. M. Patron commande et il n'a pas l'habitude qu'on lui résiste. Laëtitia a été privée de scooter pour être rentrée trop tard en fin d'après-midi. Jessica a dû surveiller Laëtitia et Gaël : il fallait tuer dans l'œuf leur amourette.

Jessica : «Les règles, c'était Monsieur. C'était lui le chef. Madame, elle n'avait rien à dire. Il ne fallait pas aller dans le sens contraire, surtout pas ! Je ne suis pas allée dans le sens contraire, il ne fallait pas ! Laëtitia était plus indépendante.»

M. Patron n'a jamais été, pour les jumelles, un «assistant familial». Il a immédiatement été un «père d'accueil», un quasi-père adoptif, contrôleur en chef, directeur de conscience, avec les charges et les prérogatives de la fonction. Il entretient des relations houleuses avec ceux qui sont fondés à lui demander raison de son autoritarisme : Franck Perrais, les représentants de l'ASE, mais aussi la juge d'instruction. Il méprise l'autre famille d'accueil du secteur, moins en vue, qui élève Lola, l'amie de collège de Laëtitia. Sa conviction d'incarner le père – un père modèle – procède d'un sentiment de toute-puissance et de supériorité sociale qui vise à souligner, tout à la fois, la défaillance des parents et l'incompétence des éducatrices.

*

À l'époque, le père et les oncles de Laëtitia et Jessica étaient partagés vis-à-vis de M. Patron : la gratitude et une forme d'admiration se mêlaient à l'amertume d'être chassés de leur vie, comme de lointains parents qu'on oublie peu à peu. Même aujourd'hui, Alain Larcher admet que l'homme lui a fait une forte impression, la première fois qu'ils se sont rencontrés, sur le parking du McDo de Pornic, avec ses parents qu'il avait emmenés voir leurs petites-filles.

> Patron était un père d'accueil exceptionnel. Il a été reçu à Nantes par mes parents, ce qui était un signe de confiance. On ne pouvait être que fier et content de lui, de ses attitudes, de sa manière de vivre, de ses réactions ; et pareil pour Mme Patron. Ils considéraient les filles comme leurs propres enfants.

Franck Perrais traite avec le seul M. Patron, qui détient l'agrément, mais il ne connaît pas son adresse. Il aimerait bien voir où ses filles vivent, mais M. Patron refuse.

> C'était à lui que je faisais référence. Il me traitait correctement, il me parlait bien. Je prenais les filles pour partir sur Nantes. « Ça va, les filles, ça se passe bien ? – Oui, ça se passe bien. »

La situation de Franck Perrais et de Sylvie Larcher restant problématique, le juge choisit de distendre les liens de famille. Chaque parent voit ses filles un samedi sur trois, en y incluant l'aller-retour entre Pornic et Nantes. Même si les jumelles ont pris acte de la dépression de leur mère, elles en souffrent. Quand arrive son samedi, Franck Perrais récupère les filles sur le parking du McDo de Pornic, à 10 heures. Comme il doit les ramener à 18 heures, ils n'ont pas le temps de faire grand-chose : soit ils vont faire un tour en voiture après avoir déjeuné au McDo, soit ils font du lèche-vitrines au centre commercial Atlantis, soit ils tuent le temps chez Stéphane et Delphine, à Malakoff, un quartier populaire de Nantes. Dans tous les cas, il faut tout prévoir, tout chronométrer. Jessica : « On était contentes, du moment qu'on voyait notre père. Ce n'était pas longtemps, mais c'était déjà ça. » Après avoir fait des démarches, envoyé des courriers, rempli des formulaires, les grands-parents Larcher n'ont le droit de voir leurs petites-filles que deux ou trois heures par mois.

C'est aussi l'attitude de M. Patron qui contribue à détruire les liens de famille. Franck Perrais se sent jugé, tenu à l'écart. Quand il appelle ses filles, le téléphone est mis sur haut-parleur et M. Patron reste dans les parages. Difficile de dire « je t'aime » dans ces conditions. Lorsque M. Patron conduit Laëtitia et Jessica chez leur mère à Nantes (parce que Mme Larcher n'a pas de moyens de locomotion), il attend toute la journée dans sa voiture, au bas de l'immeuble. Pour ne pas tomber sur lui, la mère et ses filles sortent au niveau − 1 et, à travers le local poubelles et les caves, gagnent la cour où elles jouent au toboggan.

Côté Perrais, certains souvenirs restent comme des humiliations. Pendant que Delphine était en train d'accoucher à la maternité, un samedi de 2005, les jumelles étaient avec leur père et leur oncle dans l'appartement, à Malakoff, attendant la naissance dans une atmosphère de joie et d'excitation. Mais l'après-midi touche à sa fin sans que le bébé soit né, et Franck

Perrais doit les ramener à Pornic. Laëtitia et Jessica protestent, terriblement déçues, mais elles n'ont pas le choix. Après une heure de route, elles sont remises à M. Patron sur le parking du McDo. Elles ont attendu toute la journée et elles ont raté la naissance de leur petite cousine à une heure près. Mais M. Patron n'est pas le genre à faire des arrangements.

Un autre samedi en 2006. C'est l'hiver, il neige abondamment. Les filles, adolescentes, ont fabriqué des luges avec des cartons. Les flocons et le soir tombent, il est temps de rentrer à Pornic. Or les routes sont très enneigées et il est dangereux de rouler par ce temps. Franck Perrais appelle M. Patron pour lui demander si, exceptionnellement, les filles ne pourraient pas dormir chez leur oncle.

– Il n'en est pas question.

Finalement, Laëtitia et Jessica sont reparties entre deux gendarmes. Il était tellement tard, en pleine tempête de neige, qu'elles ont dû passer la nuit au foyer de Bouguenais. Quand M. Patron est venu les chercher, le lendemain matin, il s'est lancé dans une bataille de boules de neige endiablée.

Mais M. Patron n'a-t-il pas raison de se méfier de Franck Perrais ? Il a ordre de ne pas laisser les filles à leur père si celui-ci sent l'alcool. « C'est arrivé une fois, se souvient Jessica. J'étais triste. On avait treize-quatorze ans. » Certains samedis soir, elles reviennent en disant : « On joue en bas sur le parking, papa et tonton boivent des bières dans l'appartement. » Parfois, Franck Perrais s'amuse à actionner le frein à main pour faire déraper la voiture, prétendant qu'un chat a traversé la route. Un samedi soir, sur le parking de Bouaye, il a fait conduire Jessica. Pour éviter qu'elle n'emboutisse une voiture en stationnement, il a dû piler avec le frein à main ; l'arrêt a été très brutal ; à l'arrière, Laëtitia était blanche de peur. Dans la journée, ils ont joué à « comment voler en restant naturelle », imaginant être dans un supermarché, en train de saisir un objet sans être aperçu du vigile ni des caméras. Après cet épisode, le juge a suspendu le droit de visite pour quelque temps.

La manière dont Franck Perrais confirme son infériorité sociale, justifie sa disqualification en tant que père, me rend mélancolique, comme le spectacle du déterminisme à l'état pur, comme une injustice méritée, une punition qui tombe sur un coupable trop petit pour elle. Son éthylisme et son irresponsabilité ont dressé contre lui le juge, l'ASE, les Patron, c'est-à-dire l'État judiciaire, l'État social et le peuple des « braves gens ». Face à eux, il a tous les torts, et on en aurait presque de la sympathie pour lui.

En 2008, le placement des jumelles à l'ASE est reconduit jusqu'à leur majorité. Franck Perrais doit contribuer à leur entretien à hauteur de 100 euros par mois et par enfant. Âgées de seize ans, elles se rendent seules à Nantes en train pour voir leur mère. Mais il arrive qu'elles trouvent porte close : Sylvie Larcher a été hospitalisée sans avoir prévenu quiconque.

*

Ce n'est pas parce que M. Patron est l'employé du conseil général, sous la supervision des éducatrices de l'ASE, qu'il travaille en bonne intelligence avec elles. Ce genre de mésentente s'observe déjà au XIXᵉ siècle.

Les « référentes » de Laëtitia et Jessica dépendent de l'antenne de l'ASE à la Délégation de la solidarité, à Pornic, où sont concentrés les services d'action sociale du conseil général pour le pays de Retz. Mme Laviolette, qui les suit à partir de 2008, les rencontre environ tous les mois. Par rapport à l'investissement des Patron au jour le jour, c'est peu, mais ces rendez-vous réguliers permettent des mises au point, des discussions sur l'orientation professionnelle, l'argent, la santé, la contraception, etc. Cette semi-absence de l'ASE tient au fait que les éducatrices sont happées par les cas les plus urgents, des jeunes qui décrochent de l'école, fuguent, volent, se droguent ou se scarifient. À côté, les sœurs Perrais sont des modèles de réussite.

Vis-à-vis de M. Patron, Mme Laviolette éprouve des sentiments contradictoires. D'un côté, le travail avec lui est compliqué. Il veut tout contrôler. Il ne tolère aucune remarque. Il est toujours sûr de son fait, plus prompt à critiquer les autres qu'à se remettre en cause. Si une éducatrice prend une initiative qui ne lui convient pas, il le lui dit allégrement, avant d'engager un travail de sape. Ainsi, quand celle qui a précédé Mme Laviolette a exigé que les jumelles partent en colonie pour découvrir de nouvelles choses et se faire des amis, M. Patron a fait en sorte que Laëtitia soit la plus âgée du groupe. Elle est revenue déçue : « Il veut que je reste avec les petits. » Quant à Jessica, elle est totalement sous emprise ; même Laëtitia dit qu'elle boit les paroles de M. Patron. En quelques mois, il a pris une place disproportionnée dans la vie des jumelles. Dans l'équipe, on dit qu'elles sont « patronisées ». Patroniser : installer un mécanisme d'emprise sur des enfants en construction.

D'un autre côté, Laëtitia et Jessica semblent avoir trouvé un cadre structurant où elles sont heureuses, posées, avec des repères. Quand Mme Laviolette leur rend visite à domicile et qu'elle constate à quel point elles sont intégrées dans la famille, elle repart rassérénée : « Les filles sont bien, elles avancent. » À d'autres moments, elle revient soucieuse : « Ce n'est pas possible, elles doivent vivre leur vie, il faut trouver une autre solution. » Mais ces doutes concernent l'autonomie des jumelles. À aucun moment, Mme Laviolette ne soupçonne des violences de nature sexuelle. Lors du procès Patron, en 2014, la défense demandera pourquoi, si les filles étaient « patronisées », le conseil général n'en a pas tiré les conclusions qui s'imposaient.

M. Patron, père de substitution ou assistant familial abusif ? Vigilance de bon aloi ou jalousie d'amant ? Sévérité rassurante, bénéfique pour des adolescentes déboussolées, ou tyrannie sur mineures ?

18

Un « délinquant sexuel multirécidiviste »

Le juge Martinot en avait eu l'intuition : l'affaire Laëtitia se transforme en casse-tête politico-judiciaire. L'énorme couverture de presse, l'émotion dans tout le pays, les marches blanches, la recherche du corps alimentent les discours sécuritaires. Tout le monde se figure que Laëtitia a été violée et tuée par un délinquant sexuel multirécidiviste. Rapidement, l'idée prévaut que la justice a fait preuve de laxisme dans le suivi de Meilhon. Dès le 22 janvier 2011, jour de sa mise en examen, les inspecteurs de l'administration pénitentiaire débarquent en Loire-Atlantique.

La politisation du fait divers s'effectue au sommet de l'État. Le 25 janvier, au cours du petit déjeuner hebdomadaire de la majorité à l'Élysée, Nicolas Sarkozy demande au gouvernement et aux parlementaires de prendre « très vite » des mesures sur le suivi des délinquants sexuels. Il réclame une loi pour imposer à ces derniers le port d'un bracelet électronique à leur sortie de prison. L'après-midi, lors d'une visite aux chantiers navals de Saint-Nazaire, en ouverture d'un discours consacré à la vente de Mistral à la Russie, il déclare : « La récidive criminelle n'est pas une fatalité et je ne me contenterai pas d'une enquête sans suite. [...] Il faudra des décisions et pas des commissions de réflexion. Il y a eu trop de cas comme celui-ci. » Le lendemain, au conseil des ministres, le président revient une nouvelle fois sur le drame, avant de présider à l'Élysée une réunion sur la récidive en présence de Michel Mercier, ministre de la Justice, et de Brice Hortefeux, ministre de l'Intérieur.

Nicolas Sarkozy a souvent pris prétexte d'un fait divers pour réclamer – et obtenir – un durcissement de la législation pénale. En septembre 2003, ministre de l'Intérieur, il déclare à propos d'un violeur en série : « Au nom de quoi des monstres [...] peuvent-ils disparaître dans la nature sans que l'on sache où ils se trouvent ? » En juin 2005, lancé à la conquête du pouvoir suprême, il s'en prend à la fois au meurtrier présumé d'une joggeuse, Nelly Crémel, et au juge qui a « osé remettre un monstre pareil en liberté » ; une loi est votée à l'automne, qui élargit la notion de récidive, limite le nombre de sursis et allonge la période de sûreté. En mai 2006, après le meurtre de deux enfants, il relance la lutte contre les récidivistes sexuels en proposant que la trace de leurs condamnations soit conservée plus longtemps.

La loi Dati du 10 août 2007, votée au lendemain de l'élection présidentielle, instaure des « peines plancher » : les crimes et délits commis en état de récidive doivent être punis au-dessus d'un certain seuil (le juge peut y déroger, sauf à la troisième infraction). Quelques jours plus tard, en réponse au viol commis sur le petit Enis par un pédophile récidiviste, Sarkozy annonce la création d'un hôpital fermé et la suppression des remises de peine pour les délinquants sexuels. La rétention de sûreté, votée au début 2008, permet d'enfermer un condamné dangereux après qu'il a purgé sa peine, l'internement pouvant être renouvelé indéfiniment.

Un fait divers, une intervention publique. À chaque crime, sa loi. Un meurtre vient « prouver » les failles du système pénal existant ; la loi qui y fait suite doit « couvrir » tous les crimes à venir. Plus qu'en hyper-président, Nicolas Sarkozy se voit en sauveur.

Il n'en demeure pas moins que ces lois s'inscrivent dans le temps long de la réflexion politique et pénale. La loi Guigou de 1998 contre la délinquance sexuelle oblige le condamné à se soumettre à un suivi socio-judiciaire destiné à prévenir la récidive. La loi de 2007 sur les peines plancher fait suite aux lois Perben de 2002-2004 contre la petite et la moyenne délinquance. Procureur général à la Cour de cassation, Jean-François Burgelin a préconisé, dans un rapport de 2005, la création de centres fermés, mi-hôpitaux, mi-prisons, pour les criminels dangereux. Nicolas Sarkozy s'est déclaré favorable aux peines plancher dès le début des années 2000 et elles figurent dans son programme présidentiel de 2007.

Outre la sensibilité personnelle de l'homme, les interventions de Nicolas Sarkozy témoignent d'un style nouveau. Plus direct, plus empathique, à la fois sincèrement ému et habile politicien, il partage la peine des familles et l'inquiétude des Français. Le président n'est pas de ceux qui restent les bras ballants face aux problèmes.

En s'emparant des faits divers avec l'énergie et le volontarisme qui ont fait son succès, Nicolas Sarkozy a eu un rôle décisif dans leur mise en lumière et leur mise en récit, dans leur interprétation, leur amplification, leur démesure. Le déclenchement de l'affaire Laëtitia est dû, en grande partie, à la visite du 25 janvier 2011 aux chantiers navals de Saint-Nazaire (le chargé de communication du président, Franck Louvrier, étant par ailleurs originaire de Nantes). Engendrée par ses parents, tuée par Meilhon, Laëtitia a été en quelque sorte inventée par Sarkozy. Elle s'inscrit désormais dans une longue liste de victimes, Grégory, Jonathan, Priscilla, Aurélia, Enis, Madison, Mathias, tous ces enfants dont le prénom est devenu le titre d'une affaire, le résumé du crime qui a brisé leur vie et celle de leurs parents.

Un fait divers suppose un coupable. Un fait divers horrible exige un monstre. Un monstre doit être enfermé. Ce simplisme d'analyse traduit un mouvement de fond dans notre société : la nécessité d'assigner à tout crime, à tout accident, à toute maladie, un responsable sur lequel dériver sa colère. La flétrissure du coupable va de pair avec l'élévation de la victime : elle est d'autant plus innocente qu'il est abject. Cette interprétation vise à faire advenir une société de bons et de méchants. Or, en faisant ce choix, le président de la République induit les Français en erreur, car la majorité des agressions sexuelles surviennent dans la sphère familiale : le mari sur la femme, le pépé sur la petite-fille, le beau-père sur l'adolescente, etc. Les attaques de lycéennes et d'auto-stoppeuses existent, bien entendu, mais elles restent statistiquement marginales. Associer délinquance sexuelle et prédation traduit donc une mauvaise perception du risque.

Le traitement sarkozien des faits divers est, au sens propre, un acte politique : la rhétorique de l'action, le discours de « la loi et l'ordre », l'instrumentalisation de la peur, le gouvernement de l'émotion, l'omniprésence médiatique permettent d'apparaître comme le défenseur de la société, le protecteur des Français cernés par les « voyous » et les « monstres ». Cet opportunisme compassionnel-sécuritaire, propre à Nicolas Sarkozy ministre et président, justifie les mesures les plus répressives (peines plancher, rétention de sûreté, jurés populaires en matière correctionnelle, suppression de l'excuse de minorité) au motif de réduire à zéro le risque de récidive.

Ce faisant, l'exécutif prétend avoir immunisé la société contre tous les dangers. Une mécanique d'impuissance s'enclenche alors : chaque nouvelle loi fait croire qu'on a réglé le problème de la récidive, et chaque nouveau crime vient démontrer les carences de la législation, les ratés de la police et de la justice, les lacunes des fichiers, l'insuffisance des mesures sécuritaires. Une série de faits divers succédant à une rafale de lois, la surenchère de Nicolas Sarkozy donne l'impression qu'il « parle » bien plus qu'il n'« agit ». Le verbe présidentiel finit par s'autodétruire, dans un perpétuel aveu de faiblesse.

C'est ce dont la droite commence à prendre conscience. Dès le 25 janvier, les chefs du groupe UMP à l'Assemblée se disent opposés à toute « loi d'opportunité ». Nicolas Sarkozy bat aussitôt en retraite et le ministre de la Justice, Michel

Mercier, annonce que les mesures visant à renforcer le suivi des récidivistes seront examinées en même temps que la loi sur les jurys populaires en correctionnelle.

*

L'exploitation médiatique et politique du meurtre braque tous les projecteurs sur la personne de Meilhon. Comme le dit le présentateur du journal de France 2 avant un reportage sur la marche silencieuse au pont de Saint-Nazaire : « Ce drame aurait-il pu être évité ? On verra ce soir quel a été le parcours judiciaire de son agresseur présumé. »

Au moment où il invite Laëtitia à boire un verre au Barbe Blues, dans l'après-midi du 18 janvier 2011, Meilhon est un SDF repris de justice qui fréquente les petits rades de la région, monte des casses depuis sa caravane au Cassepot, stocke motos et ordinateurs volés. Treize condamnations lui ont fait passer la moitié de sa vie en prison. Il a un casier de délinquant tout-terrain : dégradations, conduite sans permis ou sous l'emprise de l'alcool, vols en réunion, vols avec arme, violences aggravées, refus d'obtempérer, outrages à magistrat, et le viol-humiliation de son codétenu, qualifié en crime sexuel et jugé aux assises, illustre une violence de caïd fruste qui veut faire justice lui-même. Pour ce crime, il sera inscrit au Fichier judiciaire des auteurs d'infractions sexuelles (FIJAIS) créé en 2004, avec obligation de signaler son adresse chaque année, ainsi que tout déménagement.

Que Tony Meilhon soit une petite frappe du Val de Loire, un délinquant multirécidiviste, c'est entendu. On observe chez lui une montée en puissance criminelle, depuis les vols de voitures de sa jeunesse jusqu'aux braquages à main armée avec tabassage de la commerçante à coups de crosse. Libéré en 2010, il trafique, vole, menace, agresse, frappe, indifférent aux conséquences de ses transgressions, prêt pour la trans-gression suprême. Il est toujours à la recherche d'un coup, un cambriolage pas trop compliqué, une bagnole à voler, une fille à emballer (une « racli », un « dossier », une « salope »). Il dort avec une arme chargée, au cas où. En permanence alcoolisé et sous coke, impulsif, sans perspective de réinsertion, Meilhon aurait sans doute fini par tuer quelqu'un. Pas nécessairement une jeune fille : on s'attendait plutôt à ce qu'il plante un mec dans un bar ou qu'il s'en prenne à son ex-copine, avec qui il avait rompu en ces termes : « Je vais te tuer ! Je vais tuer ton fils ! Et j'irai tuer ta mère et je vais me tuer après. » Le meurtre de Laëtitia apparaît comme l'issue « naturelle » de sa dérive.

Mais deux précisions s'imposent. En premier lieu, Meilhon ne correspond pas à la définition commune du « délinquant sexuel » : il n'a rien d'un pédophile, ni d'un prédateur, ni d'un violeur multirécidiviste (et ce, même si son ex-copine a porté plainte contre lui en décembre 2010 pour agressions sexuelles). Sa haine des « pointeurs », comme on appelle en prison les délinquants sexuels, entre dans la construction de sa virilité pénitentiaire. Rien que de très banal. Dans un article consacré aux violences sexuelles en prison, la sociologue Gwénola Ricordeau cite un mineur de dix-sept ans incarcéré à la maison d'arrêt de Pau : « Ils ont raison, ceux qui agressent les pointeurs. C'est de la merde. Moi, un pointeur, je lui mettrais un balai dans le cul. Il resterait pas dix minutes dans ma cellule. »

Deuxièmement, comme le précise Xavier Ronsin, procureur de la République à Nantes, Meilhon a purgé l'intégralité de ses peines et n'a bénéficié d'aucune libération anticipée ; certaines remises lui ont même été retirées. C'est donc par automatisme sécuritaire que le monde politique et les médias ont suggéré, après l'arrestation au Cassepot, que la justice avait « libéré » un délinquant sexuel. Xavier Ronsin rappelle aussi que Meilhon n'est pas mis en examen pour viol sur Laëtitia, les charges étant insuffisantes à ce stade de la procédure.

Il faut s'abstraire de cet argumentaire purement juridique

pour mesurer le courage de Xavier Ronsin et le magistère démocratique qu'il assume alors. Un procès, dit-il en substance, ne relève pas de l'imputation démagogique, mais de la justice. Rappeler que Meilhon n'est pas *a priori* un violeur est une manière de résister à la pression politique et, bientôt, au président lui-même.

Or, si elle ne débouche pas sur la rengaine du « délinquant sexuel multirécidiviste », l'affaire Laëtitia n'est pas utilisable politiquement. Face à cette déconvenue, et devant la réticence de sa majorité à légiférer une nouvelle fois sur la récidive, le président de la République réoriente son discours. Le 27 janvier 2011, emboîtant le pas aux journaux de TF1 et de France 2, il demande au ministre de la Justice de mettre en lumière des « dysfonctionnements » : comment un multirécidiviste a-t-il pu se soustraire à ses obligations de suivi ?

*

Le désolant *curriculum vitae* de Meilhon montre que la récidive est bel et bien un problème. Il est légitime de chercher à protéger les citoyens : en ce sens, la lutte contre la délinquance répond à une attente démocratique. Mais la névrose sécuritaire des années 2000, le sentiment d'urgence, l'exigence d'efficacité, l'impétuosité de Nicolas Sarkozy, les angoisses des uns et des autres font oublier que le débat sur la récidive est aussi ancien que la prison pénale.

Le fait de retomber dans ses erreurs passées existe en matière religieuse (le relaps) comme en matière criminelle (le récidiviste). Sous l'Ancien Régime, les condamnés sont marqués au fer rouge selon le crime qu'ils ont commis : VV, par exemple, indique la récidive de vol. Un casier judiciaire tatoué sur la peau. Mais la récidive prend une signification particulière avec la Révolution. Celle-ci, en effet, fait le pari que l'homme est perfectible, le malfaiteur amendable, capable de retrouver sa place dans la société. Le Code pénal de 1791 doit opérer « ce double effet, et de punir le coupable, et de le rendre meilleur ». La prison sera le lieu de cette rédemption.

Or la récidive montre que toute l'entreprise a échoué. Dès lors, plusieurs réponses sont possibles : l'élimination (peine de mort ou déportation à vie), la marque physique (rétablie de 1802 à 1832) ou le retour en prison avec une peine aggravée. Le Code pénal napoléonien édicte le principe de la récidive générale et perpétuelle : toute nouvelle condamnation pour délit ou crime met en état de récidive. Quand le temps de la libération arrive, la menace revient. Comment s'assurer que la prison a bien rempli son office ? Comment être certain qu'on ne libère pas un criminel endurci, inaccessible au remords, incorrigible ?

Regretter que la prison soit l'« école du crime » est un lieu commun depuis le début du XIXe siècle : non seulement elle échoue à améliorer le détenu, mais elle le corrompt davantage. Deux siècles plus tard, c'est toujours le même constat : la misère, la violence, la promiscuité, l'ennui, le sentiment d'abandon aggravent l'exclusion du détenu, si bien que la prison n'est plus qu'un lieu de relégation qui entretient la délinquance. Comme l'écrit en 2008 la commission des lois du Sénat, la surpopulation carcérale multiplie « les risques de récidive des personnes incarcérées, en portant atteinte à leur dignité, en mêlant les primo-délinquants et les criminels et en empêchant toute prise en charge destinée à favoriser la réinsertion des détenus ».

La « carrière » de Meilhon le prouve lamentablement, lui qui a navigué toute sa vie entre les foyers, les tribunaux et les prisons, ne les quittant que pour sniffer de la coke et monter des cambriolages avec d'anciens codétenus plus ou moins clochardisés. À son procès, honnête et terrifiant, il dira que la détention a « augmenté sa violence puissance 10 ».

Deux cents ans après la promulgation du Code pénal napoléonien, le débat sur la récidive est prétendument relancé. Sous Nicolas Sarkozy ministre de l'Intérieur et président de la

République, cinq lois portant directement ou partiellement sur la récidive se sont succédé. Entre 2008 et 2011, au moins six rapports ont évoqué l'impuissance des pouvoirs publics en la matière. Toute l'histoire du XIXᵉ siècle et du XXᵉ siècle montre que, en dépit des lois et des dispositifs les plus rigoureux, la récidive est endémique. Alors, puisque la récidive est un problème sérieux, parlons-en sérieusement.

– Aucune société, fût-elle totalitaire, ne peut éradiquer le crime. Le mal, le désir de transgression, l'envie, la folie étant constitutifs de l'espèce humaine, le risque zéro n'existe pas.

– La récidive a aussi des causes sociales : misère, échec scolaire, absence de perspectives, surpopulation carcérale. Puisque la prison a un rôle important dans la fabrique de la délinquance (et du terrorisme), il faudrait, en même temps que le « problème de la récidive », se saisir du problème de la prison, cet incubateur de rage.

– Dans son acception politique et médiatique, la « récidive » désigne les crimes et délits commis par des hommes jeunes en situation d'exclusion (pas nécessairement d'origine urbaine ou étrangère, comme le montre l'exemple de Meilhon). Il y a une autre récidive, endémique elle aussi, mais souvent impunie : celle des délinquants en col blanc, par exemple les hommes politiques qui sautent du trafic d'influence à la corruption active et de l'abus de confiance au financement illégal de campagne.

19

« Je ne suis pas ta femme »

Je voudrais commencer ce chapitre, consacré aux violences sexuelles pour lesquelles M. Patron a été condamné, par une remarque d'ordre méthodologique. Gilles Patron n'a reconnu qu'une relation consentie avec Jessica après la majorité de celle-ci. Pour le reste, il a toujours clamé son innocence, accusant les jeunes filles d'avoir menti, par appât du gain, fragilité psychologique ou esprit de vengeance. Sa femme et ses trois enfants, ainsi que certains enfants placés à son domicile dans les années 2000, lui ont apporté un soutien sans faille.

Cinq jeunes femmes, parmi lesquelles Jessica Perrais, ont porté plainte contre lui. Un procureur de la République a déclenché l'action publique. Une juge d'instruction a mené une enquête de plusieurs mois. Des dizaines d'interrogatoires ont été ordonnées, plusieurs confrontations ont eu lieu dans le cabinet de la juge. Enfin, pour rendre son verdict, la cour d'assises de Loire-Atlantique s'est fondée sur les témoignages concordants, circonstanciés et non concertés des jeunes femmes. M. Patron a été déclaré coupable.

*

Clémentine est la première fillette que M. et Mme Patron aient accueillie pour un séjour long, de 2001 à 2004 (en même temps que Jérôme, devenu boulanger). Née en 1992, comme les sœurs Perrais, elle est bien intégrée à la famille, très proche des filles Patron et de Maelys, une de leurs petites-filles. Les agressions de M. Patron commencent en 2003, alors qu'elle a onze ans. Les occasions sont multiples : devant la télévision, sur le canapé, en l'absence de Mme Patron et de Jérôme partis se coucher ; sur le chantier de la maison en construction ; dans la mer, alors qu'il feint de lui apprendre à nager. Ce sont des attouchements et des viols : il la pénètre avec ses doigts pendant qu'il se masturbe de l'autre main.

Dans un cahier que son psychologue lui a donné, Clémentine écrit : « J'en ai marre que M. Patron me touche. » Cet épisode est décisif, d'abord parce qu'il apporte une preuve matérielle, ensuite parce qu'il révèle un certain fonctionnement de couple chez M. et Mme Patron. M. Patron, qui a déniché le cahier, convoque Clémentine :

– C'est quoi, ça ?

– J'écris ce que je veux, t'as pas le droit de lire.

– Pourquoi tu mens ? On va te changer de famille !

Mme Patron lit le cahier à son tour et exige des excuses de la part de la fillette. Clémentine se met à pleurer et promet qu'elle ne recommencera plus.

Quelques mois après le départ de Clémentine, M. et Mme Patron font la connaissance des jumelles, âgées de presque treize ans et placées au foyer de Paimbœuf. Les attouchements sur Jessica commencent à l'été 2006, lors de vacances en camping-car. Ils sont dans une grange, il y a du foin. Mme Patron et Laëtitia sont allées se promener. Jessica a quatorze ans, elle n'est pas encore pubère. Elle est bouleversée, mais elle n'en parle à personne.

Les agressions reprennent en 2008, sur le canapé du salon, dans la chambre de Jessica, dans la salle de bains, sur le chantier de la maison en construction, lors de parties de pêche à la palourde, au retour des séances de thérapie chez Mme Carr. Ce sont des caresses sur les seins et les fesses, des masturbations forcées, des pénétrations digitales. Il lui lèche le sexe, lui rase le pubis.

Jessica ne veut pas, mais son père d'accueil le fait quand même. Quand il entre dans sa chambre, elle sait ce qui va se passer. Au début, elle lui dit d'arrêter, mais, comme il insiste, elle laisse faire, parce qu'elle sait que ça ne va pas durer longtemps, environ cinq minutes. Parfois, il continue, disant :

— Attends, je n'en ai pas eu assez.

D'autres fois, elle essaie de le raisonner :

— Je t'aime, P'tit Loup, mais comme un père.

Ou, glaciale :

— Tu as une femme pour ça. Je ne suis pas ta femme.

Au procès, le président de la cour a lu la retranscription de conversations téléphoniques entre Jessica et la compagne de Franck Perrais, après la mise en examen de M. Patron :

— Il te forçait ?

— Je me suis laissé faire. Il me disait : « Comme ça, tu sauras ce que c'est qu'un homme… »

— Mais enfin, il a soixante-dix balais !

— Non, soixante, mais il disait qu'il m'aimait passionnément.

— Mais enfin, Jessica ! C'est ton père adoptif, ça se fait pas.

Une autre conversation :

— Il te manipulait ?

— Il me disait de rien dire.

— Comment tu as fait pour ne pas m'en parler, alors que tu allais te plaindre au juge d'avoir des poux dans la tête et les cheveux coupés trop court ?

— Je sais pas, j'étais plus moi-même…

*

Il ne s'agit pas ici de rejuger M. Patron. Si quelqu'un a le droit de le juger, hormis la cour d'assises, c'est Jessica, et elle a longtemps refusé de porter plainte contre lui, de peur qu'il lui en veuille. Mais on est en droit de poser la question : qui est vraiment M. Patron ?

Un amoureux déplacé

Pendant l'instruction, M. Patron a reconnu les caresses sous les vêtements, les masturbations, les cunnilingus, mais comme une relation consentie entre adultes : il était amoureux de Jessica et, après sa majorité, ils se sont « rapprochés ». Au procès, M. Patron a fait l'éloge d'une jeune femme « courageuse, volontaire, déterminée », en qui il se reconnaissait. Un grand-père de soixante et un ans amoureux d'une jeune fille de dix-huit ans ? Soit.

Mais plusieurs correctifs doivent être apportés à cette version. D'abord, il arrivait que M. Patron dénigre Jessica en public, au motif qu'elle était limitée intellectuellement. Ensuite, de son propre aveu, il l'a élevée comme sa fille. Quelques mois après la mort de Laëtitia, il professait devant deux journalistes de *Ouest-France* : « Même si ce n'est pas notre fille, on l'a élevée comme nos enfants et aimée comme nos enfants. On ne peut pas travailler, élever un enfant correctement, s'il n'y a pas d'affectif. »

Si vraiment M. Patron a été amoureux, sa « passion » était pour le moins incestueuse. Il en est résulté, pour Jessica, ce genre de souillure que rien ne pourra jamais laver.

À la fin du procès, M. Patron a éclaté en sanglots :

– J'ai perdu ma place. Je te demande pardon, Jessica.

Un prédateur

Pourquoi M. Patron est-il devenu, sur le tard, assistant familial ? Plusieurs explications sont possibles : pour aider son prochain, les enfants de l'ASE succédant aux personnes âgées ; pour se reconvertir professionnellement dans une activité lucrative ; pour se rapprocher de ses proies, des enfants fragilisées par leur histoire familiale et sans autre « protection » que celle qu'il leur accordait. Si l'on considère M. Patron comme un pédophile, la chronologie est éclairante : il passe de Clémentine en 2003-2004 à Jessica en 2006-2011, sans oublier Lola et Justine, deux amies des sœurs Perrais, autour de 2009-2010. M. Patron avait promis à Laëtitia et Jessica que la maison qu'il faisait construire, route de la Rogère, leur était destinée. Havre familial ou prison sexuelle ?

Au XIX⁰ siècle déjà, les petites filles de l'Assistance sont là pour le plaisir du maître. Ce n'est pas lui qui, prétendument, les agresse, ce sont elles qui l'aguichent ; si elles ne sont pas contentes, qu'elles aillent voir ailleurs ; après tout ce qu'on a fait pour elles ! De toute façon, ce sont des êtres nuls, sans existence sociale, qui ne comptent pour personne. Inspirée par la nouvelle culture pédagogique du XVIII⁰ siècle, la nécessité de protéger l'enfant s'impose entre le Code pénal de 1810, qui punit les « attentats à la pudeur », et la loi de 1832, qui en protège les mineurs de moins de onze ans. Les délits sont de plus en plus poursuivis, mais les fillettes de l'Assistance publique n'en restent pas moins vulnérables, aux côtés des servantes, des filles de ferme, des bergères et des mendiantes. On l'a compris, le sort de Clémentine et de Jessica est tragiquement banal.

Un bon père « malgré tout »

Jessica n'éprouve ni haine ni ressentiment à l'égard de son père d'accueil. Elle fait le bilan de son adolescence avec mélancolie : « Les Patron, ça a été une deuxième chance. C'est rare dans la vie, il fallait la saisir. S'il avait été un vrai père, ça aurait pu être bien… Je serais encore à Pornic. » Dans la vie, Jessica n'aura eu que des pères imparfaits, à moitié gentils, à moitié dénaturés. Peut-on dire que l'éducation de M. Patron a été gâchée par de regrettables dérives ?

Dans son réquisitoire, l'avocat général a exprimé une forme de mansuétude, s'adressant directement à l'accusé : « Je ne demande pas à la cour le maximum, parce que, dans l'échelle de l'horreur, vous êtes haut, mais pas au sommet. » M. Patron a été condamné à huit ans de prison, alors qu'il en encourait vingt.

La question qui nous brûle les lèvres : et Laëtitia ?

qu'il a été difficile de subir ce harcèlement. Mais l'opinion du couple n'a pas toujours été aussi tranchée. En février 2009, dans un entretien à *Presse Océan*, M. et Mme Patron avaient tenu le discours gratifiant de toutes les familles d'accueil depuis le xixe siècle : leur mission est d'accueillir des enfants en difficulté, de veiller à leur bonheur et à leur avenir, afin de « les remettre sur rails ».

Avec la mort de Laëtitia, la pression médiatique devient écrasante : ce n'est plus le journal local, mais l'ensemble de la presse écrite et audiovisuelle qui se bouscule au portail. Ces sollicitations, ainsi que leur complexe de supériorité, ont sans doute poussé M. et Mme Patron à se confier aux médias. Leur fille a ainsi assuré à un journaliste de France 2 que Laëtitia connaissait Meilhon depuis quinze jours ; cette pseudo-information sera reprise par tout le monde. Très tôt, M. Patron a raconté aux journalistes la nuit de l'enlèvement :

J'ai entendu du bruit, il était 1 h 29 sur mon radio-réveil. Je ne dormais pas, parce que Laëtitia n'était pas rentrée. C'était une voiture qui ralentissait, puis deux portières qui claquaient et puis la voiture qui repartait rapidement. Le temps que je sorte en pyjama sur la route, il n'y avait plus rien. J'ai un chantier devant ma maison et je pensais qu'on était venu me voler du matériel. La pile de ma lampe était trop faible : je n'ai pas vu le scooter.

Par rapport à 2009, le discours des Patron change de nature. Il ne s'agit plus de justice en faveur des enfants, mais de justice contre leurs agresseurs. Le 24 janvier 2011, lors de la marche au pont de Saint-Nazaire, M. Patron réclame de nouvelles mesures contre la récidive et demande qu'on enferme les « détraqués ». De son côté, Mme Patron se déclare en faveur de « la perpétuité dans son vrai sens : qu'ils ressortent [de prison] les pieds devant ». Devant leur maison, une affiche appelle à « faire justice pour Laëtitia » et, sur la chaussée, quatre mots ont été tracés à la peinture orange : « L'assassin doit payer = Justice. »

Encourageant les défilés et les manifestations de solidarité, prononçant des allocutions lors des marches, lançant des appels au président de la République, dénonçant, revendiquant, mettant en scène, M. Patron entretient un rapport ambigu avec les médias.

Or le vocabulaire de la douleur n'est pas neutre. « Faire justice », « faire payer », lutter contre la « récidive », enfermer à vie les délinquants sexuels : Nicolas Sarkozy reçoit, de la part des Patron, un soutien appréciable. Nul doute que leur angoisse est sincère. Toute l'intelligence de Sarkozy a été de récupérer cette matière première pour la transformer en objet politique.

*

J'ai rendez-vous avec Jean-Pierre Picca, conseiller du président pour la justice entre 2010 et 2012, aujourd'hui avocat à Paris dans un gros cabinet d'affaires de la place Vendôme. Alors que je patiente dans un salon avec dorures et parquet ciré, un bel homme en costume-cravate, chaleureux et affable, vient à ma rencontre. D'emblée, il me précise qu'il a pour habitude de ne jamais répondre aux journalistes, mais ma démarche d'historien et de sociologue l'a intéressé. Il m'avertit qu'il ne tiendra aucun propos critique sur le président – il tiendra parole, jusqu'à être un peu langue de bois, mais la loyauté est une vertu qui se fait rare aujourd'hui, à une époque où le moindre secrétaire d'État évincé, la dernière compagne en date s'empressent de publier un livre assassin sur celui qui les a fait sortir de l'ombre.

Jean-Pierre Picca a passé vingt-cinq ans dans la magistrature. Au cours d'une carrière brillante, il a été substitut du procureur à Marseille, magistrat de liaison à Washington, procureur de la République à Lorient, avant de rejoindre Nicolas Sarkozy à l'Élysée.

Le président a rencontré M. et Mme Patron. Il n'y a aucun mystère autour de cela, c'est un fait public. Cela correspond parfaitement à l'homme qu'il est. Il considère que c'est le moins qu'on puisse faire pour des gens frappés par un tel drame. Il y a une émotion populaire ; le président incarne le peuple français, il transmet un message.

J'étais présent à la rencontre. Cela a été un moment d'émotion, d'empathie et de solidarité. Il s'agit d'un entretien informel : « Comment ça va, qu'est-ce que je peux faire pour vous, comment je peux vous aider ? » Le président a toujours été comme cela. Bouleversé par ces affaires, il s'enquiert des proches. Il demande comment ça va, comment on surmonte un tel drame. Il rassure aussi : la famille n'est pas seule, les pouvoirs publics sont mobilisés, ils font tout pour élucider l'affaire.

Pour Jean-Pierre Picca, le président de la République assume ici deux fonctions. En premier lieu, il exprime la solidarité de la nation. Au cours de son mandat, Nicolas Sarkozy a aussi reçu les familles de policiers tués en service, ainsi que celle de la joggeuse abattue par un récidiviste. En deuxième lieu, le président vérifie qu'il n'y a pas eu de dysfonctionnements, que de tels actes n'ont pas bénéficié d'un terrain favorable. Une jeune fille de dix-huit ans est sauvagement tuée : y a-t-il une explication à donner aux Français ?

Jean-Pierre Picca a raison sur plusieurs points. Il est hors de doute que Nicolas Sarkozy a fait preuve d'une réelle sollicitude à l'égard des victimes en général et des Patron en particulier, reçus deux fois à l'Élysée, le 31 janvier et le 17 février 2011. C'est à son invitation que Jessica est allée à Paris pour la première fois. Après la rencontre initiale avec M. et Mme Patron, le président a demandé qu'on invite aussi « Mademoiselle Perrais ». Le 17 février, ils ont dormi tous les trois à Paris, dans un appartement prêté par le maire de Pornic. Un T-shirt de la marche blanche, frappé de la photo de Laëtitia, a été remis au président à cette occasion. Ce dernier a aussi obtenu à Jessica un stage en gendarmerie. En ce qui concerne les recherches pour retrouver Laëtitia, les pouvoirs publics et le parquet ont laissé carte blanche aux enquêteurs, sans jamais lésiner sur les moyens. La politisation de l'affaire a au moins eu ce bénéfice. La première rencontre, celle du 31 janvier, est la plus médiatisée. Elle a lieu en présence de Mc Pascal Rouillier, l'avocat des Patron, de Philippe Boënnec, député UMP de Loire-Atlantique et maire de Pornic, de Franck Louvrier, conseiller en communication du président, et de Jean-Pierre Picca, conseiller pour la justice. Le même jour, le ministre de l'Intérieur et le ministre de la Justice annoncent la création de l'Office de suivi des délinquants sexuels, afin de pallier la «défaillance de la chaîne pénale». À sa sortie de l'Élysée, Philippe Boënnec prêche la parole présidentielle : « Il y a eu des fautes commises pendant toute la procédure. Ceux qui ont commis des fautes devront en rendre compte. »

Le président active une séquence qu'il a déjà rodée à l'occasion de précédents faits divers : intervention publique, manifestation d'empathie, invitation de la famille à l'Élysée, annonce de mesures répressives, désignation de boucs émissaires. Cette politique exige des relais. Pour les médias comme à l'Élysée, M. Patron est le représentant et le porte-parole de la famille. Après l'assimilation de Meilhon à un délinquant sexuel multirécidiviste, c'est le deuxième déplacement : M. Patron comme père de Laëtitia. Chacun dans son domaine de parole et d'action, Sarkozy et Patron sont des figures paternelles, des autorités morales, des références, des remparts, le courage incarné.

L'omniprésence médiatique de M. Patron et sa communion politique avec le président ne pouvaient s'opérer qu'au détriment de Franck Perrais, le vrai et seul père des jumelles. M. Patron, le patriarche meurtri qui réclame justice à la face du ciel, a plus de poids que l'humble Perrais avec son nez cassé, sa brosse blonde, ses tatouages et sa boucle d'oreille, symbole d'un lumpenprolétariat déjà vaincu, auquel pas un téléspectateur, pas un électeur ne peut s'identifier. Le 31 janvier, alors que M. et Mme Patron sont accueillis en grande pompe par le président de la République, Franck Perrais est reçu à la sauvette par le seul Jean-Pierre Picca. Qu'ont-ils pu se dire, le notable et le manant, le magistrat de haut vol et l'intérimaire ex-cariste ex-cuistot ex-chômeur, improbablement réunis sous les ors de la République? Le premier a témoigné au second la sympathie du président et tout s'est très bien passé. «Il sera tenu informé de la procédure», commente-t-on sobrement à l'Élysée.

L'invisibilisation du père de Laëtitia n'est pas due au hasard. Au moment où le débat sur la récidive des délinquants sexuels est relancé tambour battant, il aurait été malheureux d'associer à la geste présidentielle un homme condamné aux assises pour viol.

Franck Perrais l'a reconnu à demi-mot devant les caméras, en marge d'une marche blanche à la mémoire de sa fille:

– On a été bafoués par la justice, on a été mis à l'écart. Ça nous a fait mal.

– Pourquoi «mis à l'écart»? demande le journaliste. Vous parlez du président?

Un sourire se dessine sur les lèvres de Franck Perrais:

– Voilà, exactement…

Ce chassé-croisé de vrais pères, de faux pères, de pères symboliques, de pères de substitution, cette mise en scène de l'autorité a pour enjeu l'appropriation de l'icône Laëtitia. L'élimination du père «biologique», en plein deuil, a des raisons que tout le monde sait et que tout le monde tait.

Mais le fait est là: Patron a éclipsé Perrais. Ce remplacement, durement ressenti par tout le côté Perrais, n'apparaîtra comme une usurpation que lorsque M. Patron aura été à son tour mis en examen pour viols. On se souviendra alors non seulement que Laëtitia avait un père, mais que celui-ci n'a jamais été déchu de l'autorité parentale et que, tout «indigne» qu'il fût, il est digne d'intérêt, notamment parce qu'il a perdu sa fille. On comprendra alors que le président de la République a combattu les délinquants sexuels aux côtés d'un pédophile.

L'axe Patron-Sarkozy, pacte politico-émotionnel conclu pour la circonstance, s'est révélé un projet d'instrumentalisation mutuelle, jeu de dupes dans lequel chacun essaie de manipuler l'autre.

21

Le lycée de Machecoul

À la fin de leur troisième, Laëtitia et Jessica obtiennent
leur «certificat de formation générale», qui valide les acquis
d'une scolarité en SEGPA. En septembre 2008, alors que les
agressions de M. Patron sur Jessica reprennent, elles entrent
en seconde APR (agent polyvalent de restauration) au lycée
professionnel Louis-Armand de Machecoul, à 20 kilomètres
de Pornic. La formation, réservée aux élèves issus des SEGPA,
prépare à un CAP de base qui permet de travailler dans la
restauration collective, cantines scolaires, maisons de retraite,
etc. Devenu APR, on sait cuisiner des produits en grosses
quantités, servir, nettoyer, faire la plonge. Jessica se destine
à la cuisine, Laëtitia au service. Elles ont choisi leur filière et
en sont heureuses.

Ai-je le droit de parler de «choix», sachant que, justement,
elles n'ont pas vraiment le choix? CLAD en primaire, SEGPA
au collège, CAP au lycée: on pourrait voir dans ces acronymes
l'illustration des déterminismes qui pèsent sur les enfants
d'origine populaire, orientés dès le primaire, c'est-à-dire placés
sur les rails de métiers sous-payés, fatigants et peu considérés.
Mais l'objectif de toutes ces filières est bien de garder les
enfants en difficulté dans le système scolaire, au primaire, au
collège ou au lycée. Au XIXe siècle, les pupilles de l'Assistance
publique sortaient de la communale avec, au mieux, le certificat d'études, inutile de toute façon pour un destin borné par

la ferme ou l'atelier. Comme le dit Mme Patron, il ne s'agissait pas « d'en faire des élites », mais de leur assurer une formation, un métier offrant salaire et vie autonome.

La société française s'est démocratisée, et l'on peut comprendre que Laëtitia et Jessica soient heureuses de leurs perspectives professionnelles. Sans parler de la satisfaction qu'on peut éprouver à exercer des métiers de bouche, d'accueil ou de service, le CAP est, au regard du destin de leurs parents, une promesse d'ascension sociale. Ce diplôme, elles l'ont conquis de haute lutte et, en ce sens, on peut dire qu'elles reviennent de loin.

Machecoul, petite ville de 6 000 âmes au sud de la Loire-Atlantique, à la lisière de la Vendée, est une plaque tournante scolaire : tous les jours, entre 6 h 45 et 8 h 15, des cars de ramassage y déposent 1 800 élèves, qui rejoignent le collège public Raymond-Queneau, le collège-lycée privé Saint-Joseph, le lycée professionnel privé Saint-Martin et le lycée professionnel public Louis-Armand.

Laëtitia et Jessica descendent du car, passent le portail du lycée Louis-Armand, déposent leurs affaires dans les casiers métalliques verts, rouges ou bleus, gagnent la cour de récréation, font la bise aux copines, bavardent un instant avant de rejoindre leur classe à la sonnerie. Le lycée est complètement mélangé : des garçons préparent le CAP cuisine ou APR, des filles le CAP maintenance des véhicules automobiles. Les élèves disposent de deux immenses cuisines en inox alimentaire, l'une pour les cours, l'autre pour le service du restaurant pédagogique, chacune étant pourvue de douze postes de travail avec feux et fourneaux. Tandis que les CAP cuisine bénéficient de tous les équipements, les CAP APR n'ont accès qu'à la cuisine des cours ; ils n'ont le droit d'entrer dans la cuisine du restaurant pédagogique que pour s'exercer au nettoyage. Une salle de plonge sépare les deux cuisines.

Les secondes et premières APR suivent plusieurs cours :
– *cuisine*. On apprend à faire une pâte brisée, une pâte

feuilletée, une mayonnaise, des sauces. Le professeur, M. Maout, se moque gentiment des sœurs Perrais sur le thème « vous êtes tout le temps ensemble », « arrête de faire comme ta sœur ». Quand il corrige leurs devoirs, il sait immédiatement si l'une a copié sur l'autre. Quand Jessica a décroché son CAP, il l'a félicitée d'un : « Tu n'as pas dû le faire exprès ! » Fabian, le meilleur ami de Laëtitia, commente la blague : « M. Maout, c'est quelqu'un de très gentil et de super fort. Je n'ai pas encore réussi à le battre en cuisine. »

– *maths*. À partir d'une recette de base, on doit calculer les quantités pour dix ou quinze personnes, en grammes, décilitres, etc.

– *biotechnologie*. C'est un cours assez théorique, où l'on doit apprendre à gérer les stocks. Les élèves en sortent un peu démoralisés.

– *histoire-lettres*. Jessica se souvient d'avoir appris l'histoire du passage Pommeraye, la magnifique galerie marchande de Nantes. Fabian se souvient d'une rédaction qu'il a dû faire avec sa mère sur les desserts qu'elle aimait petite.

– *anglais*, *arts appliqués* ou *sport*. Par ailleurs, le brevet de sauveteur secouriste est obligatoire en restauration collective.

Les enseignants se souviennent parfaitement de Laëtitia et Jessica, en raison du fait divers qui a endeuillé l'année scolaire 2010-2011, mais aussi parce qu'il est rare d'avoir des jumelles dans la même classe. Toutes deux sont sérieuses, assidues, agréables, avec des personnalités et des comportements bien différenciés. Laëtitia a plus de moyens que Jessica, mais elle est moins travailleuse, se laissant porter par ses bons résultats. Jessica, plus laborieuse, plus mûre et plus assurée, commande le duo.

Les années Machecoul sont des années de formation à tous égards : orientation professionnelle, intégration dans un groupe d'amis et, pour Laëtitia, premières amours. Leur bande se compose de Lydia, Marie, Jonathan, Fatima, Kévin, Maxime. Laëtitia a des petits copains, contrairement à Jessica, encore dans l'ambivalence sexuelle.

*

J'ai rencontré Kévin, le petit ami de Laëtitia, dans un café de Nantes en février 2015. C'est un jeune homme frêle mais musclé, la tête dure, les cheveux courts, le visage un peu émacié, troué de beaux yeux verts et relevé par de hautes pommettes. Son sweat à capuche s'ouvre sur un T-shirt Harley Davidson. À l'oreille gauche, il porte deux anneaux en acier et, aux doigts, des bagues, l'une en forme de tête de mort et l'autre avec le pique du jeu de cartes. Tout en lui parlant de mon projet de livre, je regarde ses tatouages, que Laëtitia a peut-être connus. Un diablotin rouge et noir. Un carré d'as, avec en légende « Poker à la mort ». Un triskèle, symbole celtique à trois branches, qui sépare un bébé, un jeune homme et un vieillard : le cycle de la vie.

Quand il a rencontré Laëtitia, pendant l'année scolaire 2009-2010, Kévin préparait un bac pro mécanique auto et elle était en première APR. Ils sont sortis ensemble dans le car, lors d'un voyage scolaire en Angleterre. Les monuments de Londres leur ont plu, même s'ils avaient, comme les autres, du mal à parler anglais. Pendant le séjour, ils n'ont pas eu le temps d'être ensemble : la classe n'arrêtait pas de bouger, de visiter des musées. Le soir, chacun repartait de son côté, dans une famille anglaise. Laëtitia a pris des photographies avec son portable et s'est acheté un porte-clés aux couleurs du drapeau anglais.

Au retour, dans le car, elle est sortie avec un autre garçon de la classe, Maxime. « J'ai été triste, très triste, se souvient Kévin. Ça m'a brisé le cœur. Mais j'ai fait avec. »

Ils sont ressortis ensemble plus tard. Laëtitia, c'était une jolie fille, gaie, souriante, avec de longs cheveux châtains et des yeux couleur noisette, mais sa beauté ne lui donnait aucune prétention. Elle était discrète, simple. Ils ne se sont jamais « pris la tête ».

Bien qu'elle eût le sens de l'humour, elle ne faisait pas de blagues. Elle écoutait.

Est-ce qu'elle avait une souffrance en elle ? Non, pas vraiment. Enfin, si, mais ça ne se voyait pas, elle ne le laissait pas deviner. Elle cachait les choses qu'elle avait vécues. Tous les deux, ils se comprenaient, parce que Kévin aussi a eu des problèmes quand il était gamin.

Avec moi, Kévin n'est pas très loquace. Mes questions tombent parfois dans le vide. Il vient d'un monde où l'on parle peu, surtout lorsqu'on a eu une enfance difficile. Chez certains, le silence est vacuité, tandis qu'il est pudeur chez d'autres.

*

Pornic, La Bernerie : de petites stations balnéaires sur l'Atlantique, grouillantes de touristes l'été, assoupies l'hiver. Machecoul : une bourgade au milieu des marais.

Laëtitia et Jessica ont grandi entre mer et campagne, plage et bocage. Elles ont tout connu de la jeunesse périurbaine – le car de ramassage scolaire qu'il faut attraper à 7 h 30 du matin et où l'on retrouve ses copains dans l'odeur chaude du gasoil et l'éclairage trop vif du plafonnier ; le collège où tout le monde va, où l'on sait qui est sorti avec qui, comment et pourquoi ça a cassé ; les coins tranquilles pour aller fumer ou se bécoter ; les enfilades pavillonnaires comme la route de la Rogère, ni rue de ville, ni route de campagne, plutôt axe reliant des ronds-points ; la maison à un étage avec chambres, véranda et jardin, que les parents ont achetée ou « fait construire » ; l'éloignement de tous les lieux, collège, ville, hypermarché, activités sportives, amis, qui exige qu'on soit accompagné en voiture par les parents et qui justifie, l'adolescence venue, l'achat d'un scooter, instrument d'une liberté inouïe (les jumelles ont eu le leur pour Noël 2009, un Peugeot V-Clic rouge pour Laëtitia, noir pour Jessica) ; l'ennui des petites vacances où l'on traîne ensemble, entre le centre-ville, la chambre des uns ou des autres, la plage ou la forêt, sans oublier le McDo, incontournable lieu de rendez-vous et foyer de sociabilité ; les boîtes de nuit au retour desquelles les jeunes se tuent dans un virage mal négocié.

Ces campagnes sont des espaces anonymes, mal connus, peu représentés, dont on ne parle jamais – d'où le choc, quand un fait divers provoque le débarquement d'une centaine de journalistes en vingt-quatre heures et qu'on a les honneurs de la télé pendant des semaines. Les sœurs Perrais n'appartiennent pas à la jeunesse riche des centres-villes, qui grandit entre cafés et lycées ultra-sélectifs, ni à la jeunesse populaire des banlieues, symbolisée par le *streetwear*, la tchatche et le béton. La jeunesse périurbaine, celle des cars de ramassage et des CAP, n'a pas d'emblème. C'est une jeunesse silencieuse qui ne fait pas parler d'elle, qui bosse tôt et dur, alimentant les secteurs de l'artisanat et les services à la personne dans les campagnes et petites villes où elle est née. Si ces classes populaires rurales-maritimes forment ce que Christophe Guilluy appelle la « France périphérique », alors l'affaire Laëtitia est un meurtre chez les « petits Blancs » ou, plus exactement, entre « petits Blancs », un homme du quart-monde en situation d'échec s'étant attaqué, par frustration machiste ou par vengeance sociale, à une fille du quart-monde courageuse et bien intégrée. « Des cas sociaux se sont entre-tués », soupire-t-on dans la bonne société nantaise, deux mois avant que l'affaire Dupont de Ligonnès ne vienne rappeler que le milieu des notables catholiques abrite aussi son lot de perversions sanglantes.

Ce tableau sociologique explique le sentiment d'étrangeté que je ressens au contact de Jessica. Issu de la bourgeoisie parisienne à diplômes, je n'ai pas grandi dans la misère alcoolisée, je n'ai pas été retiré par un juge des enfants, je n'ai pas fréquenté un lycée professionnel, je me déplace en métro plutôt qu'à scooter. Pour moi que caractérisent des mots-clés comme judéité, livres et cosmopolitisme, Laëtitia incarne l'altérité, celle des Français de culture chrétienne, avec un nom facile à écrire, enracinés dans une région, produits d'une lignée, fût-elle celle des Atrides. Je ne sais qui, d'elle ou de moi, est le plus anormal.

Nous avons de la distance vis-à-vis de nos morts, alors que la souffrance d'autrui nous happe, nous habite, nous hante, ne nous lâche plus. Pour nous-mêmes, il n'y a plus rien à faire. Notre blessure, c'est nous-mêmes, le drame et la routine de notre vie, notre névrose apprivoisée, et nous y sommes habitués, comme à une infirmité. Il y a, dans la vie de Laëtitia, trois injustices : son enfance, entre un père violent et un père d'accueil abusif ; sa mort atroce, à l'âge de dix-huit ans ; sa métamorphose en fait divers, c'est-à-dire en spectacle de mort. Les deux premières injustices me laissent désolé et impuissant. Contre la troisième, tout mon être se révolte.

22

Du criminel comme être humain

Vendredi 28 janvier 2011

Alors que les magistrats instructeurs refont le trajet de Laëtitia entre l'Hôtel de Nantes et la route de la Rogère et que les plongeurs de la gendarmerie fouillent le canal de la Martinière sur la rive sud de la Loire, le frère de Meilhon déclare dans *Presse Océan*: «Si Tony a fait ça, il ne dira rien.» Europe 1 annonce que des éléments matériels ont été retrouvés au Cassepot, qui laissent penser que le corps de Laëtitia «ne se trouverait plus dans son intégrité». La mort de Laëtitia n'est alors pas confirmée et le démembrement n'est, pour les enquêteurs, qu'une hypothèse de travail. Le juge Martinot commente cette fuite: «J'ai trouvé ça abominable pour la famille.»

Vers 13 heures, Xavier Ronsin tient une conférence de presse devant la gendarmerie de Pornic. Il regrette que Meilhon, toujours muré dans son silence, réponde aux questions des juges par un sourire goguenard. Et de conclure: «Nous nous passerons de son aide, nous retrouverons le corps de Laëtitia.» Là encore, il faut mesurer la force des mots, le risque que prend Xavier Ronsin, malgré les usages gourmés qui s'imposent d'habitude aux représentants de l'État. Même si les enquêteurs ne disposent d'aucune piste, d'aucun indice, le procureur de la République vient de donner sa parole.

Si Meilhon n'a pas enterré le corps, il l'a immergé. Après avoir cherché tous azimuts, dans la Loire, au fond des étangs, dans les ruisseaux, au bord des plages, en mobilisant une armée de gendarmes et de maîtres-chiens, les enquêteurs ciblent les «zones de confort», c'est-à-dire les endroits rassurants pour Meilhon, ceux qui lui évoquent de bons souvenirs. Leur raisonnement est le suivant: Meilhon a eu très peu de temps – quelques heures dans la journée du 19 janvier – pour faire disparaître le corps. Cette action si horrible, il l'a effectuée dans un état de fatigue et de stress inhabituel. Il n'a quasiment pas dormi, il n'a pas le temps de tergiverser ni même de réfléchir, il doit être rapide, précis et efficace; en un mot, il faut qu'il maîtrise parfaitement l'endroit. Ce lieu, il doit le connaître comme sa poche, ainsi que les petites routes discrètes qui y mènent. Ce lieu lui parle, l'apaise, le réconforte, au moment où il vient de commettre l'irréparable.

Les enquêteurs entendent systématiquement les proches de Meilhon, membres de la famille, amis d'enfance, camarades de classe, ex-copines, complices de cambriolages, anciens codétenus, afin de déterminer les endroits qu'il fréquente depuis son plus jeune âge. Les moyens de recherches – pédestres, cynophiles, aériens, nautiques, subaquatiques, spéléologiques – sont engagés en fonction du potentiel de dissimulation des sites.

Grâce au témoignage de Bertier, il est établi que Meilhon s'est rendu au centre commercial Atlantis dans l'après-midi du 19 janvier. Son portable borne à Atlantis vers 15 heures, puis sur Couëron, après quoi il est coupé. On sait par ailleurs que Meilhon a passé son enfance à Couëron, en aval de Nantes, et qu'il vit dans sa caravane au Cassepot, près d'Arthon-en-Retz. Le périmètre de recherches se resserre.

Cette stratégie est mise au point par Frantz Touchais. Âgé de la quarantaine, gendarme fils de gendarme, c'est un homme pétri de valeurs, qui ne vit que pour l'enquête. Après des études dans les Eaux et Forêts, il a passé six ans à la SR de Poitiers, dix à celle d'Angers. Dans les moments de creux, il reprend des *cold cases*, de vieilles affaires non élucidées. Pour éviter la prescription, il rédige un petit acte d'enquête : c'est sa manière de ne pas laisser les morts mourir. Il est extrêmement scrupuleux en matière de procédure, très loyal envers son magistrat. Il ne se voit pas faire autre chose que des enquêtes criminelles. Sa passion a bloqué sa carrière : resté trop longtemps adjudant-chef, il ne peut prétendre au grade de major sans quitter la SR. Mais la gravité des affaires qu'il résout avec ses collègues et l'importance de la fonction sociale qu'ils assument collectivement rendent quelque peu dérisoires ces histoires de grades.

Entrer dans la tête de Meilhon, faire remonter ses souvenirs d'enfance, arpenter les lieux de sa jeunesse, comprendre sa relation avec sa mère : pour élucider un crime inhumain, les enquêteurs doivent plonger dans l'humanité du criminel.

*

Tony Meilhon est né en 1979. Sa mère a été violée à l'âge de quinze ans par son propre père : de ce viol est né un garçon, le demi-frère aîné de Tony. Pour Cécile de Oliveira, toute la défense de Meilhon est fondée sur l'orgueil, le sentiment d'être différent et supérieur au commun des mortels. L'inceste est fondateur dans sa famille, et la loi qui le proscrit est d'emblée transgressée. Soit la loi a raison et sa famille est monstrueuse ; soit sa famille l'emporte et la loi n'est rien.

La mère se marie avec Jacques Meilhon avec qui elle a trois enfants : un garçon, une fille et Tony. Le mari, qui a reconnu l'enfant de l'inceste, est fainéant, alcoolique, violent, maladivement jaloux. Lors de ses crises, il bat sa femme et les enfants, sauf Tony, parce qu'il est le petit dernier et qu'il lui ressemble. L'homme commence à tripoter sa fille. La mère a tout accepté, la misère, le vin mauvais, les hurlements, les coups, mais là, c'est la limite à ne pas franchir : sa fille ne subira pas ce qu'elle-même a subi.

Avec ses quatre enfants et deux valises, elle part se réfugier dans un foyer de femmes battues. Son mari achète un fusil pour la tuer. Le divorce prononcé, le père déchu de ses droits, elle atterrit dans une HLM de la cité Bel-Air, à Couëron, en bord de Loire. Les enfants grandissent. À la fin des années 1980, elle refait sa vie. Le petit Tony développe une haine forcenée, inexpiable, pour son beau-père. Une petite sœur naît. La famille déménage dans un pavillon à Couëron.

Tony devient «méchant»: il s'enferme dans les toilettes, donne des coups de poing dans les murs, agresse les autres enfants, fugue pour un oui ou pour un non. En CM2, il manque de poignarder son institutrice. En sixième, il a entre 0 et 1 de moyenne. Il commence à fumer des joints, les professeurs n'en veulent plus. À la maison, on lui dit: «Tu es comme ton père!» À douze ans, il est placé dans un foyer à Guérande, puis dans une institution spécialisée. Sa mère et son beau-père se seraient «débarrassés» de lui. Sentiment d'injustice.

Il fugue de son foyer et rentre à pied à Couëron. Après un jour et une nuit de marche, il arrive chez sa mère, les pieds en sang, grelottant, affamé. Sa mère: «On ne veut plus de toi ici.» Meilhon raconte la scène depuis son box, lors du procès d'appel: «Elle m'a rejeté comme un… comme un quoi? je sais même pas.» Fou de rage, il arrache les fils du téléphone et lui colle un pistolet sur la tempe. Une autre fois, il repart en cassant la baie vitrée à coups de pierres. «J'ai pas pris le bon chemin, ma vie est tourmentée. J'aurais aimé avoir une famille équilibrée, des parents qui s'aiment. J'ai rien eu de tout ça. C'était une sale vie en vérité.»

À seize ans, de retour à Couëron, Tony commence à se faire un nom. Il dort dehors, harcèle les gens, vole des mobylettes et des voitures, ingurgite des litres de bière. Il fait rapidement le tour des stupéfiants disponibles sur le marché. Viennent les premières incarcérations. C'est menotté et entouré de deux gendarmes qu'il assiste aux obsèques de son père, en 1997.

À sa sortie de prison, à l'âge de dix-huit ans, il va voir sa copine, qui l'a quitté, et lui met un calibre dans la bouche. Il trouve un emploi de maître-chien, puis gagne sa vie en nettoyant des voitures. Un organisme de réinsertion lui trouve un appartement à Nantes. En 1999, il est réincarcéré à cause du viol sur son codétenu. Deuxième sentiment d'injustice.

En 2003, à nouveau dehors, il se met en ménage avec une fille de seize ans. Tous deux sont toxicos, mais leur vie est à peu près rangée, jusqu'à ce que Tony tombe pour les trois braquages. Il retourne en prison, elle ne le laisse pas tomber. Le bébé qu'ils conçoivent au parloir est bientôt placé en famille d'accueil. Dans sa cellule, Tony garde une photo de son fils, qu'il montre à ses codétenus. Quand il est dans ses bons jours, il est doux et affectueux, il dit à sa mère : « Maman, je t'aime. » D'autres fois, il l'appelle de la prison pour la traiter de « putain », de « grosse salope ».

Le témoignage de sa mère, au procès d'appel, est entrecoupé de sanglots et de spasmes. Elle est autorisée à s'asseoir.

Le président : « Vous l'auriez privé de son père ? »

Elle se tourne, en pleurs, vers son fils dans le box : « C'est pas vrai, Tony ! »

Elle poursuit : « J'ai pas délaissé mon fils, j'ai fait tout ce que je pouvais. J'ai protégé mes enfants, j'ai travaillé pour les nourrir. J'ai abandonné personne, je les ai tous aimés, j'en ai fait plus pour Tony que pour les autres. Et aujourd'hui, on me dit que j'ai été une mauvaise mère ! »

Cette dame blonde toute menue, qui assiste au quatrième procès d'assises de son fils, qui fréquente les parloirs depuis vingt ans, qui connaît tous les établissements pénitentiaires de la région, Rennes, Angers, Nantes, qui a lavé le linge de son fils, l'a soutenu, l'a encouragé, qui s'est portée caution pour lui, qui est allée le chercher à son travail, qui l'aime encore malgré toutes les vies qu'il a détruites, cette mère est une figure de tragédie antique qu'on dévisage avec une infinie compassion. Un des jurés se met à pleurer.

En février 2010, Tony est libéré. « Je suis désocialisé, nostalgique de la prison. C'est un échec de la justice, des foyers, de ma famille, de moi : tout le monde a participé à cet échec. Je recommence à boire, à repartir à la dérive. » Il touche le RSA, monte un trafic de métaux et de stupéfiants, cambriole des entreprises locales, vole une 106 blanche à Couëron. Son régime quotidien : un litre de whisky, plusieurs packs de bières, quinze à vingt joints, deux à trois grammes de cocaïne, de l'héroïne pour faire baisser le speed de la coke. La moitié de n'importe laquelle de ces doses enverrait n'importe qui au tapis.

Il se trouve une copine à Nantes, dans l'immeuble de sa belle-sœur qui l'a hébergé. Au début, ils s'entendent bien, vont pique-niquer à l'étang de Lavau, mais Meilhon stocke de la drogue chez elle, alors qu'elle vit seule avec son petit garçon. Après une première rupture, il déménage avec sa caravane au Cassepot, avant de se remettre avec elle, les réconciliations succédant aux disputes et aux claques. Devant la cour d'assises, la jeune femme raconte qu'il a débarqué chez elle, à Noël, avec du champagne qu'il a bu tout seul, avant de la forcer à avoir un rapport sexuel. « Après qu'il s'est vidé, il s'est endormi. » Plus tard, la voyant pleurer à la fenêtre, il lui a lancé : « T'as qu'à sauter, j'en ai rien à foutre ! »

Quand Meilhon passe à Couëron, il propose du shit à ses connaissances et rackette les jeunes du coin. Affecté par la mort de son meilleur ami, il a le mal de vivre, force sur les doses de cocaïne. Son demi-frère porte plainte contre lui après une visite qui a mal tourné : pneus crevés, jardin saccagé, lapins égorgés. Désormais, Tony parle de tuer sa mère. Cocotte-minute humaine, il est en train de monter en pression. Nous sommes à la fin 2010.

*

Sa maman, ses frères, sa sœur, ses copains de quartier, ses anciens codétenus racontent aux enquêteurs les années de jeunesse, la grande époque. Des vols, des beuveries, des déprédations, des colères de fou furieux, mais aussi des séances de rigolade, des matchs de foot avec les gamins du quartier, des coups de main, des actes de générosité. En prison, il fait de la musculation. Son fils lui manque. L'administration le félicite parce qu'il a sauvé un codétenu qui allait se pendre.

Tony est un homme de l'eau : eaux dormantes des marais et des sablières de Couëron, où il se débarrassait des mobylettes volées ; eaux paisibles du lac de Beaulieu, où il aimait pêcher avec ses copains entre deux packs de bières ; courant vif de l'Acheneau, qui alimente l'étang de Briord où les brochets pullulent ; eaux profondes et fraîches de Lavau, d'anciennes carrières de granit inondées où les jeunes plongent depuis les falaises de cinq mètres ; anse de la Loire au niveau de la Bosse-en-Gicquelais où, paraît-il, des corps ont déjà été repêchés.

Le lundi 31 janvier 2011, au moment où les Patron s'attardent sur le perron de l'Élysée, les gendarmes de Pornic raccompagnent l'ex-copine de Meilhon à sa voiture. La nuit est tombée, le procès-verbal d'audition est clos et signé. La jeune femme s'apprête à rentrer chez elle. En bavardant quelques minutes encore avec les enquêteurs, elle leur fait part d'un pressentiment qui la taraude. Selon elle, Tony s'est débarrassé du corps dans un endroit discret qu'il connaît bien pour y avoir souvent pêché : l'étang du Trou bleu à Lavau, accessible par un chemin de terre, avec la falaise tout au bout.

23

Espaces atlantiques

Comme l'hélicoptère à la recherche de la jeune fille, je survolerai les terres où elle a passé sa vie. D'abord, Nantes : métropole régionale, avec ses places, ses platanes, son tramway, son palais de justice et les quartiers populaires qui l'ont vue grandir, la Petite Sensive, les Dervallières, Malakoff. La Loire coule majestueusement, passe entre Lavau et Paimbœuf, avant de disparaître dans l'océan en face de Saint-Nazaire.

Franck Perrais et Tony Meilhon ont grandi à Couëron, Laëtitia a joué à cache-cache sur les parkings de Nantes : même milieu social, celui des classes populaires inférieures en grande difficulté ; mêmes cités HLM plus ou moins arborées ; même configuration familiale, précarité, sous-qualification, alcool, violences conjugales et, pour les enfants, échec scolaire, placement à l'ASE et, parfois, délinquance et drogue. C'est de tout cela que les Patron se distinguent. Leur profil répond à d'autres critères : maison individuelle, stabilité familiale, carrières professionnelles de la petite classe moyenne, respectabilité, ambition pédagogique pour les enfants.

Au sud de la Loire s'étend le pays de Retz : Saint-Père-en-Retz, La Bernerie-en-Retz, Les Moutiers-en-Retz, Arthon-en-Retz, bourgades émergeant d'un milieu amphibie fait de marais, d'estrans, de zones inondables. Ouvrons un dépliant touristique :

La Bernerie-en-Retz, ancien petit village de pêcheurs, fut à l'origine de la construction des «chattes», bateaux équipés de trois mâts dont la particularité était de pouvoir installer le gouvernail à l'avant ou à l'arrière. Ces bateaux firent la fortune de La Bernerie-en-Retz. Ils assuraient le transport de denrées et de matériaux divers. Ils naviguaient l'été jusqu'à Lorient et Belle-Île et, au sud, jusqu'à Libourne.

Elle s'est promenée sur la plage, elle s'est baignée, elle a pêché les moules et les palourdes, fabriqué des bijoux en coquillages : la mer a été sa compagne de jeunesse. En fin de journée, l'ombre du château de Gilles de Retz, lieutenant de Jeanne d'Arc, violeur et assassin d'enfants au xve siècle, descend sur les quais de Pornic. Le Barbe Blues, la taverne glauque de La Bernerie, fait bien sûr référence à ce Barbe-Bleue.

Eau de mer, écume des tempêtes, marées, villages de pêcheurs, chalutiers, cabotage, salines, eau comme ressource. Eau des loisirs qui divertit, délasse, rafraîchit, circulations vitales, courants qui font voyager, grâce auxquels on s'échappe. Eau stagnante, gluante, où le corps est pris, marais innombrables et désespérants, joncs, marécages de la vie, flaques, gouttes de pluie, larmes. La jeune fille tombe dans l'étang qui la retient captive, moderne Ophélie. Peut-on être enterré dans l'eau ?

Nous sommes sur un segment de l'«arc atlantique», composé de différents espaces :

– *la vallée de la Loire*, de Nantes à Saint-Nazaire. Elle a subi une forte désindustrialisation, même si le secteur de la construction navale résiste. Les cantons de l'estuaire, de Paimbœuf à Saint-Nazaire, sont en voie de paupérisation. La population nazairienne décline depuis les années 1970. À Paimbœuf, 17 % des ménages dépendent pour moitié des prestations sociales, soit le double de la moyenne départementale.

– *le pays de Retz*, qui occupe tout le sud de la Loire-Atlantique. La région vit de l'agriculture, de la pêche, de l'ostréiculture et du tourisme. L'espace périurbain nantais attire des jeunes actifs ; le littoral, des retraités. Grâce à ces migrations, la population a crû de plus de 15 % dans les années 2000. Une station balnéaire comme La Bernerie polarise un tourisme d'origine populaire et locale. Agriculteurs, employés, caissières, secrétaires de mairie y possèdent un mobil-home ou une minuscule résidence secondaire, alors que La Baule et Le Croisic, de l'autre côté de l'estuaire, plus huppées, attirent cadres supérieurs, vétérinaires enrichis, experts-comptables, tous les gagnants des Trente Glorieuses. Absente des statistiques de l'INSEE, l'économie souterraine du pays de Retz génère d'importants revenus : plombiers, mécaniciens, ferrailleurs travaillant au noir, artisans à la retraite qui continuent leur activité, etc.

– *le pays vendéen*, entre Cholet et Les Herbiers. C'est un territoire ultra-productif avec un taux de chômage réduit, un pays de PME dynamiques animées par des artisans montés en gamme (construction et pose de fenêtres, cabanes de chantier, bateaux de plaisance). Devenue une des plus grosses fortunes de France depuis son berceau du Poiré-sur-Vie, la famille Cougnaud construit et vend dans toute l'Europe des maisons écologiques modulables. Les raisons de ce miracle économique ? Une main-d'œuvre qualifiée formée en BTS ou en IUT, un tissu de PME performantes en informatique comme en technologies de pointe, un certain paternalisme.

On peut replacer l'itinéraire de M. Patron et celui de Laëtitia et Jessica dans cette cartographie atlantique. En quittant la régie de la Direction des constructions navales à Indret pour devenir assistant familial à Pornic, M. Patron a opéré à la fois un déplacement géographique, de la vallée de la Loire vers la zone littorale dynamique, un déplacement économique, passant de l'industrie aux services, et un déplacement social, acquérant un statut et des responsabilités dont était complètement dépourvu son poste de préposé à la paperasse. Ce pouvoir, il le revendique d'autant plus vigoureusement qu'il est un homme dans un monde de femmes, celui des assistantes maternelles et des éducatrices, du travail social et du *care*. Ex-comptable dans le secteur public d'État, le naval de défense, héritier des arsenaux de Richelieu, il élève des enfants dans la fonction publique locale, aux côtés des mamans et des nounous dont, précisément, il cherche à se démarquer par des qualités «viriles» : affirmation de soi, extrême sévérité, refus du dialogue, etc.

L'enfance de Laëtitia et Jessica s'est déroulée dans deux villes qui incarnent chacune un certain fonctionnement socio-économique et dont elles ont tiré un profit inégal : Nantes, une des métropoles de la France «marchande dynamique», riche en emplois et en main-d'œuvre très qualifiée ; Pornic-La Bernerie, station balnéaire de rang intermédiaire qui vit des revenus du tourisme, mais aussi des transferts publics tels que traitements et retraites, typique d'une France «non marchande dynamique», selon l'analyse de Laurent Davezies.

Si Laëtitia et Jessica ont connu, à travers leur placement, une modeste mais indéniable ascension sociale, c'est parce qu'elles ont quitté les poches de pauvreté de Nantes pour aller vivre dans une zone littorale attractive, spécialisée dans le tourisme, l'artisanat et les services, économie à laquelle leur CAP était parfaitement adapté.

Mais le pays de Retz n'est pas, pour les jeunes, un pays de cocagne. Leur insertion dans la vie active est plus importante que dans le reste du département (43 % contre 32 %), mais ils sont très exposés au chômage. Dans les cantons les plus touchés, trois jeunes actifs sur dix, parmi les 16-24 ans, sont sans emploi. Pour l'INSEE, le pays de Retz est «un territoire vieillissant à dominante rurale». Quand elle est morte, Laëtitia avait du travail et vivait avec deux personnes qui avaient l'âge d'être ses grands-parents.

24

Le Trou bleu

Mardi 1ᵉʳ février 2011

La journée a débuté comme les autres, par les sempiternelles fouilles au Cassepot. Pour une fois, les journalistes sont libres d'aller et venir, de photographier les lieux. Cet accueil à bras ouverts, cette cordialité sont bien étranges. Selon Alexandra Turcat, c'est une opération de diversion : « On devrait toujours se méfier quand on nous laisse bosser. » Car tout se passe à 50 kilomètres de là, de l'autre côté de la Loire : les plongeurs de la brigade fluviale, requis par Frantz Touchais, enfilent leur combinaison.

Lavau-sur-Loire, ancien port fluvial sur la route de Couëron et d'Atlantis, est un joli village avec des maisons de maître assises derrière de vieux murs lézardés. Les étangs se trouvent à une certaine distance – trois étangs de taille inégale, aménagés dans d'anciennes carrières, qui se suivent comme des points de suspension. Les promontoires rocheux, blocs de granit débités géométriquement, semés d'arbustes et de broussailles, s'abîment dans l'eau verte. L'un des étangs porte le nom du Trou bleu.

Trous rouges sanglants, trous noirs, trous de mémoire, cheveux noyés, vie disloquée.

J'ai découvert le Trou bleu au mois de juillet 2014, avec Cécile de Oliveira, dernière étape de notre «Meilhon Tour» commencé sur la plage de La Bernerie. Après un Perrier dans un café-librairie ombreux du village, nous reprenons la voiture pour aller aux étangs. Dans une clairière, des jeunes boivent du vin blanc et écoutent de la musique autour d'une voiture; un feu de branchages crépite à côté, qui va leur servir de barbecue.

Nous arrivons au Trou bleu. C'est un lieu magnifique et sauvage, qui vous rafraîchit d'un coup. L'étang est enserré par un écrin de verdure fait de broussailles, d'arbustes et de grands arbres qui semblent s'abreuver directement dans l'eau plus claire que leur feuillage. La surface de l'étang, ridée par la brise, recompose les nuages. Au sud s'étendent d'autres paysages, des bancs de sable, des îles au milieu de la Loire et, accrochée à la rive, la petite ville de Paimbœuf avec son foyer d'enfants.

Les gros titres, dès le milieu de l'après-midi.

Le 1ᵉʳ février 2011, les abords de l'étang étaient très différents : humides, lugubres, sans âme qui vive, avec des amoncellements de feuilles pourries et des branches tordues. Le matin, la couche de nuages empêchait le soleil de percer. En début de journée, la lumière était déjà anémiée.

Les plongeurs descendent dans l'eau glaciale. La palanquée se met à quadriller le fond. Les plongeurs se tiennent par une corde, marchant en ligne tous ensemble, comme les gendarmes dans un champ. La visibilité étant nulle, ils doivent avancer à tâtons. Un des plongeurs pose la main sur ce qu'il croit être une bosselle à anguilles. Il sent un petit grillage, une chose qu'il n'arrive pas à identifier. Il lâche une bouée pour marquer l'endroit. La palanquée refait surface et redescend aussitôt avec de la lumière. Sous l'eau, les faisceaux des lampes torches accrochent un reflet. Les plongeurs s'approchent, intrigués. Et là, ils voient. Il est 11 h 30.

Un morceau de grillage d'où s'échappent des doigts, des mèches de cheveux en suspension.

La nasse repose par sept mètres de fond dans une eau à quatre degrés, à la verticale d'un promontoire rocheux. Les plongeurs remontent. L'enquêtrice présente sur place appelle Touchais au PC enquête à Pornic. Touchais prévient aussitôt son juge d'instruction.

Le juge Martinot se trouve au palais de justice de Nantes. Après être allé voir un collègue, il est en train de retourner à son bureau ; il marche dans le couloir, juste avant la double porte de la galerie de l'instruction. Son portable sonne, c'est Touchais : « Monsieur le juge, je pense qu'on l'a trouvée. » Là, tout s'arrête.

Le juge Martinot prévient son collègue Desaunettes, qui est en stage, et Xavier Ronsin, procureur de la République, qui se trouve au palais. Au bout de dix minutes, Touchais rappelle pour confirmer : « C'est bien elle. »

Sur la route, le juge Martinot appelle le professeur Rodat, de l'Institut médico-légal du CHU de Nantes. Avant de partir, le professeur Rodat demande à son adjoint, le médecin légiste Renaud Clément, de préparer la salle d'autopsie.

Un gendarme prévient Franck Perrais. Dix minutes plus tard, il rappelle pour annoncer qu'on n'a qu'une partie du corps. « Je regrette d'avoir appris ça par téléphone », commente Franck Perrais. Quelques semaines plus tard, il tentera de se suicider.

Jessica fait une crise d'angoisse. Elle ressent une violente douleur au thorax, elle n'arrive plus à respirer. Pour Jessica, pour Sylvie Larcher, pour Franck Perrais, l'attente s'achève et le monde s'assombrit à tout jamais : Laëtitia est morte, c'est fini.

Les premières fuites ont lieu depuis la chancellerie ou le sommet de la gendarmerie. En quelques coups de fil, l'information redescend toute la chaîne vers le bas. La troupe des journalistes se trouve alors à Pornic pour déjeuner, après avoir assisté toute la matinée aux fouilles au Cassepot. Patrice Gabard de RTL obtient l'information de Paris vers 12 h 15 ; il la passe à l'antenne au flash de 13 heures. Alexandra Turcat réussit à joindre le procureur sur son portable et publie une alerte AFP « urgente » à 13 h 15. Pour l'instant, il ne s'agit que d'un corps retrouvé dans la région de Saint-Nazaire.

Tous les journalistes sautent dans leur voiture et prennent la direction du pont de Saint-Nazaire. Au moment de franchir la Loire, Patrice Gabard apprend qu'il s'agit de Lavau, à 30 kilomètres de là. RTL divulgue le nom de la commune, ce qui permet à l'équipe de France 2, en route elle aussi, de bifurquer aussitôt vers le sud à la hauteur de Savenay. Elle sera la première à arriver dans le village de Lavau, suivie de quelques minutes par Patrice Gabard et Anne Patinec.

De son côté, Alexandra Turcat appelle un journaliste qu'elle connaît sur Savenay. Elle lui parle d'un étang dans une ancienne carrière, il répond sans hésitation : « C'est le Trou bleu. » Accompagnée de Jean-Sébastien Évrard, photographe à l'AFP, et de Pierre-Emmanuel Bécet, de BFM TV, elle arrive dans le village de Lavau aux alentours de 14 h 30. Des barrages filtrants interdisent la circulation. Leur véhicule est bloqué à deux kilomètres de l'étang. Ils cherchent le moyen d'y aller à pied, à travers les marais.

Quand Martinot et Ronsin arrivent au Trou bleu, Florence Lecoq, procureure de la République à Saint-Nazaire, est déjà sur place, la commune de Lavau étant située dans sa juridiction. Les gendarmes ont bouclé les abords de l'étang et mis en place le périmètre de sécurité. Les plongeurs sont encore dans l'eau. La tente pour accueillir le corps est prête. Au moment où le juge Martinot descend de la voiture, il entend un bruit de moteur au-dessus de sa tête : c'est i-Télé qui survole la zone. Être sur le site avant le magistrat instructeur, avoir eu le temps de louer un hélicoptère !

Les plongeurs de la gendarmerie sont des officiers de police judiciaire, capables de prendre en charge des scènes de crime sous l'eau. Ils font les premières constatations et photographient la nasse sous plusieurs angles, avant de la remonter à la surface dans une housse. Aidés par les techniciens en identification criminelle, ils la déposent avec soin sur le sol de la tente. La nasse est extrêmement bien faite, avec du grillage plié en forme de casier à homards, l'ensemble étant fermé par des ficelles et lesté par un parpaing. Un travail d'orfèvre.

Le professeur Rodat, secondé par les techniciens, ouvre la nasse. Il sort les éléments du corps, les manipule avec délicatesse, les dispose un à un sur la toile. En raison de la température très basse de l'eau, ils ne sont pas dégradés. Martinot, Ronsin, Lecoq, Hubscher, le commandant de la SR, tous sont là à se pencher pour avoir la confirmation.

Au procès, on montrera aux jurés et aux journalistes une trentaine de clichés : l'étang bucolique, la belle nature alentour, l'eau verte où se penchent les arbres, le chemin de terre, la falaise. Les photos prises au fond de l'eau, gros plans imprécis en noir et blanc, laissent deviner le contour des membres – une échographie de mort. Trois doigts et des mèches de cheveux passent à travers le grillage, comme pour s'en échapper. D'autres photos défilent : la nasse ouverte, le parpaing, les ficelles, les bras tranchés, les jambes tranchées, la tête décapitée avec ses yeux éteints, ses cheveux ébouriffés et son visage tuméfié par les coups.

Le plus beau visage du monde ; la tête de la Gorgone.

Le professeur Rodat examine les quatre membres et la tête. Les oreilles sont percées ; les cheveux sont parés d'un chouchou et de quelques feuilles mortes. Il prélève un morceau de muscle dans la jambe, envoyé sous scellés à l'Institut génétique Nantes Atlantique. Mais c'est seulement pour la forme : tout le monde sait ce que les analyses ADN vont donner. Sans même attendre les résultats, Florence Lecoq se dessaisit au profit de Xavier Ronsin.

Ce jour-là, à Lavau, l'émotion est palpable : les restes d'une jeune fille sont remontés du fond d'un étang. La décapitation et le démembrement suscitent une empathie supplémentaire, même si, juridiquement, ils n'ajoutent rien. Lors du procès, le commandant de la SR témoignera à la barre avec une légère inflexion de voix : « C'est la première fois de ma carrière que je suis confronté à ce type de découverte. Par rapport au contexte, à ma vie personnelle… Je suis père d'une fille de vingt ans. » Émotion, mais émotion contenue. Qu'ils soient magistrats ou gradés de la gendarmerie, tous les intervenants ont l'expérience de la mort violente : confrontés à des dizaines, voire à des centaines de cadavres depuis le début de leur carrière, ils ont eu le temps de mettre en place des mécanismes de protection psychologique. Magistrat dans le pénal depuis plus de trente ans, Xavier Ronsin a assisté à des autopsies de bébés, des nourrissons fracassés par leurs parents sur le lavabo ; il a vu des enfants pleurer aux assises en racontant les viols qu'ils ont subis. La souffrance des vivants est insoutenable.

Mais Laëtitia est morte. Le temps n'est pas à la colère ou à la peine. C'est l'analyse qui doit primer, afin de comprendre ce qui s'est passé. Aucun des professionnels présents ne se situe sur un plan moral. Leur métier est de réunir des preuves, d'arrêter un meurtrier et de faire en sorte qu'il rende des comptes à la justice. Moment d'intense gravité, mais aussi de satisfaction : les enquêteurs ont réussi, leurs efforts ont payé.

Xavier Ronsin doit décider ce qu'il va rendre public. Il est dans l'« action procureur » : un exercice de prise de parole à chaud, sans notes, devant les journalistes de la France entière. Cette tension lui permet de résister à la température qui décroît avec le jour.

Le juge Martinot, lui, doit faire face à toute une série d'urgences, des procédures à respecter, des informations à enregistrer, les demandes d'expertises médico-légales et dentaires à faire partir. Il faut observer les lieux, chercher des indices, relever des empreintes, d'éventuelles traces de pneus et de mise à l'eau, récupérer des objets, des vêtements abandonnés, le contenu des poubelles alentour. Touchais, qui a dû rester au PC enquête, a envoyé sur place un binôme d'enquêteurs. Les plongeurs, qui poursuivent les recherches, remontent en disant que l'étang est très profond, avec un relief accidenté. Le Trou bleu est devenu une scène de crime.

Alors qu'Alexandra Turcat et ses deux collègues tournent en rond dans le village de Lavau, un gars s'arrête devant eux.

– Vous voulez aller au Trou bleu ? Je vous emmène !

Il est cultivateur et sa propriété communique avec la zone des étangs. Peut-être pour rendre service, peut-être pour jouer un tour aux gendarmes, il les embarque tous les trois et, grâce à un détour qu'il connaît, les fait passer derrière le barrage filtrant. Ils cheminent sur une route en terre qui longe les étangs. Les trois journalistes pénètrent à l'intérieur du périmètre de sécurité, à la grande consternation des gendarmes. Ils sont à 50 mètres des lieux, mais ils ne voient rien : l'endroit est caché par une butte.

Un gendarme s'approche d'eux, exaspéré : « Vous comprenez bien qu'on va vous faire sortir d'ici ! »

Les trois journalistes sont reconduits *manu militari* vers le premier barrage, dans le village de Lavau, où ils rejoignent la troupe des journalistes. Le seul qui ait réussi à faire mieux : Jean-Michel de Cazes, de i-Télé, pilote d'ULM amateur. Il a contacté un de ses amis du club et, ensemble, ils ont décollé depuis leur aérodrome habituel, au sud de la Loire. « La zone était bouclée, il fallait absolument trouver des images. Le seul moyen : l'aérien. Mon copain connaissait très bien la région. On traverse la Loire et on est dessus. » À l'arrière de son autogire, il a pu filmer l'étang, les gendarmes, le camion des techniciens. De retour au sol, il a monté les images sur son ordinateur et les a envoyées à i-Télé, qui les a aussitôt diffusées. Alexandra Turcat salue l'exploit : « Là, on se dit : "Bien joué !" » TF1 et l'AFP n'auront leurs images que plus tard, grâce à un hélicoptère spécialement affrété.

Dans le village de Lavau, les journalistes attendent que le procureur de la République fasse sa conférence de presse.

Quand les gendarmes amènent toute la troupe au Trou bleu, vers 16 heures, le jour est en train de tomber. Accompagné du commandant de la SR, Xavier Ronsin se tient à quelques mètres de la rive. Les journalistes se ruent sur lui : il faut être prêt pour les informations du soir.

Cerné par des grappes de micros, frigorifié par les longues heures d'attente, livide, il annonce que le corps a été retrouvé dans un étang après quatorze jours de recherches. On a seulement la tête, les bras et les jambes. Le visage ressemble à celui de Laëtitia. Le lieu était fréquenté par le suspect qui y allait souvent pêcher, mais la découverte est uniquement le fruit du travail des enquêteurs.

Xavier Ronsin est un homme qui parle bien, mais, en cette fin d'après-midi crépusculaire, ses mots ne comptent pas pour leur valeur esthétique ou pour leur sens juridique. Ses mots visent à redonner à Laëtitia sa dignité. Pour ne pas la réduire à des morceaux de cadavre, à une trouvaille macabre, il parle de la «jeune femme sortie de l'eau», comme une naïade en fleur, une Vénus née de la vague. Quand il évoque la partie du corps manquante, il dit «le buste», avec sa connotation d'élégance et de charme, alors que tout le monde pense à un tronc, un parallélépipède de chair mutilée. À son exemple, tous les journalistes se mettent à parler du «buste». Malgré l'urgence de l'information, la course à l'audimat, le formatage du vocabulaire, chacun déploie le langage comme un linceul de délicatesse.

Alexandra Turcat dicte une alerte par téléphone au bureau de Rennes. Le desk à Paris, dernier filtre avant l'envoi de la dépêche sur le fil de l'AFP, refuse de passer l'information. Alexandra Turcat insiste : «C'est horrible, mais on ne peut pas dire autre chose. Je maintiens.»

LE VISAGE DE LA TÊTE RETROUVÉE DANS UN ÉTANG RESSEMBLE À CELUI DE LAËTITIA
(AFP, 1er février 2011, 16h36)

Pour rejoindre sa voiture, Alexandra Turcat repasse devant le barrage de gendarmes. Franck Perrais est là, bloqué comme un simple badaud. Un gendarme est en train de lui résumer la journée. Pour être plus explicite, il mime sur son propre bras un geste de découpe.

Le camion de la gendarmerie démarre en direction de Nantes.

À la morgue du CHU de Nantes, l'autopsie commence, réalisée par le professeur Rodat, Renaud Clément et un autre confrère, masqués et gantés comme des chirurgiens, en présence de plusieurs enquêteurs qui recueillent les scellés et effectuent les clichés judiciaires. Les membres et la tête, disposés sur la table en inox, sont lavés. Les radios ne révèlent aucune lésion osseuse, mais le visage, le cou et les bras sont couverts d'ecchymoses. La tête ayant été sectionnée au bas du cou, on dispose de l'os hyoïde, situé entre la langue et le larynx, qui permet de mettre en évidence les actes de strangulation. Il se fait tard, Renaud Clément termine seul l'autopsie.

Frantz Touchais :

> J'ai en tête une image, sa petite tête posée sur la table, quand elle a été nettoyée, à l'autopsie. Le plus dur, c'est de chercher une jeune fille de dix-huit ans et de trouver ce qu'on a trouvé à Lavau. Ce sont des choses dont on parle peu entre collègues, chacun vit ça de son côté. En même temps, je ressens un soulagement par rapport à tout cet investissement. Elle va pouvoir nous parler, nous dire ce qu'elle a vécu comme souffrances. C'est Laëtitia maintenant qui va nous apporter la vérité.

À 20 heures tapantes, le journal de TF1 s'ouvre sur un panorama du Trou bleu, filmé depuis l'hélicoptère. Tous les journaux consacrent de longs reportages à l'affaire, avec images des étangs, cartographie, déclarations du procureur et envoyés spéciaux emmitouflés. « C'est le pire des scénarios qui se dessine ce soir pour la famille adoptive et la famille biologique de Laëtitia », explique à l'antenne la journaliste de BFM TV.

À La Bernerie, une veillée de prière et de recueillement s'improvise. Le prêtre déclare : « Ni nous, ni la famille, ni les amis ne pourrons pardonner. Alors demandons la force de Dieu. » Ses proches sont obligés de porter Jessica de l'église à la voiture.

Xavier Ronsin rend publics les résultats de la comparaison dentaire.

Aux abords du Trou bleu, il fait nuit et la température est tombée d'un coup. Les plongeurs, les gendarmes, les techniciens et les magistrats ont plié bagage.

Le juge Martinot rentre chez lui. Vers 21 heures, Renaud Clément l'appelle sur son portable. Comme les enfants ne sont pas encore couchés, le juge se déplace dans une autre pièce pour pouvoir discuter au calme. Laëtitia est décédée d'un étranglement.

Quelques minutes plus tard, un communiqué de presse de Xavier Ronsin annonce les causes du décès. Sursaut d'émotion ou nouvelle preuve de courage, le procureur de la République assure que les recherches vont se poursuivre pour rendre à la famille l'« intégralité du corps de la jeune fille ». Après avoir, sur les rives du Trou bleu, prononcé le nom de Laëtitia alors que l'identification n'était pas encore formelle, le parquet s'engage à retrouver le « buste ».

Plus tard dans la soirée, le juge Martinot allume la télévision. Tout est déjà public : les images de l'étang tournent en boucle, les journalistes donnent des détails, Nicolas Sarkozy revient sur le fait que les magistrats sont responsables, qu'ils n'ont pas assuré le suivi, etc. Pendant toute la journée, le juge Martinot a donné des instructions, hiérarchisé les urgences, mettant à l'écart ses affects : c'était le temps de l'enquête. Bizarrement, c'est ce détail, à la fin, qui l'a fait craquer : entendre que les juges faisaient mal leur travail. Toute l'horreur de la journée est remontée et les vannes se sont ouvertes. Et c'est là, devant sa télévision, que le juge a pleuré.

25

Portrait de Laëtitia

Laëtitia avait la grâce. Elle était mince, élancée. Ses longs cheveux châtains, amples et soyeux, s'accordaient aux traits harmonieux de son visage, éclairé par un sourire et des yeux resplendissants. Un semis de grains de beauté ornait son décolleté et son dos.

Elle s'habillait en 36 pour les pantalons et en S pour les hauts – chemisier, tunique fuchsia avec des fleurs blanches, pull noir avec un col en V et des lanières sur le devant. Elle avait un pendentif avec un L en argent, une bague qui changeait de couleur selon le temps, des lunettes de soleil qu'elle relevait sur ses cheveux, une bonne quantité de chouchous et de pinces à cheveux. C'était une jeune fille qui aimait les fleurs, les peluches, les rêves, les *selfies*, les petits mots d'amour romantiques. Une adolescente qui devenait une jeune femme.

Sa beauté et sa coquetterie sont décrites par ses proches comme autant de qualités « féminines ». Jessica : « Elle se mettait en valeur. Elle se maquillait les yeux, elle se mettait du rouge à lèvres, elle portait des bijoux. Elle était plus féminine que moi. » Inversement, Jessica a adopté les codes d'une apparence « garçon manqué », cheveux courts, silhouette androgyne, absence de maquillage, survêtement, baskets. La « féminité » convient d'autant mieux à Laëtitia que cet éloge permet de l'opposer à sa jumelle.

La beauté est goût, talent personnel, mais aussi revanche. Le retard staturo-pondéral de la fillette devient minceur à l'adolescence. On peut rester svelte tout en se nourrissant de chips, de Pringles, de McDo et autre *junk food*. La beauté est assurance : l'éclat, le sourire, le soin, l'ambition réjouissent les observateurs et dissipent les doutes. Elle fournit un avantage objectif dans les métiers du commerce et des services. Comme le montre Moreno Pestaña à propos des jeunes Espagnoles issues des classes populaires, l'«investissement corporel» est une manière d'échapper à son destin de classe.

Née dans le quart-monde nantais, Laëtitia s'engage dans les métiers de la restauration avec un tout petit capital scolaire, auquel elle adjoint son capital esthétique, à la fois mise en valeur et contrôle de soi. Mme Patron en témoigne : «Le maquillage, Laëtitia s'y est mise d'un seul coup, en 2009. Elle se maquillait bien, elle avait du goût. Elle s'est surtout maquillée quand elle a commencé son apprentissage à La Bernerie.» La beauté de Laëtitia ne signe donc pas un asservissement aux normes dominantes ou au regard des hommes ; au contraire, elle peut être interprétée comme une stratégie autodidacte visant à échapper à l'anomie de son milieu d'origine et aux drames de sa petite enfance. Laëtitia suscite l'admiration, et c'est le premier pas vers la réussite.

L'opposition entre les deux sœurs peut se traduire par des reproches, des piques. Il arrive que Laëtitia dise à Jessica : «Tu pourrais t'habiller un peu mieux!» En revanche, Laëtitia est complètement indifférente à l'homosexualité de sa sœur : «Du moment que tu es heureuse...» Laëtitia est belle tout en étant soucieuse de sa beauté ; Jessica est belle tout en étant indifférente à sa beauté. Sachant que l'une tire profit des canons féminins alors que l'autre les refuse, on peut dire que, dans les deux cas, l'apparence est une forme de résistance qui permet de se sauver soi-même.

«Elle était gentille, dit Jessica. Oui, douce. Par exemple, quand on lui fait un compliment, elle en fait un aussi. Quand ça ne va pas, elle sait dire des trucs gentils. Laëtitia, c'était une bonne personne, une personne joyeuse, positive, qui faisait du bien aux autres. » Fabian, son petit frère de cœur, décrit une fille attentionnée, généreuse, toujours présente pour les autres. Le jour où M. Patron a interdit à Laëtitia d'aller à son anniversaire («il faut une autorisation», a-t-il prétendu), elle lui a quand même offert un cadeau, un dauphin en porcelaine qu'il a toujours.

Elle ne se mettait jamais en colère. Elle n'en voulait à personne. Si on lui faisait un reproche, elle ne protestait pas, mais elle se refermait comme une huître. Chez elle, la bienveillance communiquait avec la timidité, la générosité avec la réserve. Elle faisait toujours confiance aux autres, même si elle n'allait pas au-devant d'eux. Sa gentillesse était bonne humeur, joie naturelle, incapacité de rancœur, mais aussi autoprotection, aimable refus de se livrer. Gentillesse, repli sur soi : ne pas donner prise, ne pas susciter de mécontentement chez l'autre.

Mme Patron : «Laëtitia était souriante, lisse. Elle voulait passer inaperçue, se faire oublier : "J'en ai eu assez, je ne cherche pas les histoires." Elle n'était pas mordante. Elle subissait la vie. La vie la menait. »

La gentillesse est aussi une qualité sociale. Comme le montre C. Wright Mills dans *Les Cols blancs*, les employés de la petite classe moyenne sont maîtres dans l'art de la courtoisie et de la complaisance forcées, adaptation à un monde du travail qui les agresse confusément. Et le monde n'a cessé d'agresser Laëtitia.

Avec ses amis de lycée, Laëtitia parlait peu de sa vie privée ; la plupart ignoraient même qu'elle vivait en famille d'accueil. Chez les Patron, quand Jessica racontait leur enfance, entre les scènes de ménage et les nuits dans les caves, Laëtitia restait impassible, neutre, extérieure à toute cette histoire, indiquant par son silence qu'elle ne souhaitait pas être interrogée et que, de toute façon, elle ne se souvenait de rien. «Je dormais. »

Pendant les entretiens avec Mme Laviolette, sa référente à l'ASE, Laëtitia était agréable, rieuse, facile d'accès – jusqu'à ce qu'on aborde des sujets personnels. Alors elle se fermait, se verrouillait de l'intérieur, et l'autre devenait une menace. Ses réponses devenaient minimalistes, évasives, elle s'entêtait à ne pas comprendre ce qu'on lui demandait. Les jumelles fonctionnaient en duo. Quand Mme Laviolette les recevait en même temps, Jessica portait la parole commune et Laëtitia restait un peu à l'écart, calée au fond de sa chaise. Par son silence, elle validait ce que disait sa sœur.

La douceur de caractère de Laëtitia et son sourire répondent à une espèce de laisser-aller dans la vie de tous les jours. Aux procès, Mme Laviolette a décrit une jeune fille «immature et fragile», avec des difficultés pour accomplir les actes de la vie quotidienne. Si Laëtitia a du mal à remplir un chèque ou une feuille de Sécurité sociale, à tenir un budget, à faire un plein de courses, ce n'est pas parce qu'elle est bête ; c'est parce qu'elle a toujours été traitée comme un objet qu'on déplace, qu'on emporte, qu'on expédie ou qu'on fait tomber par mégarde. Toute sa vie, elle a été prise en charge, infantilisée. En ce sens, elle n'est pas préparée à la vie adulte.

Mais ses copains décrivent aussi une fille calme, droite, posée, bien dans sa peau, qui sait ce qu'elle veut. Son mûrissement, mois après mois, étonne et ravit Mme Laviolette. La déresponsabilisation de l'enfant fait place à des intérêts d'adolescente, à des choix de préadulte. Laëtitia fait des efforts pour s'en sortir, pour maintenir le cap dans son apprentissage professionnel. Elle avance tout doucement, à son rythme. Ces progrès apparaissent comme un bel élan.

Au fond, il y a deux Laëtitia : la gamine un peu attardée que Mme Laviolette suit au titre de l'ASE, agréable mais passive, maternée par Jessica, très secrète sur le plan de la vie privée, et la jeune fille en voie d'émancipation, enthousiaste, pimpante, volontaire, désireuse d'aller de l'avant, qui évolue dans le cadre de son lycée ou de son travail, qui se «lâche» avec ses amis ou sur Facebook, en qui on devine la femme à venir, actrice de sa vie. Indépendance, travail, amours. Lorsque Mme Laviolette les reçoit ensemble, Jessica en rigole : « Ma sœur, elle est tout le temps amoureuse ! », « Laëtitia, elle enchaîne ! ». L'intéressée nie mollement, toute rougissante.

Laëtitia ne se laisse pas enfermer dans une image, encore moins dans un préjugé. Au contraire, elle se révèle toujours surprenante. On se prend à l'aimer au premier regard, puis on la découvre. Son immaturité, ses silences obtus, ses fautes d'orthographe, son indifférence à l'actualité et à la culture sont contrebalancés par une joie de vivre, un optimisme, une ténacité, des mots enfantins dont toute sa personne est illuminée. De cette jeune fille naïve qui riait un peu de tout, on se disait : « Elle s'en sortira à sa manière. »

26

La « sanction » et la « faute »

Après avoir reçu M. et Mme Patron à l'Élysée, le 31 janvier 2011, le président de la République a promis qu'il suivrait personnellement le dossier et sanctionnerait les « défaillances » de la chaîne pénale. Des inspections ont été ordonnées au tribunal de Nantes et dans les services pénitentiaires de Loire-Atlantique.

Tous les regards se tournent vers le TGI de Nantes et, plus particulièrement, vers les juges d'application des peines (JAP). Entendus plusieurs heures par l'Inspection générale des services judiciaires, ils sont sur la sellette.

Dans la cafétéria du tribunal, une pièce baignée de lumière avec des machines à café et des plantes vertes, une greffière me raconte les répercussions de l'affaire au sein du TGI. Déjà, comme tout le monde, les magistrats et les personnels ressentent le caractère dramatique du fait divers. Assez rapidement, « on apprend que Meilhon est quelqu'un de chez nous, un "client" ». Là, c'est la consternation. Chez la JAP en charge du dossier, « c'est la consternation plus plus ». Elle sait que « ça va être pour elle ».

Le 2 février, les magistrats du tribunal de Nantes se réunissent en assemblée générale extraordinaire. Dans une motion adoptée à l'unanimité moins trois abstentions, ils affirment leur soutien aux JAP mis en cause et dénoncent la « démarche démago-gique » du gouvernement, qui veut faire oublier l'« incurie des pouvoirs publics » en montrant du doigt magistrats et fonctionnaires. Jacky Coulon, juge d'instruction et délégué de l'Union syndicale des magistrats, conteste publiquement les accusations de l'exécutif.

Le 3 février, à l'heure du déjeuner, les magistrats participent à une nouvelle assemblée pour décider des formes à donner à l'action collective. L'Inspection générale des services est toujours dans les murs. Au cours de la réunion, le procureur de la République adjoint, le numéro 2 du parquet après Ronsin, reçoit une alerte sur son portable : Nicolas Sarkozy vient de réitérer ses attaques contre les juges. Il transmet aussitôt l'information à ses collègues.

En visite à Orléans, le président de la République a déclaré depuis la cour d'un commissariat :

> Quand on laisse sortir de prison un individu comme le présumé coupable sans s'assurer qu'il sera suivi par un conseiller d'insertion, c'est une faute. Ceux qui ont couvert ou laissé faire cette faute seront sanctionnés, c'est la règle. […] Notre devoir, c'est de protéger la société de ces monstres.

Autrement dit, les juges ont permis, voire facilité la commission d'un crime : à leur « faute » doivent répondre des « sanctions ». Quant au suspect, il est « présumé coupable ». Ces déclarations font écho à l'affaire Nelly Crémel, en 2005, au cours de laquelle Nicolas Sarkozy avait voulu faire « payer » le juge d'application des peines pour sa « faute ».

C'est la goutte d'eau qui fait déborder le vase. Dans la salle de réunion bondée, l'indignation est unanime. Les magistrats, ces gens d'habitude si sérieux et si pondérés, se sentent pris aux tripes. L'exécutif, dont la politique d'économies déstabilise la fonction publique en général et la justice en particulier, dont les attaques contre les juges sont récurrentes, est en train de les faire passer pour les complices d'un crime ! Le discours d'Orléans provoque un traumatisme au sein du TGI : le travail de la justice est délégitimé par le président de la République lui-même, pourtant garant de son indépendance. La révérence naturelle des magistrats à l'égard des pouvoirs publics en est violemment affectée.

Dans un même élan, les magistrats, y compris le parquet, les syndiqués comme les non-syndiqués, les débutants comme les chenus, les boutefeux, les tièdes et même les plus timorés, votent une semaine sans audiences. Alors que la nouvelle se répand dans tout le palais, les magistrats descendent dans la salle des pas perdus où ils fraternisent avec des avocats, des travailleurs sociaux et même des gendarmes. Dès 14 heures, toutes les affaires non urgentes sont renvoyées, avec lecture par chaque président d'un communiqué rédigé collectivement. Le barreau de Nantes s'associe au mouvement. Jour de colère, moment fondateur.

Alexandra Turcat est retournée à Lavau pour faire les « papiers retour » de l'AFP, c'est-à-dire résumer les événements de l'avant-veille, apporter des compléments d'informations, dresser un bilan des deux semaines de recherches. Après cette horrible découverte, elle est persuadée que le fait divers est terminé. Alors qu'elle arpente les sentiers du Trou bleu, elle reçoit un coup de téléphone : les magistrats de Nantes se mettent en grève. C'est complètement inédit, incroyable ! Laëtitia, c'est une affaire qui ne s'arrête jamais.

*

Dans sa cellule, Meilhon se tait. Sur RTL, au micro de Patrice Gabard qui a brûlé la politesse à Europe 1 et à France 3, le frère de Meilhon lui enjoint de dire la vérité : « C'est un monstre. [...] T'es foutu, mon frère, t'es foutu. »

À La Bernerie et à Pornic, deux chapelles ardentes ont été dressées. Les registres se couvrent d'hommages et de mots d'amour. Des fleurs et des bougies forment un cercle autour d'un grand portrait de Laëtitia.

À Lavau, les recherches ont redoublé d'intensité. Les plongeurs, en quête du buste, fouillent l'ensemble du Trou bleu, équipés d'un sonar et appuyés par des équipes de recherches subaquatiques prêtées par la gendarmerie de Genève. Comme la boue et la vase réduisent leur champ de vision, le juge Martinot autorise une mesure radicale : le vidage complet des trois étangs de Lavau.

Le Trou bleu est attaqué le premier, à l'aide d'une douzaine de motopompes et l'assistance de la sécurité civile de Nogent-le-Rotrou. Une énorme motopompe capable d'évacuer 4 000 m³ d'eau par heure est appelée en renfort. Le niveau de l'eau baisse de plusieurs mètres par jour, révélant tantôt des pentes boueuses, tantôt les arêtes déchiquetées des anciennes carrières. Les abords sont débroussaillés par les militaires du 6ᵉ régiment du génie d'Angers, afin que cent cinquante gendarmes puissent ratisser la zone à pied. Ronsin détaille l'opération dans un communiqué de presse qui se termine par ces mots : «Merci, dans l'attente, d'avoir la gentillesse de ne pas harceler téléphoniquement ma secrétaire ou ma boîte vocale.»

Le Trou bleu est progressivement vidé, mais la présence d'une source au fond empêche son assèchement complet. Des poches d'eau noirâtre stagnent et des zones restent inaccessibles. Les gendarmes découvrent des ossements ; Renaud Clément est appelé en urgence ; il s'agit d'os de chien. Au bout de quelques jours, un téléphone portable est retrouvé dans l'abîme de fange, à une trentaine de mètres de l'endroit où la nasse a touché le fond. Les analyses confirment qu'il s'agit du portable de Laëtitia, sur lequel s'adapte parfaitement la batterie récupérée à Atlantis sur les indications de Bertier. Quand les techniciens de la gendarmerie allument le téléphone, l'écran leur dit : «Bonjour Laëtitia Perrais.» Le répertoire contient une centaine de photos, réparties dans des albums, «Angleterre», «Famille», «Mes amis» et «Mwa».

Les opérations de pompage se poursuivent dans le deuxième

étang, déjà exploré par les plongeurs. Le dernier étang, le plus petit, a été utilisé pendant des années comme une décharge industrielle. Le fond, couvert de détritus, de bidons, de poutrelles, de ferrailles et de métaux divers, est tellement toxique qu'il est fait appel à une cellule NBRC entraînée aux risques « nucléaire, biologique, radiologique, chimique ». Les spécialistes de la dépollution, encapuchonnés dans leurs tenues bleu marine, équipés de masques à gaz et reliés à une corde de rappel, sondent un fond d'eau croupie au pied d'une montagne de carcasses rouillées. Comme après un bombardement atomique, des techniciens sans visage pataugent dans la boue contaminée : Laëtitia a disparu dans un crime de fin du monde, et il ne reste plus qu'un océan de noirceur.

Lorsque nous sommes allés à Lavau, Cécile de Oliveira et moi, nous avons rencontré une dame qui estimait qu'on en avait trop fait. Ces jours de février 2011 l'ont écœurée. Elle se souvient avec déplaisir d'un ballet de voitures, de fourgonnettes, de camions, d'hélicoptères, d'officiels, de journalistes, de badauds venus troubler la quiétude de son village. Selon elle, c'est la faute de Sarkozy, commanditaire et bénéficiaire d'une opération de com. Fait-on un tel pataquès pour toutes les jeunes filles qui disparaissent ?

Laëtitia n'a pas eu de chance dans la vie, mais l'État a déployé de gigantesques moyens techniques et financiers pour la retrouver. Toute la structure territoriale de la gendarmerie a été mobilisée. Le colonel Hubscher a décidé, en liaison avec le commandant de la SR, de prélever des enquêteurs dans les brigades territoriales afin de constituer une équipe à temps plein. Des centaines de gendarmes, maîtres-chiens, plongeurs, militaires ont participé aux recherches, à l'aide d'ordinateurs ultra-performants, d'hélicoptères, de sonars et de motopompes. En ces temps de crise, la dépense publique a été jugée moins importante que la recherche de la vérité. Les autorités, le procureur de la République, les juges d'instruction, les enquêteurs en ont fait une priorité, presque une affaire personnelle. La petite gamine de l'Assistance, ils l'ont traitée comme une reine.

*

Le « suivi » posthume de Laëtitia a été irréprochable, mais qu'en est-il du suivi judiciaire de Meilhon ? Pour comprendre ce débat très technique et pourtant essentiel, qui nous entraîne au cœur du conflit entre l'exécutif et les magistrats, il est nécessaire de présenter les deux acteurs incriminés.

– Le juge d'application des peines (JAP) est un magistrat qui, comme son nom l'indique, veille à l'exécution des peines prononcées par le tribunal. Il a aussi pour mission de définir un « parcours de peine » individualisé, au moyen d'aménagements alternatifs à l'incarcération : libération conditionnelle, régime de semi-liberté, placement sous bracelet électronique, etc. L'objectif de cette individualisation est de prévenir la récidive en favorisant la réinsertion du condamné. Une audience peut être organisée en prison : le détenu présente sa demande, justifie son projet personnel, donne des gages de réinsertion sociale. Le JAP statue et supervise l'exécution de la peine, mais sans la contrôler au quotidien.

– Le Service pénitentiaire d'insertion et de probation (SPIP) suit les détenus en cours de peine et les condamnés en milieu ouvert, par exemple dans le cadre d'une semi-liberté ou d'une surveillance électronique. L'action des conseillers d'insertion comporte un volet social et un volet pénal. D'un côté, ils aident le condamné libéré à trouver du travail et un logement et, de l'autre, ils contrôlent les obligations prononcées par le juge : pointer au commissariat toutes les semaines, respecter les injonctions de soins auprès d'un médecin ou d'un psychologue, indemniser la victime. Le SPIP dépend d'une hiérarchie verticale (direction régionale, Direction de l'administration pénitentiaire au ministère de la Justice), mais il opère localement sous le contrôle du JAP.

Commençons par la thèse de l'exécutif : la chaîne pénale a « dysfonctionné ». À trente et un ans, Meilhon cumule treize condamnations, dont deux aux assises. Quand il sort de prison, en 2010, après avoir purgé sa dernière peine, il est censé faire l'objet d'une surveillance judiciaire, non pas parce que son risque de récidive est jugé élevé, mais parce que sa dernière condamnation, pour outrage à magistrat (un juge des enfants statuant sur le placement de son fils), a été assortie d'un sursis avec mise à l'épreuve (SME), dispositif qui comporte un certain nombre d'obligations, dites « de milieu ouvert » : rencontrer le conseiller d'insertion, chercher du travail, se soigner, indemniser ses victimes, etc. Quand un condamné bénéficie d'un SME, il repart chez lui et attend d'être convoqué par le SPIP, qui lui notifiera ses obligations.

Or le suivi de Meilhon n'est jamais entré en vigueur, parce que le SPIP de Loire-Atlantique, débordé, a estimé que son dossier n'était pas prioritaire, sa dernière infraction – l'outrage à magistrat – étant moins grave qu'un homicide, un vol et même un délit routier. À sa sortie de prison, Meilhon n'est pas convoqué par un conseiller : il est « lâché dans la nature ».

Moins d'une année sépare sa libération, en février 2010, et le meurtre de Laëtitia, en janvier 2011. Dans l'intervalle, plusieurs personnes ont déposé plainte contre lui : son demi-frère et son épouse, pour des menaces de mort et des dégradations à leur domicile ; une amie de son ex-copine, après que sa voiture a été incendiée ; l'ex-copine elle-même, pour menaces de mort et agressions sexuelles. « Ben, il me force, déclare-t-elle à la police. En fait, je préfère, pour pas qu'il mette des coups. » Troublée par l'apparent détachement de la jeune femme, la brigadière ne transmet pas la plainte à l'officier de police judiciaire et le parquet n'est pas mis au courant. Quant au commissariat de la Beaujoire, surchargé et sous-doté, il traitera les différentes plaintes avec lenteur.

Bien qu'inscrit au FIJAIS, le fichier des délinquants sexuels, Meilhon omet de déclarer son adresse aux autorités comme

il en a l'obligation. Le 1er septembre 2010, la sûreté départementale de Loire-Atlantique reçoit une alerte qui donne lieu
à des investigations pour le localiser. Le 4 novembre, il vole
une Peugeot 106 blanche à Couëron et se met à rouler quoti-
diennement avec. Début décembre, la gendarmerie ouvre une
enquête, en vain. Le 10 décembre, les gendarmes de Couëron
aperçoivent Meilhon au volant de la 106 volée ; quand ils
se présentent au domicile de sa mère pour l'interpeller, il est
déjà parti. À la demande du parquet de Nantes, il fait l'objet
d'un mandat de recherche pour recel de véhicule volé. Le
4 janvier 2011, il est inscrit au Fichier des personnes recher-
chées pour vol de voiture et non-justification de domicile ;
mais il n'est pas signalé comme particulièrement dangereux.

D'où l'étonnement du président de la République : un
multirécidiviste en SME qui n'est pas pris en charge, c'est un
dysfonctionnement. La justice doit se préoccuper des mesures
d'accompagnement, *a fortiori* quand il s'agit d'un profil à
problèmes, attesté par des condamnations antérieures. Est-ce
interdit, pour les pouvoirs publics, de chercher à comprendre
ce qui s'est passé ?

Écoutons maintenant les magistrats et les gens de la pénitentiaire : des dysfonctionnements, il y en a eu sans doute, mais à
qui la faute ? Le TGI de Nantes et le SPIP de Loire-Atlantique
étaient désespérément engorgés. Il n'y a pas assez de juges,
pas assez de greffiers, pas assez de conseillers d'insertion.
Au tribunal de Nantes, on demande la création d'un cinquième
JAP, alors que, sur les quatre postes existants, l'un est vacant :
il n'y a donc, opérationnellement, que trois juges épaulés
par cinq greffiers. Les personnels sont submergés de travail,
débordés en permanence. En un mot, la justice n'a pas les
moyens de fonctionner.

À son arrivée, en 2009, le directeur du SPIP de Loire-
Atlantique découvre un service sinistré à tous points de vue :
insuffisance des effectifs, mais aussi problèmes de compé-
tences, mauvaise organisation, sous-utilisation des logiciels

professionnels. Le directeur demande un audit méthodologique, afin que la situation du service soit objectivée par un tiers. Sa hiérarchie tarde à répondre : on sait effectuer des audits dans les prisons, mais pas dans les SPIP, en milieu ouvert. Finalement, la mission échoit à l'Inspection des services pénitentiaires.

Lorsque le directeur, organigramme à l'appui, réclame des cadres supplémentaires dotés de qualifications précises, les inspecteurs lui rient au nez en invoquant le mantra du jour, la « révision générale des politiques publiques », qui consiste à faire subir à l'État une cure d'amaigrissement drastique. En fin de compte, le rapport d'inspection émet une soixantaine de recommandations, qui seront mises en œuvre au prix d'un travail dantesque et sans le soutien de la direction interrégionale des services pénitentiaires à Rennes, plus intéressée par la sécurité dans les prisons.

En mars 2010, le directeur du SPIP écrit aux magistrats de Nantes pour leur signaler la très grande difficulté dans laquelle son service se trouve. Chaque conseiller suit en moyenne 140 dossiers, soit le double de la norme fixée par la chancellerie, et il suffit d'un arrêt-maladie pour que le nombre monte à 180. Lors d'une réunion de trois heures tenue le 24 mai au TGI, le directeur du SPIP et les magistrats se mettent d'accord pour hiérarchiser les urgences : puisqu'il n'est pas possible de suivre tout le monde, on va suivre en priorité les auteurs des infractions les plus graves. Les autres dossiers seront « mis en attente ».

Pour acter cette décision collective, le directeur adresse aux JAP, par mail, le procès-verbal de la réunion, avec copie au président du TGI, au parquet de Nantes et à la direction interrégionale de Rennes. Le 4 août 2010, il renvoie un mail d'alerte à sa hiérarchie : son service n'a toujours pas les moyens de fonctionner correctement.

Pendant que la direction interrégionale et la chancellerie font la sourde oreille, la décision du directeur et des magistrats entre en vigueur au SPIP de Loire-Atlantique : 800 dossiers sont laissés en souffrance au profit des cas les plus préoccupants. Et Meilhon, dont la dernière condamnation est un outrage à magistrat, passe à travers les mailles du filet.

27

Laëtitia sur Facebook

Grâce à Delphine Perrais, j'ai bénéficié d'une source exceptionnelle : le compte Facebook de Laëtitia. Il a été clôturé par les gendarmes pour éviter les manifestations de curiosité malsaine, mais on peut encore y avoir accès par l'intermédiaire de ses ex-contacts. Je ne doute pas que, à l'avenir, Facebook deviendra une source pour les chercheurs qui s'intéresseront à la vie privée, aux loisirs, aux liens de famille et d'amitié, aux mobilités, au vocabulaire des hommes et des femmes du XXIe siècle. Au sein de cette humanité, j'ai choisi Laëtitia.

Sur Facebook, elle avait quarante-huit amis, essentiellement des copains de Machecoul et de La Bernerie, des collègues, quelques proches du côté Perrais. Sa photo de profil, prise en plongée depuis un téléphone portable tenu à bout de bras, la représente avec sa sœur, joue contre joue, rieuses et complices (il n'y a pas beaucoup de personnes avec qui on a un contact physique devant un appareil photo).

Elle a *liké* douze chanteurs, trois séries télévisées, deux films et un livre. Pour la musique : Rihanna (R'n'B), Green Day (punk-rock), Grand Corps Malade (slam) et La Fouine, Sexion d'Assaut, Soprano (rap). Rien ne prouve qu'elle ait réellement vu *Avatar* et *Twilight*, mais, à coup sûr, leurs thèmes lui ont parlé : une parabole de science-fiction sur l'humanité et la tolérance, d'un côté, une *love story* entre vampires adolescents, de l'autre.

On sait par Mme Deslandes, sa patronne à l'Hôtel de Nantes, qu'elle aimait le film *Tout ce qui brille*, sorti en 2010. C'est l'histoire de deux copines inséparables, serveuses de profession, banlieusardes fauchées mais filles en or, pleines de tchatche et de peps, canon, marrantes, impertinentes, prêtes à tout pour échapper à la morosité de leur cité, qui s'incrustent dans des soirées et appartements méga-branchés dont les divinités tutélaires s'appellent haute couture, cocktails et Visa Gold. Je ne sais pas comment Laëtitia a vu cette comédie très réussie – peut-être comme une Cendrillon qui passe le balai dans un hôtel-restaurant de La Bernerie-en-Retz.

D'après le témoignage de Mme Patron et de Jessica, elle consommait énormément de télé. Elle pouvait y passer toute la journée, de 10 heures du matin à 10 heures du soir, sans bouger, sauf pour manger et aller aux toilettes. Jessica et M. Patron la taquinaient : « Tu vas finir vendeuse de télés ! » Elle se défendait mollement, depuis le canapé du salon : « C'est pas vrai, arrêtez ! » Elle s'enfilait des quantités astronomiques de séries, *Ghost Whisperer*, *Les Frères Scott* et, explicitement *likés* sur sa page Facebook, *Gossip Girl*, chronique de la jeunesse dorée de Manhattan, et *Secret Story*, émission de téléréalité où les candidats vivent enfermés sous l'œil des caméras, sans oublier *Les Simpson*, le dessin animé culte qui raconte les aventures d'Homer et de sa famille déjantée.

Laëtitia ne lisait pas. Elle ne possédait aucun roman, aucun magazine, aucun guide de voyage, aucun livre de recettes, aucun ouvrage quel qu'il fût, à part un livre de photos de chevaux. Il est amusant que le seul livre qu'elle ait *liké* sur Facebook, *La Quête des Livres-Monde*, une trilogie de science-fiction mièvre, se distingue par un titre si magnifiquement borgésien.

Que dire de tous ces centres d'intérêt ? Machine à oublier le quotidien, goutte-à-goutte d'eau de rose, boîte à rêves calibrés par le système TF1, où une vision stéréotypée des relations sociales et des rapports de sexe inculque aux plus jeunes le conformisme et la soumission, comme *Gossip Girl*, une série peuplée de bimbos millionnaires et de bogosses toujours au *top* évoluant dans une jet-set en carton-pâte. Les goûts culturels de Laëtitia sont-ils comme ses choix professionnels, des non-goûts et des non-choix, absorption passive de ce que tout le monde aime, regarde ou écoute ? Son cerveau est offert aux marchands d'images, de tubes, de modes, de publicités, de « contenus » adaptés au plus grand nombre. Ses goûts sont façonnés par la culture de masse, ses *likes* dictés par l'industrie du divertissement. C'est, à n'en pas douter, une forme d'aliénation.

Jessica : « Elle aimait un peu toutes les musiques, celles qui passent à la télé. »

De fait, « Only Girl » de Rihanna, « Désolé » de Sexion d'Assaut, l'album *La Colombe* de Soprano, la bande originale d'*Avatar* comptent parmi les meilleures ventes physiques ou digitales de l'année 2010 en France. Laëtitia est l'incarnation du grand public, le contraire de l'indisciplinée.

Le temps a tellement passé. J'ai du mal à me souvenir que j'ai grandi sans téléphone portable, sans textos, sans ordinateur, sans Internet, sans iPod, sans iPad. Pendant un quart de siècle, je n'ai été connecté à rien ni à personne. Mon enfance a été Michael Jackson, Jean-Jacques Goldman, Renaud, le Top 50, la demi-finale de Séville en 1982, Noah contre Wilander en 1983, le Donkey Kong, *L'Empire contre-attaque*, *Tom Sawyer* dont je connais le générique par cœur, *Candy* qui me fait aujourd'hui venir les larmes aux yeux. La sienne, vingt ans plus tard, a été la téléréalité, TF1, le R'n'B, le rap, Facebook, son portable Samsung Player Style, une centaine de textos par jour. Elle est morte et, moi, je vis encore. Elle aurait pu être ma fille.

Cette culture de masse a fait battre mon cœur. Mon enfance formatée me manque, parce que c'est mon enfance et qu'elle a accouché de l'adulte que je suis, individu au sein d'une génération.

Je me trompe au sujet de Laëtitia. La société de consommation n'a pas colonisé son esprit, altéré sa vision du monde. Le star-system la distrayait. Elle gardait de la distance par rapport à ce qu'elle regardait, jugeant certaines scènes, certains personnages, stupides ou exagérés. La culture noire américaine, les gratte-ciel de Manhattan, les plages de la côte Ouest, le rap de banlieue éveillaient la curiosité de la lycéenne en CAP à Machecoul. Son imagination s'envolait avec les fantômes de *Ghost Whisperer*, les vampires et les loups-garous de *Twilight*, l'adolescent ailé de *La Quête des Livres-Monde*, les créatures à peau bleue d'*Avatar*. Les chansons de Sexion d'Assaut la touchaient peut-être :

> Papa, je comprends pas, je t'ai fait quoi ?
> Je suis tout petit, je prends pas beaucoup de place.
> Papa, mais t'étais où le jour où je suis né ?

À l'Hôtel de Nantes, elle fredonnait tout le temps la chanson de Véronique Sanson, « Drôle de vie », bande originale de *Tout ce qui brille*. Cela lui donnait un avant-goût de liberté :

> Tu m'as dit que j'étais faite pour une drôle de vie.
> J'ai des idées dans la tête et je fais ce que j'ai envie.

Le miracle de la variété française et internationale, des tubes, des clips, des vidéos qui battent des records sur YouTube, des séries vues par des dizaines de millions de personnes sur les cinq continents, c'est le lien personnel, intime, qu'ils parviennent à nouer avec chacun d'entre nous. Cette alchimie nous donne l'occasion précieuse de voir ce qui, en nous, n'est pas dû à nous, mais à des collectifs : la famille, le groupe social, la mode, l'air du temps. Une telle analyse permet non pas de dire « nous » en pensant « je » (comme dans le ridicule « nous de majesté » académique), mais « je » en pensant « nous », « je » à la place de «tous les autres qui m'ont fait», «mon unicité en tant qu'elle est l'œuvre d'autrui». Comme Sartre à la fin des *Mots*, Laëtitia est une fille du XXIᵉ siècle, faite de tout le monde, hommes et femmes, filles et garçons, qui les vaut tous et que vaut n'importe qui.

Le plus fascinant sont les communautés Facebook auxquelles elle appartenait. Communautés informelles, non contraignantes, mais communautés culturelles au sens fort, clubs qu'on rejoint d'un clic, affinités électives où se révèlent un état d'esprit, une philosophie, un humour. Dans cette démocratie participative, n'importe qui peut poster une photo ou une vidéo, laisser un commentaire, partager un lien, entrer en relation.

Relire un message en se disant qu'à ce moment, tout était parfait

Devise : «Passer sa vie à regretter un amour perdu prouve que l'on a aimé vraiment et que notre existence ne fut pas totalement vaine.»
Contenu : vidéos animalières, chats «trop mignons», vidéos gags, culbutes, surprises.
Audience : 200 000 *followers*.

Penser en écoutant la musique

«Pour tous les amoureux de la musique et en particulier ceux qui pensent en l'écoutant.»
Photo d'illustration : un coucher de soleil sur la mer.
Plus de 850 000 *followers*.

Pour que la flemme devienne un motif valable pour ne pas aller bosser !!!

Devise : «Le bonheur est sous la couette.»

Exemples de liens (postés en 2015) :
«19 portraits de bébés aux têtes les plus étranges.»
«Voilà ce qui arrive quand on verse de l'aluminium en fusion dans une pastèque.»
;-)

Tu as voulu jouer. On a joué, j'ai gagné. Tu m'as perdue
(citation de « Game Over » de Colonel Reyel).

J'encaisse, jdis rien, mais tkt, j'oublie rien
« On reçoit les coups, on les garde pour soi, on pleure, mais le jour où la vengeance arrivera, on n'aura rien oublié. »

– Tu m'aimes ? – Non, je suis fou de toi ! <3
Communauté dédiée à l'amour, aux super copines, aux chéris.
NB : l'émoticon typographique <3 représente un cœur penché vers la droite.

Chut, j'ai raison
Photos : feux d'artifice, top-models, jolis tatouages, nattes blondes, tour Eiffel.
Plus de 900 000 *followers*.

Exemples de devises (postées en 2010) :
Le baiser est la plus sûre façon de se taire en disant tout.
Cassandra R. et 3 027 autres personnes aiment ça.

La vitesse de la lumière étant supérieure à la vitesse du son, bien des gens paraissent brillants jusqu'au moment où ils ouvrent la bouche.
Julie R. et 1 494 autres personnes aiment ça.

Ces communautés sont les grands collectifs d'aujourd'hui. Le conformisme qu'elles révèlent n'est pas grégarité ou décervelage, mais sociabilité numérique, humour viral, rencontre entre égaux, associations de jeunes, modernes partis de masse. Comme le dit le sociologue Dominique Cardon, c'est la « force des coopérations faibles ».

Ses nombreux *selfies* lui ont servi à illustrer son profil Facebook : Laëtitia adossée à un rocher, Laëtitia avec une fleur d'hibiscus à l'oreille, Laëtitia en robe noire posant devant une cabine téléphonique anglaise, Laëtitia coiffée d'un chapeau melon, Laëtitia qui vous envoie un baiser depuis sa paume ouverte. Facebook représente un espace d'échange et de visibilité qui permet à Laëtitia – la silencieuse, l'enfant à la parole verrouillée – d'exposer sa psyché, de parler de sa famille, de ses sentiments, de ses états d'âme, de ses doutes, c'est-à-dire de s'exposer devant un public, fût-il restreint et invisible.

Sur sa page Facebook, elle a écrit des pensées où elle exprime la sagesse qu'elle a acquise sur les «gens». En italique et entre crochets, la traduction de la version originale; mon français de grande personne.

ces chiant les gent il tenvoi balader et des qu'il on na besoin de nou on nou parle gentiment
[C'est chiant: les gens t'envoient balader et, dès qu'on a besoin de nous, on nous parle gentiment.]

les gents qon n'aime fon pa ce croi conaitre apres il sont different qan on l'ai conai mieu
[Les gens qu'on aime ne sont pas ceux qu'on croit connaître; ils sont différents quand on les connaît mieux.]

l'amour, c'est pardonner sans se venger, c'est donner sans calculer, c'est s'abandonner sans pancer. c'est toi et mwa, au futur comme à l'imparfait. c'est avec mon portable que je te l'ecris mais c'est mon coeur qui te le dit

Un dialogue avec sa tante, Delphine Perrais:

Laëtitia: les garcons nou dise tjr que il son en couple alor que qan on va voir leur profile il sont celibe pk il nou dise pa tou sinplement qu'il nou aime pa???
Delphine: PARCE QUE LES GARÇONS SONT DES MENTEURS HIHIHIHI
Laëtitia: a ok mai ces mechant il son notre amis et il nou fon du mal en fesant sa
Delphine: TONTON TE DIT QUE LES GARÇONS SONT MÉCHANTS ET MENTEURS ALORS ATTENTION
Laëtitia: a ok mes il son pa touce comme sa jespere?

Un message collectif :

> *Laëtitia* : ci j vou demandai d me difinir vou dirai kwa mettai vos comentair
> *Fabian* : jtdgffffffffffffffffffffffffffffffff [*Je t'adore grave fort*]
> *Laëtitia* : ces trop gentil merci peti frer
> *Delphine* : ADORABLE, JOLIE, GENTILLE ET ON T'AIME BEAUCOUP
> *Laëtitia* : merci beaucoup mwa j pance a vou

Ces déclarations, cette sociabilité, ces formes d'écriture, ces abréviations, ces émoticons, cette mise en scène de soi et tout cet affichage numérique de l'intimité pourraient faire croire que Laëtitia est façonnée par son époque. C'est le contraire : son compte Facebook, en tant qu'objet culturel, actualise le journal intime qui caractérise la féminité et l'adolescence depuis les années 1760. Tout au long du XIXe et du XXe siècle, des cahiers secrets, des journaux intimes banals ou profonds, brefs ou luxuriants, ont recueilli le « moi des demoiselles », selon la formule de Philippe Lejeune. Quelle est la fonction de ces textes ? Goût de l'introspection, plaisir de l'écriture, célébration de l'unique, attrait nostalgique, effort pour devenir transparent à soi-même (et à ses quelques lecteurs) justifient les autoportraits « nus », corps et âme. C'est un des paradoxes de la modernité : elle perpétue des usages ancestraux à travers des médias nouveaux, téléphone portable, blog, Facebook, etc.

De même que l'essor du journal intime est lié aux progrès de l'enseignement primaire et secondaire, de même les confidences de Laëtitia attestent d'une certaine éducation, d'un certain accès à la culture de masse, et montrent sa perméabilité scolaire. Démocratisation de la société, là encore : Laëtitia écrivait – pas avec notre orthographe sans doute, mais avec ses mots, ses sentiments, ses doutes et ses blessures. Auteure d'elle-même, moraliste et dramaturge.

Son compte Facebook, à la fois intime et semi-public (« extime », disent certains), est moins narcissisme que sollicitation, volonté de s'ouvrir à autrui, pour s'en faire connaître et aimer. Chaque *selfie* de Laëtitia est désir d'être admirable, espoir de compter pour quelqu'un, satisfaction d'exister en tant que telle et d'être vue par un «public» d'amis. On pénètre dans ce que Perec appelle l'«infra-ordinaire»: le langage du quotidien, le décor familier, le moi des travaux et des jours et, en fin de compte, une non-littérature qui en est tout de même une.

Éditant dans les années 1920 le journal de Nelly, une «petite fille russe sous le bolchevisme», Joseph Kessel célèbre sa faculté d'analyse, sa curiosité intellectuelle, sa maîtrise du style. À quatorze ans, Nelly a déjà vécu l'arrestation de ses parents, la guerre civile, la terreur rouge et blanche, la faim, les déménagements incessants, le spectacle de la mort et des corps torturés. Elle livre un document bouleversant, récit d'une jeune fille qui se soucie des pauvres, qui aime les fleurs, le ciel bleu, les montagnes et l'amour, et qui cherche à voir clair en elle. Vivre l'enthousiasmait. Elle s'est noyée à dix-sept ans en tombant dans une cascade.

Laëtitia Perrais n'avait pas les ressources de Nelly Ptachkina ou d'Anne Frank, mais, comme elles, elle est morte avant l'heure. Portant en son cœur pur la marque de la violence, du chaos, de l'insécurité affective, de l'effondrement maternel, elle aimait rester des heures devant la télé, sur le canapé du salon, au cœur d'un monde chaud, stable et enveloppant, le seul endroit rassurant qu'elle se soit trouvé. La petite fille des caves jouissait enfin de sa sédentarité.

Elle vivait sans croyances dans un monde dont elle avait parfaitement saisi la signification et les lois. Elle consacrait une bonne partie de son énergie à tenter de s'y faire une toute petite place. Si son romantisme de midinette se conjuguait à un apolitisme total, une indifférence absolue à la culture et à la vie de la cité, ce néant spirituel n'empêchait pas une conscience vibrante d'elle-même. Sa solitude, sa détresse, le sentiment de sa détresse étaient compensés par une force intérieure et une capacité de résilience auxquelles tous ses proches rendent hommage : « elle avait du caractère », « elle ne se laissait pas marcher sur les pieds », « elle savait ce qu'elle voulait ».

Au procès d'appel, le président a lu un extrait d'une déposition de Jessica devant les gendarmes, quelques mois après la disparition de sa sœur : « Elle était influençable. Elle n'en faisait qu'à sa tête. »

Le président : « N'est-ce pas un peu contradictoire ? »

À la barre, Jessica confirme ses propos : « Elle était obéissante, mais aussi rebelle. »

*

Laëtitia et Jessica se servaient beaucoup de leur portable – pour aller sur Facebook, envoyer des textos, appeler leurs parents sans être entendues par M. Patron. Elles avaient un forfait habituel de 15 ou 20 euros. Un jour, Mme Patron a reçu la facture de Jessica, qui s'élevait au triple. Elle l'a grondée et, par la même occasion, a vérifié ses appels. Elle s'est aperçue que les jumelles correspondaient avec leur père pendant les heures de cours. Nouvelle mise au point :

– Pour votre peine, les deux téléphones resteront à la maison jusqu'à la fin de la semaine.

Le lendemain, Franck Perrais a débarqué au lycée de Machecoul :

– Pourquoi vous répondez pas ?

– M. Patron a confisqué nos portables.

Franck Perrais leur a racheté illico deux téléphones. Le mois suivant, elles ont fait un dépassement de 600 euros chacune, sur le compte du papa cette fois-ci.

28

Le criminopopulisme

À l'hiver 2011, deux logiques s'affrontent.

Pour le président de la République, le fait divers exige une réponse à la hauteur de l'émotion populaire. Un récidiviste lâché dans la nature, sans aucun suivi, a sauvagement tué une jeune fille. En plus d'être choqués par l'horreur du crime, les Français éprouvent une défiance vis-à-vis de l'institution judiciaire : « Les peines ne sont pas exécutées, on n'a plus de justice. » Il y a eu un problème dans le fonctionnement de l'institution. Ce problème, il faut le régler. Les acteurs de la chaîne pénale doivent être placés en face de leurs responsabilités. Un système pris en faute se protège toujours, mais l'homme politique est là pour secouer les corps constitués, empêcher les réflexes d'autojustification, rejeter les excuses toutes trouvées : « C'est le *fatum*, le manque de moyens », etc.

Pour les magistrats, cette mise en cause est injuste. C'est l'incurie des pouvoirs publics qui a rendu impossible le suivi de Meilhon. Les JAP sont débordés, les SPIP sont débordés : tout le monde le sait à l'administration pénitentiaire et au cabinet du ministre de la Justice, ainsi qu'au Budget. Enfin, la lutte contre la récidive n'est pas une science exacte. Un passage à l'acte n'est pas une chose qu'on peut prédire. Quelques convocations au SPIP auraient-elles empêché une dérive criminelle ? Un rendez-vous tous les deux mois, sans expertise psychologique, sans médecin coordinateur, sans surveillance intensive ni visites à domicile, aurait-il infléchi la personnalité de ce type qui partait en vrille ? Meilhon aurait dit à son conseiller d'insertion qu'il cherchait du boulot et cela ne l'aurait pas empêché de tuer Laëtitia.

Crier au «laxisme judiciaire» parce que Meilhon est sorti de prison à l'expiration de sa peine est une navrante approximation intellectuelle. A-t-il été libéré par anticipation ? Était-il repéré comme un pervers sexuel récidiviste ? Par calcul politique, Nicolas Sarkozy a choisi la simplification et l'accusation. Plusieurs magistrats, après avoir pris contact avec des membres de son cabinet à l'Élysée, ont eu le sentiment que leur parole était devenue inaudible et que le président voulait à tout prix des coupables. Le ministre de la Justice lui-même a été surpris par la véhémence présidentielle.

Écœurés par la partialité de l'exécutif à leur égard, des magistrats de Nantes font «passer des messages», suggérant à Jean-Pierre Picca, conseiller pour la justice du président, ainsi qu'à François Molins, directeur de cabinet du ministre, de ne pas se contenter d'inspections au TGI et au SPIP. Si l'on impute de prétendues «fautes» à la justice, pourquoi ne pas s'intéresser aussi à l'action de la police et de la gendarmerie, qui n'ont pas fait preuve d'une efficacité ébouriffante après le vol de la 106 et les dépôts de plaintes des proches de Meilhon ? Pourquoi ne pas «élargir la problématique» ?

Le ministre de la Justice obtient que de nouvelles inspections soient diligentées dans le périmètre du ministre de l'Intérieur. En fin de compte, aucun manquement n'est relevé chez les policiers et les gendarmes, mais un «rappel» est adressé au directeur de la sécurité publique de Loire-Atlantique, ainsi qu'au commissariat de la Beaujoire, à cause de la lenteur du traitement des plaintes.

*

La polémique du «dysfonctionnement» est importante, mais elle masque deux facteurs de compréhension : d'une part, l'évolution professionnelle des acteurs mis en cause et, de l'autre, l'attitude du président de la République.

Malgré le durcissement de la politique pénale, l'accumulation de nouvelles lois et l'inflation des missions, la justice n'a pas reçu de moyens supplémentaires. Comme d'autres secteurs de l'État, elle pâtit du marasme budgétaire. Les effectifs stagnent dans tous les tribunaux de France. Les postes de magistrats du parquet manquent, alors que la loi Perben II de 2004 a alourdi la charge des procureurs. Dans les années 2008-2010, sous le ministère Dati, les promotions de l'École nationale de la magistrature ont été réduites à 135 auditeurs de justice.

Créés en 1999, les SPIP sont les parents pauvres de l'administration pénitentiaire, qui leur consacre seulement 5 % de son budget. En 2003, le rapport Warsmann préconise la création de 3 000 postes de conseillers, les effectifs des SPIP étant notoirement insuffisants (moins de 2 500 sur tout le territoire). Sept ans plus tard, à l'époque où Meilhon sort de prison, on compte tout juste 3 000 conseillers pour environ 175 000 dossiers, et ce, alors que la charge de travail a explosé en raison de la loi Perben II et de l'augmentation des peines en milieu ouvert. En Loire-Atlantique, 5 000 justiciables sont suivis par 17 conseillers ; il en faudrait plus du double. Le désintérêt de la direction interrégionale de Rennes montre à quel point la réinsertion est délaissée dans l'architecture pénale. Le cœur de métier de la pénitentiaire reste la prison, la détention, la sécurité à l'intérieur des établissements.

L'affaire Laëtitia révèle aussi une mutation professionnelle au sein des SPIP. À l'origine, la culture des conseillers d'insertion est celle du travail social d'après 1945 : aider, accompagner, permettre un retour à la vie normale. L'ancêtre du SPIP, le Comité de probation et d'assistance aux libérés, était une équipe d'éducateurs et d'assistants sociaux placés sous l'autorité du JAP dans chaque tribunal. Comment les transformer en véritables agents de l'administration pénitentiaire ? Comment les faire passer d'une culture orale et du griffonnage de notes à une culture du rapport écrit adressé à sa hiérarchie ?

Sortir les conseillers des tribunaux, favoriser leur autonomie à l'échelon départemental, leur confier des responsabilités dans le suivi des peines en milieu ouvert, les sensibiliser à l'évaluation du risque de récidive, tel est le cœur de la réforme engagée par Isabelle Gorce au ministère de la Justice dans les années 1999-2002. Le volet pénal du travail des conseillers ne peut se réduire à une gestion bureaucratique des peines, à la routine du contrôle administratif (« Monsieur X s'est bien rendu à l'association Y sur les dangers de l'alcool »). Les SPIP ont aussi pour mission de prévenir la récidive, et cela exige de mettre en place un suivi individualisé. Un chauffard alcoolique, un dealer de shit et un violeur d'enfants ne justifient pas le même type de surveillance. Comment faire face à la « montée en violence » de certains délinquants, aux défis de la réinsertion ?

Dans les années 2008-2010, les SPIP entament leur révolution culturelle. Claude d'Harcourt, le directeur de l'administration pénitentiaire, réfléchit à un suivi personnalisé qui prenne en compte le comportement des condamnés, leur environnement familial et social, leur attitude vis-à-vis de leurs infractions, leurs efforts pour échapper à la délinquance. D'assistant social, le conseiller du SPIP devient officier de probation. On entre dans l'ère de l'évaluation des risques, de la gestion des justiciables. Symbole de cette nouvelle orientation, le diagnostic à visée criminologique (DAVC), inspiré des méthodes canadiennes, permet de déterminer la dangerosité de la personne et de fixer le niveau de contrôle nécessaire. À partir de 2010, il est testé dans onze sites pilotes.

Mais, au sein de la pénitentiaire, la culture de la probation a du mal à s'imposer. L'idée demeure que les risques majeurs sont en milieu fermé, c'est-à-dire en prison, tandis que le milieu ouvert doit être le domaine de l'accompagnement social. Au sein des SPIP, les agents rejettent le DAVC, estimant qu'il ne tient pas compte de la complexité des situations. Pour les syndicats, c'est un outil de contrôle social et de catalogage informatique, une mise en boîte des publics, une compilation de statistiques sur les gens «à risques». Cette méthode, «de droite», est à l'opposé du travail social, «de gauche». Plutôt la main tendue que le flicage!

La transition n'est pas achevée en 2010, au moment où Meilhon sort de prison. Les critères de priorisation décidés par le SPIP de Loire-Atlantique en accord avec les JAP reposent sur la dernière condamnation en date, et non sur le profil du condamné. Dès lors, la dangerosité de Meilhon ne peut être perçue, et son dossier est remisé sur une étagère, à côté des toxicos et des caïds de campagne. Un profilage réalisé à partir de son casier judiciaire et d'une *check-list* criminologique (proposée par le DAVC) aurait permis de repérer sa montée en puissance criminelle. Sans doute un pronostic tenait-il de la gageure, mais, avant son outrage à magistrat, Meilhon avait commis des actes graves: un arbrisseau cachait la forêt. La «mise en attente» de son dossier résulte d'un manque de moyens et d'une surcharge de travail au sein du SPIP, mais aussi d'un blocage culturel. Il n'était pas possible d'aborder le cas Meilhon avec le regard de *Chiens perdus sans collier*.

En Angleterre, il existe plusieurs systèmes de surveillance. Le *probation service*, l'équivalent du SPIP français, évalue la dangerosité des condamnés et les prend en charge à leur sortie de prison. La *forensic team*, une équipe de santé mentale criminelle, s'occupe des délinquants violents pour lesquels une maladie psychiatrique a été diagnostiquée. Des *approved mental health professionals* sont chargés d'organiser des entretiens pour vérifier qu'un individu ne présente pas un risque pour autrui ou pour lui-même; si besoin, ils peuvent alerter la police et recommander un suivi par une équipe de santé. Enfin, les cas les plus dangereux relèvent de la Multi-Agency Public Protection Arrangements, un système national de suivi coordonné par les services pénitentiaires, de probation et de police, en partenariat avec les services sociaux et les équipes psychiatriques. Cela dit, les coupes budgétaires, sous les gouvernements de droite comme de gauche, ont durablement affaibli tous ces dispositifs.

Les attaques de Nicolas Sarkozy contre les juges ont gommé la complexité de tous ces problèmes. Comme le dit Marc Trévidic, juge antiterroriste et président de l'Association française des magistrats instructeurs, le président de la République est lui-même un « multirécidiviste » des attaques. En 2005, il a reproché à un juge d'avoir mis en liberté conditionnelle un « monstre », puis il a critiqué la « démission » des magistrats de Bobigny, avant de comparer, en 2007, tout juste élu, les juges à des « petits pois » semblables par la couleur, le gabarit et l'insipidité.

Dans son discours d'Orléans du 3 février 2011, Nicolas Sarkozy promet des « sanctions » en réponse à une « faute », celle qui consiste à avoir laissé sortir Meilhon, « présumé coupable », sans s'assurer qu'il serait suivi. Le plus étonnant est le lien que le président établit entre un suspect et des juges. Cette confusion entre la responsabilité du criminel et celle des magistrats (fussent-ils responsables des « dysfonctionnements » de la chaîne pénale) est une manière de leur attribuer le meurtre de Laëtitia.

Par son discours, Nicolas Sarkozy franchit un pas décisif dans l'interprétation du fait divers. Après l'entrée en scène de deux personnages que tout oppose, Meilhon-le-violeur et Patron-le-père, c'est la création d'un troisième rôle de composition : le juge complice.

Quelles que soient leurs motivations – calculs électoralistes, convictions anticorporatistes, rhétorique anti-élites, parcours personnel –, les charges de Sarkozy relèvent du populisme. Elles désignent à la vindicte publique des professionnels qui, tout bien pesé, sont plutôt des victimes. Leur mise en accusation fera naître chez eux le sentiment d'une double injustice : non seulement ils n'ont pas les moyens de travailler correctement, mais en plus on leur impute un crime.

Au lieu d'analyser le problème à froid, le président a choisi la politique du bouc émissaire, qui consiste à désigner des coupables au sein de la société et à annoncer des « sanctions » en réponse à des « fautes » individuelles et collectives. L'affaire Laëtitia révèle tout un art de gouverner : dresser la majorité contre une minorité, non seulement pour faire oublier ses propres erreurs, mais pour souder le peuple contre un ennemi supposé (le juge, le jeune de cité, le sans-papiers, etc.).

Là est la vraie rupture de Nicolas Sarkozy avec ses prédé-cesseurs : par-delà leurs différences, de Gaulle et Mitterrand avaient la volonté de rassembler, c'est-à-dire de mettre en valeur ce qui unit les Français. C'est désormais le contraire. Sous Sarkozy, les pouvoirs publics ne sont plus des régulateurs de paix sociale. Le criminopopulisme des années Laëtitia trahit la recherche de la division, l'instillation de la méfiance et de la haine dans le corps social – un président de la République blessant la République.

29

Le bel été

Le 4 mai 2010, Laëtitia et Jessica deviennent majeures. Poursuivant leur scolarité en première APR au lycée de Machecoul, elles n'ont jamais été aussi libres. Laëtitia, qui est dans une démarche d'indépendance, postule dans un internat de Guérande pour l'année scolaire 2010-2011. Comme son dossier n'est pas retenu et que Jessica souhaite de son côté rester chez les Patron, elles signent toutes les deux un « contrat de soutien à l'autonomie des jeunes » (CSAJ, prononcé « c'est sage ») grâce auquel l'ASE continue de les suivre en tant que « jeunes majeures ».

Le CSAJ laisse en place le cadre initial de la protection de l'enfance, mais sans obligation de suivi ou de prise en charge, et ce jusqu'à vingt et un ans. Le contrat est signé entre les jumelles et le conseil général de Loire-Atlantique, sans l'intervention du juge des enfants. De plus, comme elles sont majeures, elles ont toute latitude pour voir leur famille Perrais ou Larcher. Mais, dans les faits, rien ne change : Mme Laviolette continue d'assurer leur suivi éducatif et elles demeurent route de la Rogère chez M. Patron, leur assistant familial, toujours rémunéré par le conseil général.

Sont-elles heureuses ? Pour Jessica, il n'a jamais été question de partir ; elle aimerait être adoptée par M. et Mme Patron et toutes ses amies vivent à La Bernerie. Mais les agressions de M. Patron continuent (il reconnaît une relation « fusionnelle » à partir de sa majorité) : caresses sur les fesses, les seins et le sexe, rasage du pubis, masturbations, pénétrations digitales. Laëtitia, dont M. Patron a étouffé l'amourette avec Gaël, sort avec Maxime après le voyage scolaire en Angleterre. Le 26 avril 2010, le jeune homme écrit sur la page Facebook de Laëtitia : « salu ma pouce je te fer plein de bisou ».

Première séparation physique entre les jumelles : Laëtitia prend la chambre-relais, située entre le salon et la chambre de M. et Mme Patron, tandis que Jessica reste dans leur ancienne chambre, à l'autre bout de la maison. Minuscule et dépourvue de fenêtre, la chambre-relais est meublée d'une armoire sur la gauche, d'un petit lit au fond, d'une étagère sur la droite, où sont entreposés les jeux des petits-enfants Patron. Le *selfie* de Laëtitia en tunique fuchsia à fleurs blanches, pris le bras tendu avec un effet de plongée, a cette chambrette pour décor. Sur la photo, on distingue l'armoire et le petit lit, couvert d'une couette verte d'où dépasse un coin d'oreiller ; un vêtement rose est suspendu à l'armoire.

Au mois de juin, Laëtitia et Jessica obtiennent leur CAP APR. M. et Mme Patron débouchent le champagne, mais, ne pouvant accompagner les jumelles à Machecoul, ils les laissent aller chercher leur diplôme en scooter sous la pluie. La cérémonie de remise des diplômes commence à 9 heures. Elles arrivent à 11 heures, pour repartir une heure plus tard. Jessica : « Ça reste un bon souvenir, parce qu'on a vu tout le monde, mais il faisait froid ! On avait les mains gelées. »

*

À l'été 2010, les deux sœurs entrent en apprentissage à l'Hôtel de Nantes, l'hôtel-restaurant de La Bernerie tenu par M. et Mme Deslandes. Jessica travaille à la cuisine, Laëtitia fait le service et le ménage des chambres. C'est la haute saison, l'affluence est forte, les horaires sont éreintants, les patrons stricts, mais Laëtitia tient le coup. Elle embauche vers 11 heures, finit à 22 heures, sert les clients le midi et le soir, change les draps, refait les lits, récure les salles de bains. Au premier procès, M. Deslandes en témoignera : « C'était une bonne gamine. Jamais un mot, toujours souriante. Une salariée sans problème. Elle venait en scooter, elle le garait dans la cour. » À l'Hôtel de Nantes, Laëtitia retrouve Fabian, son petit frère de cœur, qui y fait son stage de troisième en tant que serveur. En revanche, l'apprentissage de Jessica se passe mal. Elle ne tient pas la cadence, vit mal les reproches, on la trouve souvent à pleurer en cuisine. « Comme si je savais tout faire ! » commente-t-elle aujourd'hui avec amertume. Contrairement à Laëtitia, elle n'est pas encore prête pour affronter le monde du travail et les rythmes de la restauration. Les Deslandes gardent Laëtitia et congédient Jessica. M. Patron leur lâche, glacial : « Vous avez fait le mauvais choix. »

La chrysalide Laëtitia est en train de s'ouvrir. Elle tire une grande fierté de son travail à l'Hôtel de Nantes. Mme Laviolette, sa référente à l'ASE, la soutient : cet apprentissage constituait « une belle réussite pour elle ». Laëtitia commence à avoir une vie sociale, des collègues, des responsabilités. Elle peut regarder vers l'avenir.

C'est l'été. À la pause ou pendant les week-ends, Laëtitia va à la plage avec ses copines de La Bernerie. Parfois, elle va boire un Coca light avec Fabian à l'Océanic. Vers 18 h 30, Fabian la raccompagne à l'Hôtel de Nantes. Ils se retrouvent le soir, après la fin du service, au marché de nuit de La Bernerie. On y vend des paréos, des casquettes, des bracelets, des bijoux fantaisie, des poissons en plastique qui remuent dans l'eau. Un vendredi soir, se rappelle Fabian, elle est arrivée habillée en rose des pieds à la tête, pull, leggings, baskets. Fabian lui a dit qu'elle ressemblait à un petit cochon. Laëtitia lui a demandé pourquoi il disait cela. Il lui a expliqué, elle ne s'en est pas formalisée.

Un week-end, ils sont allés se baigner sur une plage, juste à la sortie de La Bernerie, à côté du parking et du grand arrêt de bus, avant le camping de La Boutinardière. Laëtitia l'a éclaboussé et lui a lancé des algues. C'est un bon souvenir. Fabian la faisait rire, jouait à l'embêter. Une fois, il a essayé de la porter, mais il n'a pas réussi, parce qu'il était plus petit qu'elle.

Quelquefois, Laëtitia sort avec Maxime et leurs copains au Girafon, au Barbe Blues ou au Zanzi Bar, qui fait karaoké. Elle ne boit jamais d'alcool.

Quand elle a fait l'amour avec Maxime, elle est aussitôt allée le dire à sa sœur. Jessica n'avait pas du tout envie de savoir, mais Laëtitia lui a raconté quand même :

– La première fois, ça fait très mal.

Jessica a écouté, puis elle lui a fait la morale :

– Ne jamais faire ça dans les toilettes !

Parfois, Laëtitia est sombre. Elle a des soucis qu'elle ne dit pas, des souvenirs d'enfance qui remontent. Elle étouffe dans sa famille d'accueil. Quand elle va au marché de nuit, elle doit toujours prévenir. M. Patron ne veut pas la laisser sortir. Elle est majeure, pourtant ! Son père lui manque, elle en parle souvent. Sa mère aussi. Quand elle n'est pas bien, elle va se promener seule sur la plage de La Bernerie.

Dans une lettre remise aux magistrats instructeurs, Meilhon affirme qu'il a rencontré Laëtitia à La Bernerie au cours de cet été. Il est sorti de prison quelques mois plus tôt. Sans domicile fixe, il prend de la coke à longueur de journée, erre de bar en bar. En juillet 2010, après une première rupture avec sa copine, il traîne à La Bernerie, où il est allé retrouver un ancien codétenu qui a loué un mobil-home pour l'été. Il a abordé Laëtitia dans la rue. Il dit qu'ils ont bu un verre à la terrasse d'un café, en face de la plage. À la fin de l'été, il est allé habiter dans sa caravane sur le terrain de son cousin, au Cassepot. Il était seul, il était mal. Sa consommation d'alcool et de drogue s'est intensifiée.

Cette rencontre est vraisemblable (les gendarmes vérifieront que l'ancien codétenu a bien loué un mobil-home aux dates indiquées), mais comment faire la part entre le mensonge, la stratégie de défense et la vérité ? Peut-être n'y a-t-il pas une once de vrai dans cette histoire. Peut-être une relation d'amitié s'est-elle ébauchée entre la jeune serveuse et le repris de justice. Cela expliquerait que Laëtitia accepte si facilement, dans l'après-midi du 18 janvier 2011, d'aller se promener avec lui sur la plage et de se faire payer un verre au Barbe Blues. On peut imaginer que Meilhon a simplement importuné la jeune fille, comme il en a l'habitude. On peut imaginer, au contraire, que Laëtitia a été impressionnée par la carrure et l'assurance de cet homme qui a beaucoup vécu. Impossible, en revanche, qu'elle se soit entichée de lui : elle est amoureuse de Maxime.

*

Le 5 août 2010, en présence de sa référente à l'ASE, Lola, une des plus anciennes amies de Laëtitia, dépose une main courante à la gendarmerie de Pornic. Un mois plus tôt, alors qu'elle regagnait son scooter après avoir rendu visite aux jumelles, M. Patron lui a caressé la poitrine et a tenté de l'embrasser. Dès le lendemain, elle s'en est ouverte à Laëtitia, qui a témoigné de gestes déplacés sur elle-même et sur Jessica ; mais, à la différence de sa sœur, Laëtitia ne se laisse pas faire. Toutes deux majeures, Laëtitia et Lola ont convenu de porter plainte, mais, ce 5 août, Laëtitia ne se rend pas au rendez-vous et Lola est la seule à parler. Désirant rester anonyme, par crainte des représailles, elle opte pour la main courante plutôt que pour le dépôt de plainte.

Alertés, les responsables de l'antenne de l'ASE à Pornic décident de rencontrer les trois jeunes filles. Une «information préoccupante» est transmise au conseil général ; le parquet de Saint-Nazaire est mis au courant. Le 16 août, à la demande de ses supérieurs, Mme Laviolette convoque les sœurs Perrais dans son bureau à Pornic. La démarche est exceptionnelle : d'habitude, elles se voient dans un café ou au domicile des

Patron. Les jumelles arrivent au rendez-vous sans en connaître la raison, ce qui, là non plus, n'arrive jamais.

Elles sont dans la salle d'attente. Je les reçois séparément. J'évoque le fait que Lola a déposé une main courante ; j'ai besoin de savoir s'il se passe des choses à la maison pour elles aussi. Je leur dis que je sais à quel point c'est compliqué de révéler ce genre de choses, car M. Patron les accueille et leur a apporté beaucoup de choses, des repères, une vie de famille – mais l'un n'empêche pas l'autre. Je leur dis qu'on ne les laissera pas tomber, on va trouver une autre solution, mais j'ai besoin de savoir.

Elles m'ont répondu un petit «non», un «non» tout plat, sans surprise, sans affect. «Tu es bien certaine?» Elles redisent non. Je n'insiste pas : elles sont majeures, la police pourrait nous le reprocher.

Je leur dis que j'ai du mal à croire à leur «non» et que je reste disponible. M. Patron va certainement les interroger sur le fait que je les ai convoquées. «À vous de voir ce que vous avez envie de lui dire ou pas.»

Le 20 septembre, M. Patron est reçu par les cadres de l'ASE à Pornic. Il se met en colère, nie les faits, réclame la peine de mort pour les délinquants sexuels.

En l'absence d'autres éléments à charge, le dossier est classé. Les gendarmes n'entendent pas M. Patron et le conseil général ne suspend pas son agrément. En revanche, M. Patron interdit aux jumelles de voir Lola et promet qu'elle va passer un «sale quart d'heure» s'il la croise à La Bernerie.

L'histoire aurait pu se passer autrement. Ayant eu connaissance d'une main courante contre un assistant familial, le conseil général aurait pu diligenter une enquête approfondie, retirer les filles provisoirement, le temps de l'enquête. Après tout, le département est l'employeur de M. Patron.

*

Pour Laëtitia, c'est un bel été, l'été de toutes les réussites, une histoire d'amour qui s'installe, un apprentissage conservé de haute lutte, les félicitations de tout le monde, la promesse de l'indépendance, avec un salaire, le permis, un appartement, un chéri.

Dans six mois, elle sera morte.

30

La fronde

Il y a deux témoins essentiels que j'ai failli perdre d'entrée de jeu. En avril 2014, quelques jours après avoir reçu ma lettre, Cécile de Oliveira m'a appelé alors que j'étais en vacances dans une petite station balnéaire sur la Manche. En lui expliquant pourquoi un fait divers pouvait intéresser un historien, je sentais l'air du large sur mon front et dans mes poumons, et la mer était un encouragement à être vif, précis, un peu bretteur, durant ces quelques minutes où je devais absolument la convaincre. Quelques jours plus tard, nous nous sommes rencontrés à Paris, après quoi elle m'a présenté à Jessica.

Je vois Cécile de Oliveira quand je vais à Nantes. Le reste du temps, nous échangeons des textos. Divorcée, mère de deux grandes filles, elle fréquente beaucoup les théâtres, les musées, les expositions, et elle voyage dans le monde entier. Parfois, elle est partie civile; parfois, du côté de la défense. Je lui envoie un texto un jour qu'elle plaide au procès d'une jeune Brésilienne «sublimissime», mariée en Guyane à l'âge de dix-sept ans, qui a massacré sa belle-sœur de soixante-trois coups de couteau pour une dette d'argent de quelques centaines d'euros, tout en laissant son propre fils auprès du cadavre, sans doute pour se constituer un alibi.

Cécile de Oliveira me répond: «Je suis épuisée par la lourdeur du procès. Demain, il y aura une tempête et j'adorerais aller me balader en bord de mer. »

Un autre SMS : « Ça se présente mal ! Il faut que je détende l'atmosphère. »

Le fait que la jeune Brésilienne ait laissé son enfant seul avec le corps pèse lourd. La présidente de la cour d'assises fait défiler lentement les photos de la victime défigurée, baignant dans son sang, le visage et le cou ravagés par les coups de couteau.

« Verdict samedi ou dimanche. Trois ou quatre nuits difficiles pour moi et, pour elle, plusieurs années. »

Le lendemain, après que je lui ai demandé de ses nouvelles : « Je suis rétamée et stressée par mon dossier. Je plaide demain. »

« J'attends le verdict ! Je pense que, malheureusement, je vais prendre une lourde peine. »

Puis : « On ne peut pas s'imaginer comme c'est dur d'être jugée quand on est une belle jeune femme. Les procès en sorcellerie ne sont pas loin. »

Enfin, un dernier SMS : « Vingt ans. »

Il y a quelques mois, Cécile de Oliveira m'a avoué qu'elle avait hésité à répondre à ma lettre, non pas parce qu'elle désapprouvait mon projet de livre, mais parce que la dernière phrase (« mon admiration pour le combat que vous menez ») l'avait agacée comme une flagornerie.

Dès que j'ai rencontré Cécile de Oliveira, j'ai été frappé par son intelligence, sa finesse, son humanité. C'est elle qui, en 2008, a accompagné Émilie, une jeune femme rongée par la honte et le remords d'avoir, collégienne de quatorze ans, accusé mensongèrement de viol Loïc Sécher, un ouvrier agricole mal vu dans son village parce qu'il était homosexuel et porté sur la boisson. Malgré deux jugements, Cécile de Oliveira a obtenu la révision, procédure rarissime dont seuls une dizaine de condamnés ont bénéficié en cinquante ans, permettant à Loïc Sécher d'être réhabilité et indemnisé et réparant l'une des erreurs judiciaires les plus glaçantes du début du XXIᵉ siècle.

Cécile de Oliveira défend les gens avec toute l'énergie et le don de soi dont elle est capable, mais sans se laisser prendre au piège de ses émotions et de sa solide expérience de pénaliste. Un avocat, dit-elle, doit se méfier du sentiment de toute-puissance vis-à-vis de son client : celui-ci est en prison, misérable, totalement dépendant de vous, entre vos mains pour ainsi dire, et vous êtes son porte-parole pour la pire chose qu'il ait faite dans sa vie. La défense est une entreprise de longue haleine, mais la plaidoirie se prépare au cours du procès, parce que les jurés ne connaissent pas tout le dossier et que les débats sont uniquement oraux. Aux assises, un accusé n'a pas le droit de se défendre seul, mais, à la fin, le président lui demande s'il veut prendre la parole. Cela dit, mieux vaut se contenter de quelques mots d'excuse, car les accusés s'enfoncent souvent sans le vouloir. Ainsi, un violeur de petites filles : « Je m'excuse pour ce que j'ai fait, mais j'espère qu'elles garderont un bon souvenir de ce moment passé avec moi. » Cécile de Oliveira m'a aussi raconté que certains enfants victimes d'inceste remettaient à leur famille l'argent de l'indemnité qu'ils avaient touché. Pourquoi ? Parce que « tu as assez fait de mal comme ça à ton père ! ».

Je dirais que, par rapport à son travail, Cécile de Oliveira est à la fois actrice et spectatrice, *insider* et extérieure, à égale distance d'elle-même et des autres. Elle est passionnément avocate, mais jamais elle n'adhère à un rôle, n'adopte une posture. La recette de son succès : beaucoup de talent et de travail, avec une bonne dose d'ironie. À la fin d'un procès, dit-elle, il est de coutume que les avocats aillent présenter leurs hommages au président de la cour, et des plaisanteries fines s'échangent sur un ton badin à quelques mètres du malheur. Cette courtoisie de caste donne lieu à des scènes surréalistes, comme autrefois les politesses entre officiers sur les champs de bataille. Mais il arrive au président de pleurer, en plein milieu de l'audience, quand les faits ou les témoignages sont trop durs.

Lors du procès d'appel de Meilhon, reporté *sine die* à cause de la grève des avocats, Cécile de Oliveira ne s'est pas désolidarisée de ses confrères, mais elle a tenu à faire entendre la voix de Jessica, qu'elle avait eue la veille au téléphone. Cécile de Oliveira se tient à la barre : « Quand on est mal à l'aise, à l'audience, on regarde le ciel doré au plafond. Jessica, elle, reste seule avec son angoisse, son déchirement, sa solitude. »

Ce n'était donc pas flatterie de ma part, non plus que les mots que j'ai adressés à Xavier Ronsin, ancien procureur de la République à Nantes, quand il m'a reçu pour un premier contact, en mai 2015, dans son bureau de directeur de l'École nationale de la magistrature. Xavier Ronsin est l'homme qui a osé rappeler, à la face des médias et du président de la République, que Meilhon n'était pas un prédateur sexuel. Il a promis que Laëtitia serait restituée à sa famille dans son intégralité. Dans le crépuscule qui tombait sur l'étang, il a, le premier, évoqué le « buste ».

Nous nous asseyons de part et d'autre de la table. Ronsin a un mouvement de recul quand je fais mine d'ouvrir mon ordinateur : il veut d'abord savoir ce qui me motive. La fascination pour le crime ? Une curiosité malsaine ? Il craint que je veuille héroïser Laëtitia ou le procureur, alors que la première est une jeune fille sans histoires qui a eu le malheur de flirter avec un multidélinquant toxicomane aux franges de la psychopathie, et que le second, n'ayant fait que son travail, ne souhaite pas se mettre en avant comme certains magistrats qui pérorent sur « leurs » grandes affaires.

Un ange passe. Je sens que cet homme brillant et discret, à l'intelligence si affûtée, est en train de m'échapper. Je m'accroche en lui faisant valoir que mon livre porte aussi sur un pays, une société, la justice au début du XXIᵉ siècle. Ronsin tend l'oreille. Mon discours devient plus technique, je me révèle fin connaisseur de la carrière des JAP et de la culture des SPIP. Il se détend et, avec un grand sourire : « Vous avez réussi votre examen d'oral ! » Nous convenons de nous revoir plus longuement.

*

Tous mes interlocuteurs se souviennent du mois de février 2011. Les juges, les procureurs et les greffiers en parlent comme d'un moment d'unité, de prise de conscience, de résistance collective. La magistrature, institution plutôt centriste, sinon conservatrice, n'a pas une tradition de contestation – c'est le moins qu'on puisse dire. Ses symboles et ses coutumes remontent au Moyen Âge. Elle porte encore l'hermine et la cravate en dentelle, alors que les médecins, les universitaires, les prêtres ont progressivement tombé leurs blouses, robes et soutanes. Elle a traversé confortablement l'Occupation et le régime de Vichy. Elle est une corporation, au sens noble comme au sens péjoratif. Elle n'aime pas reconnaître ses fautes, pudiquement qualifiées, dans le meilleur des cas, d'«erreurs judiciaires».

À partir du 3 février, les magistrats du TGI de Nantes suspendent toutes les audiences non urgentes (en continuant leurs autres activités, n'ayant pas le droit de faire grève). Tout le tribunal est en effervescence. Les gens se parlent : «on ne peut plus continuer comme ça», «ça suffit!». La colère est palpable dans les couloirs, à la cafétéria, dans les réunions, les assemblées générales. Jacky Coulon, juge d'instruction et délégué syndical, rappelle que le sous-effectif chronique des services a été maintes fois signalé à la chancellerie : «Si sanction il doit y avoir, elle doit être pour le ministre.» Dans la salle des pas perdus, une carte indique en temps réel la diffusion du mouvement dans toutes les juridictions de France.

Pour le procureur de la République, Xavier Ronsin, la situation est délicate. Des substituts qui se mettent en grève, un procureur incapable de tenir ses troupes, l'incendie qui s'étend… On risque sa carrière dans ce genre de situation. Finalement, Ronsin a réuni ses parquetiers, il leur a dit qu'il partageait leur colère tout en leur demandant d'assurer le pénal d'urgence, il les a laissés libres de participer au mouvement qu'il a lui-même soutenu, sans pour autant s'attirer les foudres de sa hiérarchie. Un tour de force. Aujourd'hui, il me sourit dans son bureau de l'École nationale de la magistrature.

Le juge Martinot soutient lui aussi le mouvement, mais il n'est pas question de s'afficher publiquement, tant l'affaire Laëtitia est un champ de mines. Feu aurait été fait sur lui, s'il avait osé paraître au milieu des manifestants. Dégommer le juge en charge du dossier, quelle aubaine ! D'ailleurs, on a frôlé la catastrophe lorsque *Ouest-France*, en mars, a illustré un de ses articles avec une photo du « jeune juge nantais » devisant avec ses collègues dans une manifestation à Paris, sur fond de drapeaux CGT et d'autocollants « Syndicat de la magistrature ». Toute l'équipe a retenu son souffle. La photo a longtemps orné les murs de la cellule d'enquête, et Frantz Touchais en rit encore.

Le mouvement n'a eu aucun effet sur l'instruction du dossier. Le juge Martinot a reçu les parties civiles le 7 février, alors qu'une cinquantaine de tribunaux en France suspendaient les audiences et que les syndicats de magistrats appelaient à faire grève avec le soutien du Conseil national des barreaux, des syndicats policiers et de personnels pénitentiaires. Le jour de la grande manifestation nationale à Nantes, le 10 février, il était le seul magistrat présent dans le palais, avec le juge Desaunettes et la JAP en charge du suivi postsentenciel de Meilhon.

Tandis que les opérations de pompage se poursuivent à Lavau, le mouvement des magistrats prend de l'ampleur. Le 4 février, seize tribunaux, dont celui de Rennes, Brest, Quimper, Auxerre, Bayonne, Besançon et Basse-Terre, renvoient toutes les affaires non urgentes. Le 7 février, après le week-end, des assemblées générales se tiennent un peu partout en France, à Lyon, Boulogne, Marseille, Nancy, au Havre. Le lendemain, c'est le tribunal de Paris qui vote, au cours d'une assemblée générale extraordinaire à huis clos, le report des audiences non

55

urgentes à 95 % des voix. En tout, 170 sur 195 tribunaux et cours d'appel ont rejoint le mouvement.

Nationale, intersyndicale et interprofessionnelle, la mobilisation est une réaction de solidarité avec les «JAP nantais», mais aussi une expression d'inquiétude et un cri d'alarme : ce drame, sur fond de crise budgétaire, de surcharge de travail et de suivi aléatoire des SME, aurait pu arriver n'importe où en France.

Le 10 février marque l'apogée du mouvement. Ce jour-là, 8 000 magistrats et fonctionnaires de justice manifestent sur tout le territoire, à Paris, Marseille, Lyon, Nancy, Bordeaux, Toulouse, à l'appel de tous les syndicats. La grande manifestation nationale a lieu devant le TGI de Nantes. À 14 h 30, on compte plus d'un millier de personnes, juges, greffiers, conseillers d'insertion, personnels pénitentiaires, avocats, officiers de police. Des cars ont été affrétés de toute la France. Les magistrats sont dans la rue, les gens de gauche comme les plus à droite, les juges du siège, les juges du parquet, les robes noires, mais aussi les robes rouges, les magistrats de la cour d'appel de Rennes et de celle d'Angers. Par respect pour Laëtitia, il a été décidé de ne pas crier, d'éviter les slogans, mais quelques banderoles proclament :

«Tous nantais»
«Justice délabrée, à qui la faute?»
«Plus de moyens pour un meilleur suivi»
«Justice attaquée, démocratie en danger»

Tout le monde est solidaire du petit JAP de Nantes que le président de la République a dans sa ligne de mire. Et la greffière de conclure : «En trente ans de carrière, je n'ai jamais vu ça.»

C'est alors que se produit un incident dont tous les témoins se souviennent avec stupeur : M. Patron s'invite à la manifestation pour la dénoncer. Devant le palais de justice, il se saisit du micro et, juché sur une chaise : «Aujourd'hui, vous vous servez du drame que nous vivons pour votre manifestation. Si fondée qu'elle soit, c'est une aberration. […] Ne remettez pas en liberté les criminels sexuels récidivistes, vous savez qu'ils recommencent. Appliquez-leur la peine maximum, pour qu'il n'y ait plus de cas Laëtitia. Vous avez des enfants, vous avez des petits-enfants, cela n'arrive pas qu'aux autres. »

Alors qu'il est parfaitement clair que Meilhon n'est pas un délinquant sexuel multirécidiviste et que le juge d'instruction n'a pas retenu le chef de viol, M. Patron fait entendre la parole sarkozyste au milieu de la foule des magistrats venus de la France entière pour défendre une certaine idée de la justice et de la démocratie. Le geste ne manque pas de panache, mais, quelques mois plus tard, c'est lui qui sera mis en examen pour viols et agressions sexuelles sur mineures. Ce jour-là, sur le parvis du TGI et devant ses futurs juges, M. Patron a éprouvé comme le besoin de parler de lui.

Dès le début, les proches du chef de l'État ont condamné le mouvement. Pendant que Michel Mercier, ministre de la Justice, reçoit les syndicats, Christian Jacob, président du groupe UMP à l'Assemblée nationale, réclame de la part des magistrats « un peu de compassion », et François Baroin, porte-parole du gouvernement, évoque « une des corporations qui a le plus de mal à assumer sa part de responsabilité ». François Fillon, premier ministre, rappelle que le drame de Pornic procède de « dysfonctionnements » ; le président de la République a entendu la souffrance de la famille, répondu à l'émotion des Français, mais les magistrats n'ont pas fait preuve « de la même compassion ».

Les victimes polarisent l'attention, guidant l'action publique, servant à justifier les mesures qu'on prend en leur nom. Par ses déclarations, le gouvernement révèle la logique du discours compassionnel-sécuritaire : le monopole de l'émotion donne le droit de nommer les gens à problèmes.

Empathie digne d'éloge, récupération politicienne, instrument de pouvoir ? En 2005, pendant l'affaire Nelly Crémel, à un journaliste qui lui parlait de la «colère des magistrats», Nicolas Sarkozy avait répondu qu'il s'intéressait d'abord à la «colère des victimes». Christian Frémont, son directeur de cabinet à l'Élysée, rapporte que, lorsque le président reçoit les familles, il établit avec elles «un lien presque charnel, il sait trouver les mots pour les apaiser». Inversement, dans son autobiographie, le juge Thiel cite la lettre qu'il a reçue de la mère d'une des victimes d'un tueur en série, le 9 février, en pleine fronde des magistrats : «Je vois tous les jours les victimes caressées dans le sens du poil. Je vois les victimes leurrées, utilisées, récupérées parfois. Ce n'est pas une bonne justice présentée par le pouvoir. C'est une caricature de justice.» Le même jour, *Charlie Hebdo* publie un dessin représentant Nicolas Sarkozy en vautour, avec l'un des bras de Laëtitia dans le bec. En légende : «Démembrée par un barbare, récupérée par un charognard.»

*

On est libre d'interpréter le mouvement des magistrats comme un réflexe d'autoprotection, le malaise d'une profession moins bien considérée aujourd'hui qu'il y a trente ans. On peut considérer que leur «grève» traduit la réaction d'une caste, offusquée qu'on ose porter atteinte à son *imperium*. On peut juger que, arc-boutée sur sa dignité, elle est devenue hyper-sensible à tout ce que dit un président dont l'audace consiste précisément à bousculer les corps constitués, à déranger les routines. On peut feindre de croire, au contraire, que tous les juges sont «rouges» ou que les syndicats tirent les ficelles. On a le droit de dire, plus prosaïquement, que les magistrats ont voulu faire passer un message à propos de leur manque de moyens. On peut aussi tenter de relier la fronde de 2011 à la Fronde du milieu du XVIIe siècle, quand les magistrats et les grands seigneurs s'étaient révoltés contre la montée de l'abso-lutisme et la remise en cause de leurs privilèges.

Mais, quand on sait que les magistrats, substituts du procureur, juges d'instruction, juges des enfants, juges aux affaires familiales, juges d'application des peines, travaillent toute la journée, parfois le week-end et la nuit, soumis à la loi du toujours plus vite, toujours moins cher, dans un contexte de paupérisation et de mépris de la part des « décideurs », pour tenter d'assurer ce service public qui consiste à faire appliquer la loi, à protéger les gens, à soulager l'énorme misère que notre société produit ; quand on sait que leur métier exige une capacité d'écoute, une ouverture à autrui, un respect de l'humain et même une forme d'altruisme, on peut estimer que les propos du premier ministre sur leur manque de « compassion » tiennent de l'injure.

Le lundi 14 février, les syndicats appellent à la reprise des audiences, le rapport d'inspection ayant mis les magistrats hors de cause, malgré les « carences » dans l'organisation des services et la circulation de l'information. Les reports sont maintenus dans de nombreux tribunaux et cours d'appel, mais un certain essoufflement est perceptible, les juges promettant d'inscrire leur mouvement « dans la durée ». À Nantes, les audiences reprennent le 17 février, jour de la deuxième rencontre entre Nicolas Sarkozy et M. et Mme Patron ; l'ancien propriétaire du Barbe Blues, Alain Faury-Santerre, est condamné à la réclusion criminelle à perpétuité pour avoir étranglé et démembré sa compagne. Le 18, l'activité est normale au TGI de Rennes. C'est la fin du mouvement, un mois tout juste après la disparition de Laëtitia.

31

«Tro kiffan le soleil»

À la fin de l'été 2010, déjà titulaire d'un CAP APR, Jessica s'inscrit en CAP cuisine au lycée de Machecoul. Laëtitia continue de travailler à l'Hôtel de Nantes, tout en préparant un CAP de serveuse. Elle quitte donc le lycée pour le Centre interprofessionnel de formation pour l'artisanat et les métiers (CIFAM) de Saint-Nazaire, qui prépare à tous les diplômes, du CAP au BTS, dans l'alimentation, la restauration ou l'automobile.

Les chemins des jumelles sont en train de diverger : Jessica retourne à l'école, Laëtitia entre dans la vie active. Tous les mois, Jessica reçoit de l'ASE une centaine d'euros comme argent de poche, alors que Laëtitia gagne le SMIC. Son apprentissage à l'Hôtel de Nantes la transforme. Elle est heureuse d'aller au travail le matin, de faire partie d'une équipe. Elle se fait de nouveaux amis, Steven et William, apprentis cuisiniers, et Antony, le fils de ses employeurs. Le soir, Steven l'attend et ils rentrent en scooter en se suivant. William tombe amoureux d'elle. Comme il l'a raconté devant la cour d'assises, il était un peu son confident, elle était un peu sa conseillère. En salle, il affichait toujours un visage neutre, alors elle lui a dit : «Faut que tu sois joyeux, que tu souries, pour que les clients aient envie de revenir.» Elle lui donnait des «cours de sourire».

Cet automne 2010, Laëtitia mûrit d'un coup. Fierté d'être libre ; force intérieure que donne la confiance des autres ; satisfaction d'avoir une fonction sociale, d'être appréciée, reconnue pour son travail et ses qualités, de tenir le coup alors que les horaires sont lourds et changent toutes les semaines, de décider enfin pour soi, au lieu d'être une poupée de chiffon qu'on pose dans un coin. Ce n'est pas seulement le quotidien qui s'améliore, c'est l'avenir qui devient lisible. L'âge adulte se profile, où l'on sait ce qu'on veut, où l'on est une jeune femme indépendante que personne n'a le droit de scruter, de déplacer, de frapper, de tripoter.

Laëtitia a un côté fleur bleue et prince charmant, mais, à y regarder de plus près, elle fait preuve de pragmatisme : elle a choisi une formation solide dans un secteur où il y a toujours du travail. Laëtitia n'est ni Cosette traînant son seau, ni la servante Félicité entichée de son perroquet. Au milieu des difficultés en tous genres, elle s'est battue. La fillette suspendue dans le vide par les bretelles de sa salopette a repris pied dans le réel.

En octobre, Mme Laviolette lui suggère de s'investir davantage dans le quotidien de la maison, d'apprendre à remplir une feuille de Sécurité sociale, d'aller aux impôts, de faire les courses, de se débrouiller avec un budget, puisque désormais elle gagne sa vie. Laëtitia est d'accord, mais tout cela lui paraît compliqué et saugrenu : les Patron pourvoient à tout, elle-même ne sait pas comment dépenser son argent. Un vrai handicap mental aurait justifié la mise en place immédiate d'une tutelle, mais, dans le cas de Laëtitia, il s'agit seulement d'innocence et d'inexpérience, toujours compensées par une petite avancée qui rend optimiste. La joie de vivre de Laëtitia désarme les sermons, dissipe les inquiétudes. Cette jeune fille charmante ne demande qu'à vivre de jolies choses, découvrir des horizons nouveaux. Elle est en train de prendre son envol.

*

Laëtitia travaille en alternance, au rythme de deux semaines à l'Hôtel de Nantes (comme salariée) et d'une semaine au CIFAM de Saint-Nazaire (comme élève). Pour se rendre au CIFAM, elle va en scooter jusqu'à l'arrêt de bus, en face de l'hôpital de Pornic, gare son scooter, prend le bus de 6 h 40 jusqu'à Saint-Brévin, puis le car jusqu'à Saint-Nazaire ; en tout, une heure et demie. Le soir, quand elle part du CIFAM à 17 h 45, elle arrive à Pornic à 18 h 40, où elle retrouve son scooter.

Le responsable des formations au CIFAM n'a pas de souvenir de Laëtitia, parce qu'elle était très discrète. Elle a à peine eu le temps de faire un trimestre : les professeurs l'ont peu connue. Mélissa, sa copine, est plus prolixe. Elles se sont rencontrées à la rentrée, en septembre 2010. Mélissa préparait un bac pro mécanique auto, Laëtitia était en CAP de serveuse, mais elles avaient exactement les mêmes semaines en cours et en entreprise. Le premier jour, lors de la visite du CIFAM, tous les élèves étaient réunis, CAP et bac pro. Il y avait un groupe de filles originaires de toute la Loire-Atlantique. Laëtitia s'était mise à l'écart, Mélissa est allée la voir et elles ont sympathisé.

Elles se retrouvaient aux pauses déjeuner. Elles allaient au McDo ou bien elles achetaient des sandwichs triangles, des Pringles et du Coca light dans l'hypermarché près du CIFAM. Elles déjeunaient ensemble dans la galerie commerciale.

Le feeling est vite passé, on est devenues copines. Je suis du genre timide, comme elle. On avait des choses en commun, par exemple qu'on n'a pas été élevées par nos parents. On avait des petits délires, on rigolait bien, des petits trucs tout bêtes. Des fois, on se regardait juste, on était mortes de rire, on ne savait pas pourquoi. Quand elle était en rang pour entrer dans sa classe, elle ne souriait pas. Avec moi, si.

Laëtitia se plaint de sa famille d'accueil. Elle n'a pas le droit de sortir, ni d'aller voir son nouveau petit copain, Kévin. Elle veut quitter Pornic, prendre un studio. Lorsqu'elles sont en entreprise pour deux semaines, Laëtitia et Mélissa s'envoient des messages rapides par SMS ou sur Facebook, « coucou, ça va ? », etc.

*

Mais la nouvelle vie de Laëtitia est aussi synonyme de solitude. Ses horaires ne correspondent plus à ceux de sa sœur et des autres lycéens de Machecoul. Elle travaille, ils étudient. Avec Jessica, elles ne font plus que se croiser. Quelques jours avant sa mort, Laëtitia écrira sur sa page Facebook : « cette annee ses plu pareil plu les meme delir avec tes amis ☺ oai car plu dan le meme lycee j menui mintemen ».

À la pause, entre 15 heures et 18 h 30, il arrive à Laëtitia de rester à La Bernerie plutôt que de retourner chez les Patron, parce que l'essence coûte cher. Si elle ne croise aucune de ses connaissances, elle va se promener sur la plage, boire un Coca au Girafon ou au Barbe Blues. Facebook et les textos pallient l'absence de contacts physiques. C'est ainsi qu'elle est « sortie » avec Kévin, alors en terminale au lycée de Machecoul : quelques mois après le voyage à Londres, ils se sont remis en couple par textos. Elle l'appelle tous les soirs, ils parlent de tout et de rien. Parfois, elle se plaint de sa famille d'accueil, sans trop entrer dans les détails. Ils ne se sont revus « pour de vrai » qu'à la fin du mois de décembre 2010.

Les gendarmes le constateront bientôt : Laëtitia échange énormément de SMS, toute la journée, du matin au soir, du réveil au coucher. Ses amis la suivent en direct, minute après minute, dans toutes ses activités de la journée, par textos et parfois « en vocal ». Elle ressort avec Kévin sans l'avoir embrassé ; elle se confie à Lydia sans l'avoir revue depuis la remise des diplômes ; elle prend des nouvelles de ses anciens copains de lycée, Jonathan, Marie, Étienne, Fatima. Ils la voient par l'intermédiaire de ses *selfies* postés sur Facebook. Génération numérique qui vit des amitiés à distance, mais aussi isolement, fragilité des liens sociaux, jeunes qui travaillent dès l'âge de seize ou dix-sept ans, non motorisés.

Quand Laëtitia rentre du travail, elle est épuisée ; d'où ses soirées télé dans le canapé, en pantoufles. Mais il y a aussi des moments exaltants, volés à l'ennui et à la monotonie. Le 12 octobre, un mardi, Laëtitia écrit sur sa page Facebook : « en mode plage aujoud'hui tro kiffan le soleil ». Déesse des commencements, la jeune fille s'offre aux vagues. Ce mythe du quotidien, en mémoire d'un été indien au bord de l'océan, résonne en moi comme du René Char.

tro kiffan le soleil

Un soir, à la fin du mois d'octobre, Laëtitia ne rentre pas du travail. 22 h 30, 23 heures, minuit, les Patron se couchent. Dans la nuit, M. Patron se lève et constate que la porte-fenêtre de la véranda n'est pas verrouillée de l'intérieur. Il entrebâille la porte de la petite chambre-relais : le lit est vide. Il se recouche. Vers 4 heures du matin, il se réveille à nouveau, Laëtitia n'est toujours pas rentrée. Il prend sa voiture, fait le trajet jusqu'à l'Hôtel de Nantes, voit le scooter de Laëtitia garé dans la petite rue adjacente. Laëtitia est en train de faire la fête avec des copines. M. Patron klaxonne jusqu'à ce qu'elle sorte.

– Pourquoi t'es pas rentrée ?
– On fait une fête entre filles.
– Tu comptes rentrer quand ?
– Tout à l'heure.

M. Patron repart seul et furieux.

Le lendemain, une dispute éclate à la maison. Laëtitia note sur sa page Facebook : « en mode soirer fille tro kiffan. en pluce qan on ce couche a 4h d matin apres on nai creuvai tt la journer ».

M. Patron signale le fait à Mme Laviolette, qui donne raison à Laëtitia, désormais majeure :

– Elle fait ce qu'elle veut.
– Chez nous, c'est pas un hôtel !

Mme Laviolette se fend d'une petite leçon de morale à Laëtitia : « Tu as le droit de sortir, mais tu dois prévenir M. et Mme Patron, respecter un certain nombre de règles. Tu t'es bien amusée, au moins ? » Oui, elle était ravie. Mme Laviolette est soulagée : Laëtitia s'est autorisée à passer une nuit à l'extérieur, c'est bon signe. Parler de sorties, de sexualité, de contraception, cela fait aussi partie du travail social.

Le 5 décembre 2010, Laëtitia écrit sur sa page Facebook : « tro pa envie d'eller en cour tro presser d'etre en vac ». Steven lui répond : « oh oui des vacances pour voir ses amie adorer ». Laëtitia : « grave raison ».

32

Le visage vivant

Le 7 février 2011, à 10 heures, en présence de sa greffière et du juge Desaunettes, Pierre-François Martinot reçoit les parties civiles : Jessica, M. et Mme Patron, Franck Perrais, Sylvie Larcher et sa curatrice, ainsi que leurs avocats respectifs. Il lui revient la lourde tâche de leur communiquer les résultats de l'autopsie.

Lorsque Nicolas Sarkozy a annoncé qu'il allait recevoir les Patron à l'Élysée, les deux magistrats instructeurs se sont demandé s'ils devaient le prendre de vitesse, non pas tant pour marquer leur territoire que pour rencontrer les proches avant qu'ils ne soient récupérés par la «compassion» présidentielle. Finalement, ils ont décidé de ne pas entrer dans cette course aux parties civiles. Ils ont fait le choix de travailler normalement, à leur rythme.

J'ai rencontré le juge Martinot dans un bistrot de Nantes. C'est un homme de ma génération, original, drôle, irrésistiblement sympathique. Il a un look d'étudiant : cheveux blonds en bataille, barbe de trois jours, pattes descendant le long des joues, petites lunettes en métal. Si tout le monde au TGI tient en si haute estime ce juge qui n'a pas l'air d'un juge, c'est pour la qualité de son travail, la solidité de ses dossiers, la rigueur de son argumentation, la ténacité dont il fait preuve. Le médecin légiste Renaud Clément raconte en souriant : « Quand je vois le nom de Pierre-François Martinot s'afficher sur mon portable, je me dis : "Oh là là, il va encore me faire travailler les méninges…" »

J'ai aussitôt senti un *alter ego* dans cet enquêteur qui, pour répondre aux problèmes qu'il se pose, rencontre des témoins, rassemble des preuves, mène un raisonnement, vérifie des pistes, élimine des hypothèses, tantôt au sein d'une équipe, tantôt dans la solitude de son bureau. Quand je lui en soumets l'idée, il accepte le principe d'une « communauté de méthode » : à l'instar de l'historien et du sociologue, le juge d'instruction met en œuvre des modèles pour s'approcher au plus près de la vérité des faits. L'entretien de quatre heures que j'ai mené avec lui a été passionnant et capital.

Pour le juge Martinot, trois événements se télescopent en une semaine, du 1er au 7 février : la découverte du corps à Lavau, le mouvement des magistrats, le rendez-vous avec les parties civiles. C'est de ce jour, dans son bureau du palais, que date sa première rencontre avec Jessica, juste après celle de Laëtitia démembrée. En fait, il s'agit de *la même rencontre*. Car, lorsqu'il a vu Jessica entrer dans son bureau, il avait encore à l'esprit le visage de sa jumelle, tuméfié et noirci par la vase, sous la tente du médecin légiste au Trou bleu. En voyant la tête de Laëtitia sur le corps de sa sœur, il a ressenti un trouble ; mais jamais les émotions de l'homme n'ont envahi la sphère professionnelle.

Se positionner face aux parties civiles n'est pas facile. On ne peut pas présenter ses condoléances, offrir une épaule secourable sur laquelle les gens vont pouvoir pleurer. Le juge doit respecter son obligation d'impartialité. Alors il explique les choses avec tact et simplicité, en choisissant les mots, en faisant son possible pour privilégier les informations les moins choquantes.

D'abord, deux confirmations : les restes sont bien ceux de Laëtitia ; son décès résulte d'un étranglement.

Il faut ensuite présenter les conclusions de l'autopsie. L'essentiel a déjà fuité dans la presse, mais certains détails ont été passés sous silence. Laëtitia a été violemment frappée, elle a été étranglée et, dans le temps où elle mourait, elle a reçu des coups de couteau.

L'expertise anatomopathologique permet de déterminer à quel moment, par rapport au décès, les coups de couteau ont été portés. On mesure l'écoulement du sang à partir de la plaie. Si la victime est morte, il n'y a plus de pulsion cardiaque, donc plus de circulation, donc la plaie ne saigne pas. Si la victime est encore vivante, le sang gicle, le cœur fonctionnant comme une pompe. Dans le cas de Laëtitia, les coups ont été portés *peri* et *post mortem*, c'est-à-dire quelques secondes avant et après le décès. Aucun n'a été létal. La mort n'est pas due aux coups de couteau ni à une asphyxie respiratoire, mais à la pression extrême sur les carotides, qui a entraîné l'arrêt du cœur.

Chacun sait ce qu'est une tête, une jambe ou un bras, mais personne n'a jamais vu une tête, deux jambes et deux bras tranchés, entassés les uns sur les autres en vrac, comme des morceaux de poulet sur le papier ciré du boucher. Les jambes ont été sectionnées au niveau des genoux ; les bras, au niveau des humérus ; la tête, au niveau du rachis cervical. Ensemble, ces extrémités pèsent 13 kilos : un quart de la jeune fille.

Le visage est celui d'une personne qui a été tabassée. Les coups ont provoqué des hématomes sur le front et les pommettes, un œil au beurre noir, un traumatisme crânien. Le cerveau présente les symptômes du bébé secoué. Des plaies à l'arme blanche sont relevées dans le cou et à la base du crâne.

Les avant-bras et les mains portent des ecchymoses. Ce sont des lésions dites «de défense», reçues lorsqu'on essaie de parer les coups, en se protégeant le visage avec ses mains ou son bras replié. En ouvrant les paumes, fripées à cause du séjour dans l'eau, les médecins légistes ont mis en évidence des petites plaies alignées : pour se défendre, Laëtitia a attrapé la lame, qui a coupé ses doigts. Elle était donc parfaitement consciente. Puisqu'elles ont peu saigné, ces plaies sont *peri* et *post mortem* : le cœur était sur le point de s'arrêter ou avait déjà cessé de battre.

La cheville droite porte une dermabrasion, une écorchure qui a dénudé l'os.

Toutes ces blessures révèlent un terrible déchaînement de violence. D'abord, Laëtitia reçoit des coups extrêmement violents, une volée de coups, un déluge de coups, des coups à n'en plus finir. Elle réussit à en parer quelques-uns, mais elle est complètement sonnée. La strangulation, ensuite, s'accompagne de nombreux coups de couteau, un poinçonnage plein de hargne et de sang. Comme le professeur Rodat l'expliquera au procès, l'autopsie dessine un scénario assez classique ; car, pour étrangler quelqu'un, il faut le neutraliser au préalable, et le meurtrier a besoin d'utiliser ses poings et tout le poids de son corps. Dans l'acharnement à tuer, les coups de couteau servent à affaiblir ou achever une victime qui agonise. En bref, Laëtitia n'avait aucune chance de s'en tirer.

Même incomplète, l'autopsie invalide la thèse de Meilhon, un accident mortel de la circulation. Laëtitia a été enlevée, frappée, poignardée, étranglée et démembrée. Où ? Quand ? A-t-elle été aussi violée ?

Le juge Martinot et le juge Desaunettes ont convoqué toutes les parties civiles, mais c'est à Jessica qu'ils s'adressent en priorité. Sylvie Larcher est très effacée. Franck Perrais, qui est entré dans le palais de justice escorté d'un garde du corps, reste en retrait. Peu à peu, il essaie de prendre sa place de père, mais sans y parvenir véritablement. Avec sa bonhomie et sa bonne foi, mais aussi sa maladresse, ses rictus, sa violence latente, le poids de son histoire familiale, Franck Perrais est un interlocuteur compliqué.

Les deux magistrats sont gênés par l'attitude de M. Patron. Depuis trois semaines, il ne cesse de se répandre dans les médias, lors des marches blanches, devant son domicile, et la rencontre à l'Élysée n'a pas arrangé les choses. Dans le bureau du juge, il prend toute la place, il écrase les autres par ses questions.

Parmi les parties civiles, il est le seul à parler – haut et fort, à la Patron. Finalement, les deux magistrats l'isolent dans un coin : il faudra s'intéresser à lui plus tard.

Reste Jessica. C'est la seule famille que Laëtitia ait eue constamment auprès d'elle. Pendant la rencontre, Jessica ne s'est pas effondrée. Elle a toujours été sur le fil. Taciturne et tremblante, elle n'a posé aucune question. Elle a écouté les mots du juge avec un regard de bête blessée.

Il est difficile, même pour Jessica, d'expliquer ce qu'elle ressentait : le choc de la disparition, l'emballement médiatique, l'attente, l'angoisse, l'impensable, et puis elle était jeune, dix-huit ans, et puis il y avait les choses que M. Patron lui faisait. Est-on capable de survivre à ces moments-là ? Elle, qui avait le visage de sa sœur, qui lui rendait la vie en quelque sorte, était en train de mourir à son tour.

33

Sombre Laëtitia

Novembre 2010. Le papillon ne prend pas son envol. Laëtitia est moins joyeuse, plus renfermée, et personne ne sait pourquoi. Tous ceux qui la connaissent bien – Jessica, Mme Patron, les filles Patron, Fabian – observent un changement d'attitude. Elle maigrit, se met à se ronger les ongles, reste des heures dans la chambre-relais. Un jour, M. Patron la trouve dans le noir complet :

– Qu'est-ce que tu fais ?

– Rien, j'écoute de la musique, j'envoie des textos à mes copines.

À la maison, des broutilles provoquent des explications orageuses. Laëtitia est accusée de mentir. Elle sort un peu, encouragée par Mme Laviolette qui la voit nouer de nouvelles amitiés. M. Patron, contrarié, freine autant qu'il peut.

Des messages postés sur Facebook, bouteilles jetées dans la mer numérique, laissent deviner des doutes, une crise intérieure.

14 décembre :
> j me sui engeuler avec un ami alor que j l'ador trop mintement j regraite :'<

15 décembre :
> pour tou ce ki nous juge san savoi komen on é a linterieur et

tou se kon a vecu notre fragilité é plu sensibl ke vou le pensé.
et sa les gents le voit pa

Laëtitia et Jessica s'éloignent insensiblement. Elles ne dorment plus dans la même chambre. Elles n'ont plus les mêmes amis. Quand Laëtitia travaille à l'Hôtel de Nantes, leurs horaires sont complètement différents : Jessica part au lycée vers 7 heures, alors que Laëtitia dort encore ; Laëtitia rentre vers 22 h 30, alors que Jessica est déjà couchée. Elles se croisent parfois, tôt le matin ou tard le soir : « Bonne journée », « bonne nuit », et c'est tout.

Plus distante et secrète que jamais, Laëtitia n'accepte plus d'être dans l'ombre de sa sœur-maman. Leurs personnalités obéissent désormais à des couples antagonistes :

bijoux, maquillage / survêtement, baskets
télévision / athlétisme
fille / garçon
hétéro / homo

Jessica : « Laëtitia voulait une liberté totale. Je me suis sentie seule, très seule. »

Avec M. et Mme Patron, Laëtitia prend ses distances. Lorsque Jessica parle d'adoption, Laëtitia éclate de rire : « Elle est folle, ma sœur ! » Jessica propose spontanément de mettre la table ; Laëtitia, jamais.

Quelques mois auparavant, M. Patron a giflé Laëtitia. Ce soir-là, elle est rentrée à la maison plus tôt que prévu.

– Et ton rendez-vous chez l'orthophoniste ?

– J'y vais pas.

– Ça ne se fait pas, tance M. Patron.

– Je fais ce que je veux.

– Non. Quand on a un rendez-vous, on l'honore.

Le ton est monté. Laëtitia : « Tu me fais chier ! » C'est la première fois qu'elle parlait ainsi à M. Patron. Une gifle est partie. Laëtitia s'est mise à pleurer. Le lendemain, elle s'est excusée en laissant un petit mot sur leur lit.

Parfois, le lundi, Mme Deslandes lui demande ce qu'elle a fait pendant le week-end.

– Du ménage, répond Laëtitia.

– Eh bien, soupire Mme Deslandes, ça te change…

Un jour, Laëtitia se plaint auprès de sa patronne: «Tout ce que je fais, c'est mal, y en a que pour ma sœur.» Elle voudrait partir, vivre sa vie. Pour l'instant, sa vie, c'est pointer, servir et balayer, rentrer à la maison, pointer, servir et balayer, rentrer à la maison. Elle ne reste jamais après le boulot pour prendre un verre avec ses collègues: «J'ai mes parents qui m'attendent.» Plusieurs fois, elle demande à Mme Deslandes si elle peut rester dormir.

Fin novembre, début décembre, Laëtitia écrit à Fabian, son petit frère de cœur, pour lui dire qu'il lui manque. Fabian:

> On s'est retrouvés à La Bernerie. On s'est promenés le long de la plage en se parlant, en se faisant des câlins, comme un frère et une sœur. Ce jour-là, elle n'était pas comme d'habitude: elle se confiait, mais beaucoup moins. Elle avait un nouveau bracelet. Quand j'ai remonté la manche de son pull pour le voir, j'ai vu qu'elle avait des traces sur tout l'avant-bras. Ça faisait des croûtes, comme du sang séché. Je lui ai dit: «C'est quoi, sur ton bras?» Elle m'a dit: «C'est rien, c'est pas récent.» J'ai essayé de la forcer un peu, mais rien n'est sorti.

L'éloignement entre sœurs, les disputes avec M. Patron, le mal-être domestique, le sentiment d'emprisonnement et de solitude expliquent le rapprochement subit entre Laëtitia et ses parents. En septembre, toute la famille Perrais s'est retrouvée à la foire de Nantes. La petite troupe comprenait les jumelles, Franck Perrais, sa nouvelle compagne, leur petite fille, Stéphane, Delphine et les cousins. Laëtitia leur a dit qu'elle voulait revenir à Nantes, prendre un appartement, pour avoir son indépendance et être plus près d'eux.

En novembre, elle a renoué avec le côté Larcher. Alain, son oncle et parrain, est venu avec sa fille lui rendre visite à l'Hôtel de Nantes. Ils ont pris un verre au Barbe Blues.

10 novembre :

j'ai repri contacte avec tt ma famille et sa fai chau au coeur

13 novembre :

aujoud'hui j'ai vue mon parin et ma cousine :>

À la fin du mois de décembre, Franck Perrais est passé voir sa fille à l'Hôtel de Nantes. Les Deslandes lui ont fait bon accueil, Laëtitia est venue lui faire un bisou. Il a commandé un café, que Laëtitia lui a apporté elle-même avant d'aller servir les autres clients. Franck Perrais a su rester discret, mais, du coin de l'œil, il regardait sa fille. Elle allait et venait dans la salle, souriante et légère ; il était fier d'elle. À un moment, il a remarqué qu'elle était timide avec des clients, n'osant interrompre leur conversation pour savoir s'ils avaient terminé. Fort de son expérience de « serveur en haute gastronomie », Franck Perrais lui a donné des conseils : « Dans la restauration, faut être proches des clients, faut parler de tout. » Ensuite, il est parti. C'est la dernière fois qu'il a vu sa fille.

La joie s'affiche sur Facebook, mais, au fond, ce sont des retrouvailles en pointillé. Trois familles, mais pas de famille.

Cet automne-là, Laëtitia est sombre. Sa maigreur relève-t-elle de l'anorexie ? Sa tristesse est-elle liée à un désir de liberté contrarié ? Est-elle épuisée par le rythme de la restauration, les corvées du ménage dans les chambres ? Meilhon l'a-t-il accostée dans les rues de La Bernerie ? Y a-t-il une autre raison secrète ? « Notre fragilité é plu sensibl ke vou le pensé. »

Elle a dû avoir des cafards du soir, juste avant la nuit, et des angoisses du matin, ces gouffres au fond desquels on se dit que rien ne changera jamais, où l'on se demande comment on va tenir jusqu'à la fin de la journée.

34

«Vous avez fait une bonne pêche?»

Au cours de leur instruction, le juge Martinot et le juge Desaunettes ont adopté une position de principe : non seulement Meilhon est un être humain, à traiter et à respecter comme tel, mais il est innocent jusqu'à preuve du contraire. Leur mission est d'instruire à charge et à décharge.

Ils essaient de comprendre l'homme Tony, le personnage Meilhon, le petit garçon, le jeune délinquant, le toxico, le dragueur, le roi de la cambriole du pays de Retz. Le juge Desaunettes recherche le positif en lui ou, du moins, les facteurs qui l'ont conduit à faire ce qu'il a fait. Contrairement au juge Martinot, il ne le voit pas capable de violer, car Meilhon a construit son identité virile et carcérale sur la haine des violeurs. Les juges ressentent une certaine empathie pour lui, qui provient paradoxalement de l'atrocité du crime : l'abomination enferme Meilhon dans la solitude insupportable de sa transgression. Aucun des deux magistrats ne veut croire que sa lamentable trajectoire et sa personnalité troublée sont celles d'un «monstre». Ce Meilhon, ils vont l'interroger comme un type normal.

Lorsqu'il est arrêté au Cassepot, à l'aube du 20 janvier 2011, Meilhon est encore dans une phase de dissimulation des preuves. Il a découpé et immergé le corps, nettoyé le hangar avec de l'eau et de l'essence, fait sa lessive, brûlé les effets personnels de Laëtitia, la planche et les outils ; il lui reste à mettre le feu à la 106. La version qu'il sert aux gendarmes lors de sa garde à vue est complètement fumeuse, mais l'absence du corps le protège. Il peut bien se moquer des enquêteurs et de Laëtitia : il est certain qu'ils ne la retrouveront jamais. Avec la découverte du Trou bleu, Meilhon est acculé. Les enquêteurs ont été les plus forts.

Fin de partie pour Meilhon : il n'échappera pas à la prison à vie. Cette défaite redouble ses provocations, ses silences goguenards. Parallèlement, les déclarations du président de la République et le mouvement des magistrats l'ont placé sous le feu des projecteurs. Il est devenu une vedette, une star du mal qui fait l'ouverture du journal télévisé et se déplace avec une escorte de chef d'État.

Le 10 février, jour de la grande manifestation nationale à Nantes, Xavier Ronsin annonce que le vidage des étangs de Lavau est achevé et que le buste n'a pas été retrouvé. Mais les recherches n'ont pas été complètement vaines : outre le portable de Laëtitia, un morceau de ficelle noire a été découvert sur la rive.

Le 11 février, peu après midi, Meilhon est extrait du centre pénitentiaire de Vezin-le-Coquet pour être présenté au juge. Aux gendarmes de l'escorte, les gros bras du PSIG encagoulés avec fusils d'assaut, il lance : «Ah v'là la fine équipe ! C'est aujourd'hui qu'on reconstitue le puzzle ? » Après la fouille, on lui passe les menottes et un gilet pare-balles. Dans le fourgon cellulaire encadré par les motards, il souffle sur la vitre pour faire de la buée et écrit avec son doigt «LP + TM». Il apostrophe les gendarmes à travers la grille :

Alors, les gars, vous avez retrouvé la rotule et le tibia ? Dépêchez-vous, il vous manque des morceaux. À ce rythme-là, il ne va plus en rester ! Vous êtes dans la merde. Laëtitia, Laëtitia, je t'ai tout mis, j'ai mangé ton foie. J'aurais bien fait un steak tartare avec le reste. Laëtitia, t'étais bonne ! Je pense à toi toutes les nuits, reviens me voir ce soir. Je t'ai découpée en morceaux, les bras, les jambes. Je t'ai mise dans la terre.

LAËTITIA OU LA FIN DES HOMMES

Sarkoziens, sarkoziennes! La grève, c'est à cause de moi. Je vais révolutionner la justice.

D'une voix tonitruante, avec de gros éclats de rire, il se réjouit de vivre en prison aux frais de la princesse, se moque du père de Laëtitia qui n'a pas été reçu par le président.

Le convoi arrive aux abords du palais de justice vers 13 h 45 et s'engouffre dans l'accès souterrain, sous les flashs des journalistes. Dans la geôle, Meilhon se met à chanter parce qu'il a faim :

> Laëtitia, je t'ai tout mis, je t'ai bien défoncé le cul. Vous avez fait une bonne pêche? Si tu veux que je te dise où elle est, donne-moi à manger. Dépêchez-vous de la retrouver, parce qu'il ne va bientôt plus rien rester.

Il vocifère encore :

> Je t'aime, Laëtitia-aa! Laëtitia-aa, je t'aime!

Le plus terrifiant, c'est que ces insanités dénotent une vraie intelligence. Car, au minimum, Meilhon est un bon communicant : cherchant à produire un effet de peur sur le bon peuple, il soigne son image de « monstre », travaille à sa « légende », comme Lacenaire, l'assassin-poète, exécuté en 1836 après divers meurtres, qui avait fait de sa cellule un salon littéraire, recevant, causant littérature et philosophie, entretenant une brillante correspondance, rédigeant ses mémoires quelques semaines avant de monter sur l'échafaud. Le meurtre comme un sésame médiatique, une apothéose : Meilhon a fini par « réussir ». Uni à jamais à « sa » victime qu'il a métabolisée, le criminel triomphe de la mort comme Tristan et Yseult, Bonnie and Clyde.

Meilhon se calme aussitôt après avoir déjeuné.

À 14 h 30, il est conduit dans le bureau du juge Martinot. Dans la galerie de l'instruction, les gendarmes du PSIG montent la garde, armés de leurs fusils d'assaut. Avant que Meilhon arrive, le chef d'escorte s'est présenté dans le bureau du juge. Il a fait le tour des lieux, vérifié les issues, retiré le coupe-papier, les ciseaux, les objets contondants. Il a conclu : « Il faut qu'il soit menotté. »

La porte s'ouvre, Meilhon est introduit dans le bureau. Il est impressionnant physiquement : une montagne de muscles, un air de taulard, de longs cheveux noirs coiffés en arrière, les tempes rasées, un front proéminent avec deux légères protubérances à la Belzébuth, des yeux un peu bridés, une peau laiteuse, pas de sourcils. Il se dégage de lui quelque chose d'étrange, en supplément de l'acte qu'il a commis.

Meilhon est assis devant le bureau du juge. Quatre gendarmes se tiennent de part et d'autre de sa chaise, sans le quitter un instant des yeux. D'autres gendarmes montent la garde devant chaque porte. Plus que l'évasion, on craint le suicide policier : pour ne pas moisir en prison le restant de ses jours, Meilhon est susceptible de tenter un coup d'éclat qui lui permettrait de mourir « en gloire ». Sur la vidéo des interrogatoires, on voit d'ailleurs qu'il regarde les issues, par habitude, par acquit de conscience.

Le juge Martinot demande aux gendarmes de désentraver l'homme. Les gendarmes hésitent, le juge insiste – par principe, mais aussi parce qu'il espère instaurer une relation de confiance. Sur ce point, c'est un échec : le courant passe mal. Quant au juge Desaunettes, il ne parvient pas à préserver l'embryon de relation qui existait depuis les braquages de 2003. Meilhon reste complètement hermétique, indifférent et arrogant, enfermé dans son rôle d'ennemi public numéro 1. Le juge Martinot lui parle doucement, courtoisement, pour ne pas le braquer. Pas de réponse. C'est un long interrogatoire surréaliste dont rien ne sort. Les magistrats en éprouvent une certaine déception : ils ont passé quinze heures à mettre au point leur interrogatoire.

– Monsieur Meilhon, dit le juge Desaunettes pour finir, ce n'était pas un jour où vous vouliez parler. Si vous vous décidez, faites-le-nous savoir.

– Je vous écrirai, lâche Meilhon.

Sur le chemin du retour, dans le fourgon cellulaire, il est calme.

Dans la soirée, Xavier Ronsin fait paraître un communiqué de presse où il regrette le mutisme de Meilhon, qui empêche l'inhumation. Il annonce que les investigations vont se poursuivre comme elles ont commencé, sans l'aide du suspect.

Deux jours plus tard, pour dénoncer l'insuffisance des repas, Meilhon ingère une dosette de lessive provenant du kit distribué à chaque détenu. Dans la salle d'examen de l'hôpital de Rennes, il lance à un gendarme de l'escorte : «Tu as été te baigner du côté de Savenay?»

Le 14 février 2011, le ministre de la Justice reçoit les syndicats de magistrats et de travailleurs pénitentiaires. Les rapports d'inspection sont rendus publics : les JAP de Nantes et les employés du SPIP sont blanchis.

Meilhon est examiné par des psychiatres. Hostile, fermé, le visage à moitié caché par la capuche de son sweat, il rumine des injures à l'intention de sa mère, qui l'a abandonné pour son deuxième mari, l'«autre bâtard». Il dit entendre des voix, parler aux morts. Diagnostic d'un médecin : carences affectives et éducatives, notions de violence et d'inceste, pathologie du lien, dimension narcissique, impulsivité, abolition du sens moral, imperméabilité aux sanctions.

En février et en mars, au cours de ses différents transfèrements, Meilhon insulte les forces de l'ordre ou éructe des obscénités : il détourne «La Marseillaise», ironise sur le sort de Laëtitia, parle de sable et de pelle. D'autres fois, il a comme des flashs. Il est calme, il fait montre d'une concentration extraordinaire, sa voix est posée, empreinte d'une grande sincérité. À la fin mars, transféré d'office à l'unité des malades difficiles du centre hospitalier de Plouguernével, il s'adresse au chef de l'escorte pour qui il a conçu une certaine affection :

Je heurte le cyclo, elle tombe, je m'arrête à sa hauteur, elle est blessée, elle respire encore, son pied saigne au bas de la cheville, je lui retire son casque, je la mets dans le coffre,

....

je pose le corps dans le hangar, il y a du grillage vert, je découpe la tête, les dents claquent, je m'évanouis.

Le claquement des dents : juste un détail qui sonne vrai, dans son abomination. Une scène vécue et revécue.

Les magistrats instructeurs reconstituent la soirée du mardi 18 janvier en tenant compte de la démarche de Meilhon vis-à-vis de Laëtitia. Dans un premier temps, la drague. L'enquête révèle que Meilhon est dans un état d'intense frustration sexuelle depuis des semaines (en fait, depuis que son ex-copine a rompu et porté plainte contre lui pour agressions sexuelles et menaces de mort). En ce mois de janvier, il essaie de coucher avec toutes les filles qu'il croise : des copines de copains, des passantes dans la rue, des inconnues en boîte de nuit, des clientes junkies en manque, des prostituées qui ne le rappellent pas, les habituées du Barbe Blues, la caissière du Leclerc de Pornic où il achète les gants. À chaque fois, ce sont des propositions, des compliments lourdingues, des « laissez-moi votre 06, et plus si affinités ? ». Mais, ce jour-là, avec Laëtitia, il est presque romantique : photos avec le portable, balade dans le coucher de soleil, gants offerts en cadeau, champagne.

Dans un deuxième temps, le meurtre. Meilhon est prêt à tout pour coucher ce soir-là, mais il n'est pas un rôdeur qui surgit du buisson, la bave aux lèvres, pour culbuter une collégienne. Si l'on devait choisir, il aurait plutôt un profil de tueur en série. Pour les gendarmes comme pour l'avocat général, Laëtitia était la première, une sorte de galop d'essai, un baptême dans l'ordre du crime ; d'autres seraient venues ensuite ; sa mère aurait été l'étape ultime. Pour les psychiatres, au contraire, ce passage à l'acte résulte d'une dérive délinquante, d'une mécanique infernale. La vérité transgressive de Meilhon est d'être un voleur, pas un *serial killer* tuant par plaisir.

Au cours de la soirée avec Laëtitia, il ne cesse d'improviser. Les prises de toxiques majorent son agressivité naturelle. Chargé d'alcool et de cocaïne, il choisit des solutions immédiates : je l'aborde, je la baratine, je lui donne rendez-vous, je la fais fumer et boire, je l'emmène chez moi, j'essaie de me la faire, je la ramène à son scooter, j'essaie de la stopper, je la percute, je la ramasse, je l'embarque, je la tue. Ensuite : comment se débarrasser du corps ? Je creuse un trou, la terre est trop dure, alors je la découpe, je la mets dans une poubelle, je fabrique une nasse, je la jette dans l'étang.

Ce sont des réponses, systématiquement désastreuses, à des questions qui se posent à lui d'heure en heure, minute après minute. À chaque étape, une mauvaise réponse débouche sur un nouveau problème, auquel il doit trouver une nouvelle réponse – et il choisit la mauvaise, la réponse odieuse et irréparable, en lien avec sa personnalité ultra-violente, dénuée d'empathie, sans considération pour la loi, la morale et la souffrance d'autrui. La mutilation du corps : un mixte de psychopathie et de misogynie, mais aussi de pragmatisme. Meilhon l'a dit à sa manière lors du procès d'appel, au Parlement de Bretagne, à Rennes : « Une fois que les choses sont faites, je peux plus faire marche arrière. J'avance, mais à chaque fois c'est encore pire. »

Cette improvisation ne diminue aucunement ses capacités, l'activité coordonnée qu'il déploie pour faire disparaître les traces et se forger un alibi – c'est le troisième moment. Après la mort de Laëtitia, tous ses sens sont en éveil. Avec son faux SMS à 4 h 17 du matin, la fosse de 40 centimètres de profondeur, le découpage du corps, le rendez-vous à Atlantis, le voyage à Lavau, la confection de la nasse, le nettoyage du hangar, le foyer dans le jardin et la lessive, il n'a pas chômé. On pourrait même lui reconnaître une certaine efficacité. Contrairement à ce que Meilhon ne cessera d'affirmer lors de ses procès, cet enlèvement suivi de mort n'est pas un moment de « grand n'importe quoi », un coup de folie dû à l'alcool et à la drogue.

Son crime, commis en toute conscience, s'inscrit dans la durée.

« Au cours de la dernière décennie du XIXe siècle, écrit l'historien Philippe Artières, le dépeçage criminel sort de l'ombre. » Affaires horribles, gros titres de la presse, monographies médico-légales attestent d'une nouvelle mode : le démembrement de la victime. L'assassin ne se contente pas de tuer, il continue de détruire après la mort, tranchant, décapitant, éventrant, éviscérant. Sa haine s'enfonce dans le corps devenu plaie, lambeau sanguinolent. « Le corps dépecé est un corps-femme », poursuit Artières ; et c'est presque toujours un fleuve ou un plan d'eau qui recueille les débris humains. Les grands médecins légistes de la fin du XIXe siècle, Ambroise Tardieu, Paul Brouardel, Alexandre Lacassagne, inversent le geste du criminel : l'autopsie devient un dépeçage scientifique au service de la vérité et de la justice. La précision chirurgicale défait la forfanterie criminelle.

*

Une chose pourtant intrigue chez Meilhon, qui vient fissurer sa carapace et prouver que, tout « monstre » qu'il veuille être, il n'assume pas ses actes. Le mercredi 19 janvier, lorsqu'il rencontre Bertier à Atlantis, le coffre de la 106 est plein de sang, rempli par deux poubelles où nagent des morceaux de Laëtitia, à côté du grillage et du parpaing qui vont servir à confectionner la nasse. C'est à la demande expresse de Meilhon que Bertier s'est rendu au centre commercial vers 15 heures ; c'est Meilhon qui lui a confié la batterie du portable, à charge pour lui de s'en débarrasser.

Rapporté à l'emploi du temps de Meilhon et aux risques qu'il court alors, ce rendez-vous est difficilement compréhensible : pourquoi gaspiller des heures précieuses et s'afficher en pleine après-midi dans un centre commercial très fréquenté, bardé de caméras de surveillance, à bord d'une voiture volée

239

dont le coffre, en l'absence de plage arrière, laisse voir des poubelles remplies d'une atroce cargaison ? Pourquoi inventer cette histoire de batterie à jeter, alors que Meilhon pourrait très bien s'en charger tout seul et que, d'ailleurs, il va bientôt se débarrasser du reste du portable dans le Trou bleu ?

D'un point de vue criminel, la finalité de ce rendez-vous est évidente : partager le fardeau et, si possible, impliquer Bertier. Lui demander un coup de main. Faire de lui un complice. Bertier ne doit son salut qu'au troisième homme, le copain qui l'accompagnait ce jour-là et qui, par sa présence, a empêché Meilhon de l'attirer à Lavau.

Meilhon a tenté d'entraîner un autre ami dans sa chute : Loulou, un gars un peu paumé, un peu toxico, connu des services de police pour un peu de tout, et à qui il manque un bras. La veille du drame, lundi 17 janvier, Meilhon et Loulou ont passé la journée à revendre du cuivre volé et à faire la tournée des bars à La Bernerie et Pornic. Vers minuit, ils sont au Key46 en compagnie d'un ancien codétenu et d'une amie à lui. Les hommes parlent prison et armes. Avant de partir, Meilhon et Loulou proposent de la coke à la fille, dans l'espoir d'obtenir quelque faveur sexuelle. La fille refuse, alarmée par leur mine patibulaire et une sensation de malaise.

Les deux comparses repartent au Cassepot, où ils prennent quelques verres et des rails de coke. Alors que Loulou, soûl et excité, manipule la carabine de Meilhon, le coup part accidentellement. Dans la nuit du 17 au 18 janvier, ils vont cambrioler une clinique vétérinaire à Vertou, près de Nantes. De retour au Cassepot, Loulou aide Meilhon à décharger la 106 : le matériel volé – tours d'ordinateur, écrans, claviers, sacs de croquettes pour chiens – est stocké dans le capharnaüm du hangar. Après le départ de Loulou, Meilhon, incapable de trouver le sommeil, prend un nouveau rail de coke.

Le lendemain, dans la soirée, Loulou retrouve Meilhon au Barbe Blues. Lorsqu'il arrive, peu après 22 heures, il croise Laëtitia, qui lui paraît bien jeune. Après une altercation entre clients éméchés, Meilhon et Laëtitia partent pour le Key46. Renonçant à suivre le couple, Loulou reste au Barbe Blues, passant la soirée à chercher des prostituées sur Internet. Au moment où il s'apprête à quitter les lieux, vers 1 heure, il aperçoit la 106 de Meilhon, feux éteints, passer à toute vitesse deux ou trois fois devant le bar. Esseulé, il va finir la nuit dans un bar à hôtesses de Nantes. Jusqu'à 3 heures du matin, il essaie de joindre Meilhon, dont le comportement est très étrange depuis qu'il est parti avec la jeune fille en direction de Pornic.

Après la découverte de Lavau, Meilhon se met à charger Loulou en inventant un nouveau scénario : au Cassepot, le manchot aurait été entreprenant avec Laëtitia, Meilhon se serait interposé, un coup de feu aurait été tiré. Sur le chemin du retour, soulagée d'avoir échappé à un viol et pleine de gratitude, Laëtitia aurait pratiqué une fellation à Meilhon, son sauveur. Et si Loulou, frustré, avait poursuivi et tué la jeune fille ?

De fait, les enquêteurs s'intéressent à Loulou parce qu'il a vu Laëtitia au Barbe Blues et que son portable a déclenché non loin de la route de la Rogère, au moment précis où Laëtitia était enlevée. Lors de sa garde à vue, Loulou éclate en sanglots quand il comprend la gravité des soupçons qui pèsent sur lui. Il nie toute implication dans la mort de la « petite ». Heureusement pour lui, son téléphone borne à Nantes à partir de 1 h 30 et les prostituées se souviennent d'un client manchot. Lors du premier procès, Meilhon lancera à Loulou venu témoigner : « Je m'excuse envers toi. »

Tout au long de l'instruction, Meilhon s'est évertué à se trouver un complice. Devant la cour d'assises, il a affirmé que, au moment de découper le corps, il a effectué un « partage des tâches » avec un Monsieur X. Ces stratagèmes et ces affabulations révèlent une face plus pathétique de Meilhon : écrasé par l'horreur de son crime, il n'arrive pas à en porter le poids tout seul. Paradoxalement, l'immoralité de ses mensonges indique qu'il reste en lui un ultime sentiment moral.

35

Fêtes de fin d'année

Noël : période de spleen, étouffement moral, déprime. L'océan est glacial, les mouettes luttent contre le vent. La Bernerie est déserte. Certains partent pour les vacances, la plupart restent. Les gens se retrouvent en famille, dégustent des mets coûteux. Sont-ils heureux ou se forcent-ils un peu ?

Pour Laëtitia et Jessica, Noël est un moment important, mais il rappelle tout ce qu'elles ont perdu.

Le 23 décembre 2010, Laëtitia écrit sur sa page Facebook :
joyeux noel a touces

Le 24 décembre :
joyeu oel a touce et bon reveillon ☺ surtou en famile

Il manque le N. Elle a posté le message trop vite, sans se relire. Cette année, elle reçoit en cadeau des couverts de Jessica, de la vaisselle de M. et Mme Patron, un joli bracelet d'une des filles Patron. Aux Patron, elle offre un week-end gastronomique.

Le 25 décembre, dans l'après-midi, les jumelles et toute la famille Larcher, Sylvie, Alain et leurs parents, se retrouvent à la gare de Pornic. Ils vont prendre un chocolat chaud. La conversation roule sur la famille, la restauration. Mme Larcher est fière de Laëtitia, car elle a un travail. Prenant au sérieux son rôle de parrain, Alain Larcher lui donne quelques ficelles du métier, parle du fond de caisse et des pourboires. «C'est la dernière fois que j'ai vu ma princesse», dit-il en tournant la tête vers la fenêtre pour cacher ses larmes. Les jumelles repartent en scooter.

Pour Noël, Laëtitia offre à Mme Deslandes une sculpture représentant un ange entouré de deux angelots : «C'est toi avec deux petits jumeaux, parce qu'ils ont la chance d'avoir une maman comme toi.» Elle demande à s'initier à la caisse avec la comptable.

Dans les derniers jours de décembre, M. et Mme Patron et Jessica partent fêter le réveillon à Brest chez des amis. Laëtitia, qui travaille, reste seule à la maison.

Elle profite de leur absence pour aller voir Kévin, avec qui elle «sort» téléphoniquement depuis plusieurs mois. Elle prend le train de Pornic à Nantes, puis le bus jusqu'aux Sorinières, où Kévin et sa mère viennent la prendre. Pendant qu'il me raconte la scène, dans un café, je regarde son tatouage «Poker à la mort». Kévin est triste, d'une pudeur vibrante.

> Laëtitia était avec son petit sac, on l'a prise dans la voiture. C'était la première fois que je ramenais une fille à la maison. Pour moi, c'était quelque chose. On a regardé la télé, on est allés se coucher. Ensuite, on est restés en contact par SMS et par téléphone.

Pendant la soirée, Laëtitia a une conversation avec la mère de Kévin : elle en a assez de sa famille d'accueil, elle est impatiente d'avoir son petit chez-soi, Kévin a de la chance de vivre avec sa maman. Laëtitia se montre timide, polie et gentille. Le lendemain, elle a repris le bus.

La mère de Kévin a accepté de me raconter, par l'intermédiaire de Delphine Perrais, cette soirée mélancolique : «Elle restera dans ma mémoire, car c'est la première fille que mon fils me présentait.»

À son retour à Pornic, Laëtitia se déclare « en couple » sur son compte Facebook.

1er janvier :
> bonne annee a tou les gents a ki j'ai pa souaiter la nouvel annee j vou souait plien d bonheur pour 2011

36

Le temps des experts

Si la mort de Grégory Villemin, quatre ans, retrouvé noyé dans la Vologne en octobre 1984, les pieds et les mains entravés, n'est toujours pas élucidée à ce jour, c'est notamment parce que les enquêteurs n'ont pas pu ou su exploiter des éléments décisifs : cordelettes sur le corps de l'enfant, cheveu retrouvé sur son pantalon, empreintes digitales sur les lettres anonymes, voix du corbeau enregistrée sur cassettes audio, reliefs d'écriture laissés sur la lettre revendiquant le crime.

Conséquence directe de cet échec, l'IRCGN est créé en 1987 à Rosny-sous-Bois, couronnement d'un siècle de recherches criminologiques. C'est en effet à la fin du XIXe siècle qu'un embryon de police scientifique voit le jour en France. À la préfecture de police de Paris, Alphonse Bertillon met au point une anthropométrie fondée sur la photo et le relevé des caractéristiques physiques. La capitale se dote d'un service d'identification et d'un laboratoire de toxicologie. Le juge d'instruction Émile Fourquet s'improvise profileur en comparant, dans une série de meurtres de bergères, les dates, lieux, indices, témoignages et modes opératoires. Il reviendra à Edmond Locard, élève du médecin légiste Lacassagne, de fonder à Lyon en 1910 le premier laboratoire de police scientifique. On entre dans le siècle des experts. Mais les traces sont difficiles à préserver et à faire parler. Les avancées alterneront donc avec les échecs, sur fond de passions médiatiques et de rivalités géographiques.

L'IRCGN regroupe deux cent cinquante gendarmes et civils, des spécialistes qui font autorité à l'échelle internationale dans divers domaines – biologie, toxicologie, odontologie, accidentologie, balistique, informatique ou encore taphonomie, une branche de la thanatologie qui étudie la décomposition des organismes. Bien sûr, on trouve des experts de très haut niveau dans les CHU ou au laboratoire médicolégal Doutremepuich à Bordeaux. Philippe Esperança, ancien morpho-analyste à l'IRCGN et inventeur du Bluestar, officie au Laboratoire d'analyses criminalistiques de Marseille.

Le rôle de ces experts est d'apporter des éléments de réponses aux enquêteurs. Mais leurs prouesses, bien réelles, ne doivent pas faire tomber dans la naïveté techniciste : l'expertise ne prend son sens qu'au sein du raisonnement qui la requiert, l'active et la replace dans un cadre d'intelligibilité, où elle devient preuve. Aujourd'hui, l'affaire Grégory serait jugée sérieuse, mais sans doute la résoudrait-on facilement.

Au cours de l'année qui a suivi la disparition de Laëtitia, plus de soixante-dix expertises ont été réalisées à la demande du juge Martinot, depuis les prélèvements ADN jusqu'à la reconstitution de l'accident de scooter, en passant par l'analyse de la terre retrouvée sous les semelles de Meilhon. Toutes n'ont pas été pertinentes, mais elles ont eu le mérite d'exister, au moins pour dissiper les doutes.

Les expertises qui suivent renseignent sur les dernières heures de Laëtitia. Je les replace dans l'ordre chronologique des faits, les 18 et 19 janvier 2011.

A. Un sniff de coke

Les indices toxicologiques permettent d'établir que Laëtitia a consommé du shit sur la plage, le 18 janvier, vers 17 heures, et de la cocaïne en soirée, au Barbe Blues ou au Key46. Volontairement ou non ? Meilhon a-t-il versé de la drogue dans son

Coca pour perturber ses réflexes de défense ? Le médecin légiste Renaud Clément, en lien avec le laboratoire de toxicologie du CHU de Nantes, a réussi à déterminer que la cocaïne avait été directement en contact avec la muqueuse nasale : Laëtitia a donc consommé la drogue par inhalation. En termes d'expertise, c'était une première scientifique.

B. Une fellation

Dans le prélèvement effectué par écouvillonnage dans la bouche de Laëtitia, les experts de l'IRCGN ont retrouvé du liquide prostatique (un des composants du sperme) appartenant à Meilhon. Étant donné la durée d'immersion dans l'étang, il s'agit là encore d'un exploit.

Cet élément est compatible avec une fellation pratiquée entre minuit et 1 heure. Il y a donc eu relation sexuelle entre Laëtitia et Meilhon, mais il est impossible de savoir si elle a été consentie ou non, catégoriquement refusée puis subie, ou acceptée à demi-mot puis regrettée, si la fellation a été vécue comme un viol, si une fellation consentie a été suivie d'une tentative de viol, ou si, par exemple, Laëtitia n'a pas réussi à dire non, tétanisée, droguée, en état de sidération, avant de réaliser qu'elle avait été victime d'un viol et de s'en ouvrir à William au téléphone. Si les gendarmes doivent absolument retrouver le buste, c'est aussi pour des raisons médico-légales.

C. L'accident de scooter

L'expertise est confiée à Jean-Philippe Depriester, commandant à l'IRCGN, qui fait autorité au niveau mondial. À la demande du juge Martinot, il travaille en collaboration avec Renaud Clément, afin d'établir des concordances entre l'accident et les blessures. Compte tenu des dégâts sur les deux véhicules, du transfert croisé de matières, des débris recueillis sur la route, des traces sur la chaussée et l'accotement, le scénario le plus plausible est le suivant.

Le scooter circule sur la route de la Rogère à moins de 40 km/h, la 106 va un peu plus vite. Arrivée au niveau du scooter, la voiture freine brutalement, les roues orientées à 10 degrés vers le bas-côté de droite, et le pare-chocs entraîne le scooter via sa béquille qui se met à rayer le bitume. Au moment où les deux véhicules se séparent, le scooter se couche sur le flanc droit et glisse sur une quinzaine de mètres. En tombant, Laëtitia se blesse à la cheville droite. Cette dermabrasion est la seule blessure due à l'accident, car elle portait un casque et ses vêtements protégeaient le reste du corps. On relève aussi une abrasion sur la ballerine droite de Laëtitia.

L'analyse accidentologique ne concorde pas avec la version de Meilhon, qui dit avoir percuté Laëtitia involontairement, sans la voir. En réalité, le freinage de la 106 est survenu *avant le contact*, donc le conducteur a anticipé un événement ; en raison du faible transfert d'énergie, la voiture n'a pu se soulever ; Laëtitia était encore vivante et consciente au moment de l'enlèvement. Comme avec Steven vers 21 h 30, la manœuvre de Meilhon a pu consister à serrer le scooter sur la droite pour l'obliger à s'arrêter, mais les suites ont été très différentes, puisqu'il y a eu contact et accident.

D. Le sang de Laëtitia

Les trente-deux scellés transmis à l'IRCGN après la perqui-sition du Cassepot permettent d'identifier le profil génétique de Laëtitia sur la portière droite de la 106, sur la banquette arrière, dans le coffre, ainsi que sur le fendoir d'une hache et sur le meuble couleur acajou entreposé au fond du hangar (les projections de sang proviennent de la zone humide cachée par le buggy). On retrouve aussi l'ADN de Laëtitia, en mélange avec celui de Meilhon, sur le volant de la 106 et sur la portière du conducteur.

Les empreintes digitales de Laëtitia sont relevées sur le toit de la 106, juste au-dessus de la portière avant gauche, ce qui confirme le témoignage d'Antony Deslandes décrivant la jeune fille dans la rue, en colère, parlant avec le conducteur à travers la vitre ouverte.

E. Le démembrement

L'expertise de l'IRCGN, réalisée au microscope, établit que les vertèbres cervicales, les humérus et les fémurs n'ont pas été écrasés à la masse ou fracturés à la hache, mais sciés. Les amorces et traces de ripage laissées sur les cinq parties osseuses proviennent d'une scie à métaux. Celle qui a été découverte dans le foyer du jardin, au Cassepot, possède une lame et des dents compatibles avec les observations. Le sens de découpe est de l'arrière vers l'avant. Pour la tête, la lame a progressé du dos vers la gorge ; pour les jambes, du creux du genou vers la rotule. Le corps pouvait donc se trouver sur le ventre.

Le 19 janvier 2011, en début d'après-midi, un voisin a entendu des bruits sourds provenant du hangar. On ne sait pas à quoi ils correspondent.

F. Une nasse « faite maison »

La nasse du Trou bleu, découpée dans du grillage, est fermée par des ficelles et lestée par un parpaing. Le grillage, de type « cage à poules », et la ficelle, de type « lieuse » en nylon noir, sont en tous points identiques à ceux saisis au Cassepot. Les sections du grillage, observées au microscope sur la nasse et sur le rouleau, correspondent parfaitement. Le cousin de Meilhon signale aux enquêteurs la disparition d'une bobine de ficelle, d'une planche en contreplaqué de 1,60 mètre, de deux poubelles noires de 50 litres et de divers outils qui se trouvaient dans le hangar.

*

Xavier Ronsin l'avait annoncé à la fin des opérations de pompage à Lavau : les recherches se poursuivront autant que nécessaire. À partir de la fin février, une nouvelle campagne mobilise soixante-quinze gendarmes, dix plongeurs, quatre maîtres-chiens venus de Gramat dans le Lot, ainsi que les militaires du 6e régiment du génie. Sur les (fausses) indications de Meilhon, Frantz Touchais ordonne des recherches au lac de Savenay et sur la plage de La Bernerie. D'autres « zones de confort » sont identifiées. La brigade fluviale de Nantes, renforcée par la brigade nautique de Saint-Gilles-Croix-de-Vie, explore deux anciennes carrières inondées à Saint-Brévin, une zone sablonneuse en bord de Loire près de Lavau, des mares aux alentours du Cassepot, Arthon-en-Retz, Guérande, La Montagne, des étangs à Saint-Étienne-de-Montluc, sans oublier la Bosse-en-Gicquelais.

La furie médiatique est enfin retombée. D'autres drames surviennent, autrement plus graves : guerre civile en Libye, tsunami au Japon, catastrophe nucléaire de Fukushima. C'est par une indiscrétion qu'Alexandra Turcat apprend l'existence de fouilles au lac de Savenay. Elle va vérifier sur place et comprend que la gendarmerie continue à enquêter en toute discrétion. L'affaire n'est pas terminée.

Des bijoux, un cutter, un tissu en dentelle sont retrouvés, sans rapport avec Laëtitia. Les enquêteurs se font transmettre les images satellite de la région et les coefficients de marées pour la période des faits. À la demande des gendarmes, la Fédération des chasseurs de Loire-Atlantique diffuse un appel à témoins.

Des marais sauvages ont été troublés, des tapis de fleurs ont été piétinés. Des ruisseaux se sont arrêtés, des puits se sont ouverts, des joncs se sont inclinés, et c'était en vain, et il n'y avait rien, la jeune fille n'était nulle part.

37

Des lettres-testaments

Au tout début de l'année 2011, Laëtitia rédige trois courriers. Nul n'en prendra connaissance avant son décès. Lorsque les gendarmes, les ayant saisis lors de la perquisition chez M. et Mme Patron, les feront lire à ses proches, ce sera la consternation, l'incrédulité, les larmes. Comment imaginer que cette jeune fille joyeuse, tournée vers l'avenir, ait pu un seul instant envisager sa mort ? Pour tous ceux qui la connaissaient, Laëtitia était dans l'action, pas dans l'introspection et encore moins dans la perspective d'en finir avec la vie.

Lettre d'adieu adressée à une fille des Patron et à la fille de celle-ci
> tu et une maman et une confidente super. desoler maelys de partir mais je pouvait plus vire dans ces conditions. [...] Je vous souaite plien de bonheur pour la suite de votre vie.

Lettre d'adieu adressée à « Kévin mon ange »
> je t'aime for tu serat toujour dans mon coeur même loin de moi. Je sui triste alor j'ai decider d'agir [...]. la vie est fête comme sa. Je te demanderai de vir ta vie aprés et la vire sans ce soucier de moi, j'espère que tu te relevera car je te verait en haut.

Dernières volontés de Laëtitia
> ci je meurt avent que je donne tout sa merci de le fair.

Elle donne ses vêtements au Secours populaire, son argent à Jessica, sa vaisselle à sa mère, sa bague à sa demi-sœur, son livre de chevaux à Anaé, une autre petite-fille des Patron. Elle demande qu'on prélève ses organes.

a mon enterrement je voudrait que tout lai gents que je connait soit la.

En guise de conclusion :

A oui je voulait juste vous [dire] regarder autour de vou il y a pas que moi qui ment.

Laëtitia regarde en direction de sa mort. Elle dit adieu à ceux qu'elle aime et distribue aussi bien ses organes que ses maigres effets personnels. Parmi tout ce qu'elle possède, elle donne à Anaé son livre de chevaux, auquel elle tenait énormément. Elles le regardaient souvent ensemble.

Ce sont des lettres suicidaires : Laëtitia donne des instructions pour qu'on dispose de son corps et de ses affaires après un décès qu'elle envisage avec regret, mais consciemment et la tête froide : « je sui triste alor j'ai decider d'agir », « desoler maelys de partir ». Cette interprétation est congruente avec le témoignage de Fabian, qui fait état de la tristesse de Laëtitia en novembre-décembre et de ses scarifications sur l'avant-bras (pour ne pas parler d'une tentative de suicide ignorée de tous).

Pour comprendre le tourment de Laëtitia, et parce que sa voix s'est éteinte à jamais, il est nécessaire de recourir à des fictions de méthode, c'est-à-dire des hypothèses capables, par leur caractère imaginaire, de pénétrer le secret d'une âme et d'établir la vérité des faits.

Fiction 1. En finir avec cette « vie de merde » ?

Tout au long de l'automne 2010, Laëtitia s'est plainte de sa famille d'accueil : éducation trop stricte, principes trop rigides, atmosphère étouffante, surveillance de tous les instants – ce qui ne diminue en rien l'affection qu'elle porte à M. et Mme Patron, comme en témoignent ses cadeaux (la boîte de chocolats « dans le fricot », le week-end gastronomique à Noël), ainsi que sa joie de partir aux sports d'hiver avec eux en mars.

Les frictions sont nombreuses, les disputes récurrentes. Le 4 janvier 2011, Laëtitia rentre à la maison en pleine nuit, affirmant être allée au Girafon pour un karaoké entre amis. Nouveau règlement de comptes avec M. Patron : « Tu n'es pas rentrée, je n'ai pas dormi, tu étais où ? Nomme tes copines ! » Elle en est incapable. Après avoir fait leur petite enquête, M. et Mme Patron l'accusent de mentir : il n'y avait pas de karaoké au Girafon ce soir-là.

Fin de l'adolescence, crise de croissance, désir de liberté : il est normal, somme toute, qu'une jeune fille de dix-huit ans souhaite voler de ses propres ailes. Mais Laëtitia a pu se sentir déchirée entre sa gratitude à l'égard des Patron, dont l'affection et les valeurs ont fait d'elle une jeune adulte équilibrée, et sa soif d'indépendance, qui l'éloigne d'eux. Quelques semaines plus tôt, elle a posté sur Facebook : « mare d cete vie de merde ». Le 10 janvier, huit jours avant sa mort, elle écrit : « la vie et faite d plin dimprevu mai fau les surmenter mai defoi el nou surmerge et on nes triste ☹ »

Fiction 2. La découverte d'un quasi-inceste ?

Laëtitia a peut-être compris que sa sœur était devenue l'objet sexuel, la fille-amante de leur père d'accueil. Si elle a pris conscience de l'emprise que M. Patron exerçait sur Jessica, elle a pu en concevoir une rage aveugle contre l'un, une empathie désespérée pour l'autre, tout en se sentant elle-même trahie, à la merci d'un homme qu'elle découvrait sous son vrai jour. « Regarder autour de vou il y a pas que moi qui ment » : la phrase renvoie à la sortie karaoké du 4 janvier, qui avait valu à Laëtitia une accusation de mensonge. Sachant que sa lettre d'adieu a un cadre d'intelligibilité familial, l'allusion à d'autres menteurs ne peut viser qu'un membre de la famille Patron et, peut-être, Jessica.

On peut donc dire *a minima* que Laëtitia a connu, dans sa vie, trois catégories de viols : le viol intrafamilial, de son père sur sa mère ; le viol semi-incestueux, de son père d'accueil sur sa sœur jumelle ; le viol extrafamilial dont elle accuse Meilhon. La griffe masculine, en quelque sorte.

Fiction 3. Une agression de M. Patron ?

M. Patron n'a été poursuivi ni *a fortiori* condamné pour quelque agissement que ce soit sur la personne de Laëtitia. Sur ce point, la juge d'instruction a prononcé un non-lieu. Au premier procès Meilhon, M. Patron a juré sur la tête de ses petits-enfants qu'il n'avait jamais touché « à un seul cheveu de Laëtitia » (le président l'a sèchement rabroué : « Laissez-les en dehors de tout ça »). Mais cette absence de charges n'empêche pas de se demander si, comme sa sœur, Laëtitia a subi des agressions sexuelles de la part de son père d'accueil.

Du côté Perrais comme du côté Larcher, la thèse fait l'unanimité. En août 2011, après la mise en examen de M. Patron, Franck Perrais a déclaré à *Marianne* que, selon Jessica, Laëtitia avait elle aussi été violée. Alain Larcher a confirmé sur RTL les accusations de Jessica. « Laëtitia a été violée comme sa sœur », titrait *Paris Match* après avoir interrogé les proches.

À Frantz Touchais, Lola a rapporté les confidences que Laëtitia lui avait faites sur la plage de La Bernerie : « En fait, j'ai été violée par Gilles.» Ce jour-là, Laëtitia était très mal, blême, encore sous le choc, et elle n'a pas été capable d'en dire plus. Une autre fois, elle a dit à Lola qu'elle réussissait à repousser son père d'accueil grâce à «son sale caractère», mais qu'elle craignait que Jessica n'y arrive pas, elle. Si Laëtitia ne s'est confiée à personne d'autre (ni à sa sœur, ni à Fabian, ni à Kévin), elle a tout fait pour quitter le domicile des Patron : partir dans un internat à Guérande, prendre une chambre à l'Hôtel de Nantes, se faire héberger par une fille des Patron.

Mme Laviolette se souvient très bien du «non» protocolaire, sans affect ni surprise, que les jumelles lui ont opposé en août 2010, juste après la main courante de Lola. Elle refuse de se prononcer sur l'existence d'une agression sexuelle. Néanmoins, elle pense que, si celle-ci a eu lieu, Laëtitia a résisté : elle se laissait moins faire que Jessica. Jessica était l'ombre de M. Patron; pas Laëtitia. Mais, ajoute-t-elle, «si ça lui est arrivé et qu'elle n'a pas réussi à partir, à résister ou à s'opposer, cela a dû la pousser au suicide. Son désespoir a dû être total : dans sa famille de cœur, voilà que ça recommence!».

La juge qui a instruit le dossier Patron a considéré que l'agression sur Laëtitia n'était pas caractérisée. Avec moi, elle fait preuve d'une grande prudence : «Il est possible que les faits aient eu lieu, mais je n'avais pas suffisamment d'éléments circonstanciés. Il manque la parole de Laëtitia, un cahier qu'elle aurait laissé, etc. Il fallait un cran au-dessus, du point de vue de la certitude, pour l'inclure dans les assises.» Quand j'ai demandé au juge Martinot quelle était son intime conviction, il m'a répondu avec la même prudence : il est «vraisemblable» que M. Patron ait agressé ou tenté d'agresser Laëtitia, mais, pour un magistrat, il n'y a de vérité que fondée sur des éléments objectifs judiciairement reconnus, de sorte que, à défaut de décision judiciaire, elle nous reste à jamais inaccessible.

Selon lui, il y a convergence entre la réserve des jumelles devant Mme Laviolette, les confidences de Laëtitia sur la plage, ses courriers suicidaires et l'attitude de M. Patron la nuit de la disparition : il entend des bruits de portières, il sort en pyjama avec sa lampe torche et, rentrant chez lui bredouille, il ne cherche à aucun moment à savoir où se trouve Laëtitia. D'habitude, et jusqu'au 4 janvier, il ne la lâche pas d'une semelle (Laëtitia ne cesse de s'en plaindre), mais, cette fois-là, au cœur de la nuit, il ne cherche pas à savoir où elle se trouve, il ne lui passe pas un seul coup de fil. Au réveil, vers 6 h 30, il sait qu'elle n'est toujours pas rentrée, puisque la chambre-relais est vide et que la porte-fenêtre de la véranda n'est pas fermée à clé. Quand le scooter est retrouvé au petit matin, couché sur le flanc et gelé, il ne cherche toujours pas à la joindre ; en revanche, dans la matinée, il appelle plusieurs fois Jessica sur son portable.

Pourquoi cette indifférence vis-à-vis de Laëtitia ? M. Patron s'est-il désintéressé de son sort parce qu'elle était dans une démarche de révélations ? Quand j'ai interrogé Mme Patron sur ce point, elle m'a répondu avec véhémence : « On s'est suffisamment fait taper sur les doigts par l'ASE ! Elle était grande, elle faisait ce qu'elle voulait. » L'argument est recevable.

Laissons là cette troisième fiction. Comme les juges, je pense que la vérité est inaccessible et que le doute, en tout état de cause, doit bénéficier à M. Patron.

Mais, au fond, la question n'a pas vraiment d'importance ; car il a suffi que Laëtitia saisisse la nature de la relation entre M. Patron et Jessica pour que sa vie bascule, pour qu'elle se sente, comme à trois ans, suspendue dans le vide, pour qu'elle comprenne que le mensonge avait tout gangrené, que la violence était encore là, tapie et dégoûtante, sur le canapé du salon, dans la chambre qu'elles avaient partagée, dans les sourires, les grands principes, les conseils, les jeux de cartes, les Noëls, les vacances en camping-car. L'homme qui vous a tout appris, qui doit vous protéger, se rétribue en nature. Peu importe, donc, qu'il y ait eu ou non une agression ou une tentative d'agression sur la personne de Laëtitia : l'emprise est en soi une violence. La prédation sexuelle que M. Patron a exercée sur Jessica pendant des années a *aussi et nécessairement* fragilisé Laëtitia.

Laëtitia désirait de toutes ses forces avoir une famille, entrer dans un cercle relationnel affectueux. Face à la perversion, elle est une victime sans anticorps.

*

Une des dernières photos de Laëtitia la représente avec Maelys dans la véranda de M. et Mme Patron. Laëtitia a beau avoir huit ans de plus que la petite-fille des Patron, elles semblent du même âge. C'est une photo adorable et réjouissante : Maelys enlace Laëtitia qui éclate de rire, son visage collé au sien comme deux sœurs. Les yeux de Laëtitia pétillent de joie. Cinq ans ont passé depuis qu'elle a fêté son treizième anniversaire dans le salon, l'œil éteint, l'air paumé, plus petite que sa sœur de 10 centimètres, projetée du foyer de Paimbœuf dans une nouvelle vie à Pornic.

À partir du 4 janvier 2011, Laëtitia reprend son travail à l'Hôtel de Nantes. Dans la nuit du 7 au 8 janvier, Meilhon et Bertier cambriolent une entreprise de panneaux solaires et repartent à bord d'un Renault Trafic volé. Le 8 janvier, apprenant qu'elle peut poser des congés en mars, Laëtitia saute au cou de M. Patron : «P'tit Loup, P'tit Loup, je pars avec vous au ski!» Le 9 janvier, elle écrit sur sa page Facebook : «hier soir super soirer avec les amis surtou j me sui bien marer avec maxime». Le dix janvier, Meilhon passe la soirée au Barbe Blues en compagnie de Loulou, Gérald, Cléo, Patrick et d'autres habitués.

Du 10 au 14 janvier, Laëtitia est en cours au CIFAM de Saint-Nazaire. Vendredi 14 janvier, Sylvie Larcher appelle ses filles : n'ayant pas l'argent pour payer le billet de Nantes à Pornic, elle ne pourra pas venir les voir comme prévu. Le cousin de Meilhon part avec sa famille skier dans les Pyrénées.

Tony reste seul au Cassepot pour garder la maison et nourrir les animaux.

C'est la dernière semaine de Laëtitia. À ce propos, Mme Patron m'a fait part d'un fait troublant, confirmé par Jessica :

> Dans la semaine de janvier où elle a été à l'école, Laëtitia s'est beaucoup rapprochée de sa sœur. Le soir, elles regardaient la télé ensemble, blotties l'une contre l'autre, se parlant tout bas à l'oreille. Elles riaient, chuchotaient : « Je t'aime, ma sœur. » Une vraie réconciliation ! Ça m'a fait plaisir, mais, avec le recul, je me dis qu'elle voulait mettre les choses en ordre avant de partir.

38

L'homme à la scie

Fin février 2011, tout le monde a déjà oublié le « drame de Pornic ». Les audiences ont repris dans tous les tribunaux de France. Que reste-t-il de Laëtitia ?

Auditionné le 15 février 2011 par une commission parlementaire « sur les carences de l'exécution des peines », le ministre de la Justice, Michel Mercier, reconnaît que le nombre des JAP au tribunal de Nantes était inférieur à l'effectif théorique et que, en dépit de ce contexte, l'inspection n'a aucune critique à émettre à leur encontre. Six mois avant que Meilhon sorte de prison, le JAP en charge de son dossier y a inscrit la mention « Urgent – Avertir le SPIP pour la prise en charge ». Le dossier a été transmis au SPIP le mois suivant.

Les quatre rapports d'inspection – TGI, SPIP, police, gendarmerie – ne relèvent aucune faute, individuelle ou collective. Comme l'écrit alors *Le Monde*, le président de la République avait tiré « des conclusions bien hâtives ».

Le 23 février, Michel Mercier se rend au TGI de Nantes, où il reçoit un accueil glacial. Il passe entre deux rangées de magistrats et de greffiers en robe noire qui arborent des badges « Des moyens pour la justice ». Non pas une haie d'honneur, mais un mur de silence : ce rassemblement, dans la salle des pas perdus, répond à ce qui est perçu comme une opération de communication. À 19 heures, le ministre déclare à la presse qu'il est « venu écouter, pas distribuer ».

Des quatre acteurs incriminés, c'est l'administration pénitentiaire qui a été la moins ménagée. L'inspection la plus musclée a lieu en janvier au SPIP de Loire-Atlantique, dont le directeur subit pendant sept heures un feu roulant de questions, posées par les mêmes inspecteurs qui avaient réalisé l'audit de son service un an plus tôt. Il devient un pestiféré, les collègues ne lui adressent plus la parole, on lui hurle au téléphone : « C'est une affaire d'État, vous ne parlez à personne ! » Sa salle d'attente est prise d'assaut par des journalistes venus de la France entière. C'est un euphémisme de dire qu'il a mal vécu la période et qu'il ne s'est pas senti protégé par sa hiérarchie.

Comme le ministre de la Justice le rappelle devant la commission parlementaire, il suffisait d'ouvrir le dossier de Meilhon pour comprendre qu'il était un multirécidiviste dangereux. Faute d'avoir pris connaissance de son casier judiciaire, le SPIP n'a retenu que l'outrage à magistrat ; le dossier a alors rejoint les oubliettes d'un service en difficulté et mal organisé. Cependant, concède le ministre, le SPIP de Loire-Atlantique n'était pas doté « de moyens suffisants » et le suivi de Meilhon n'aurait pas forcément empêché le crime.

Une tête tombe : celle du directeur interrégional des services pénitentiaires de Rennes, démis de ses fonctions le 17 février, à la fin du mouvement. On peut considérer que le directeur interrégional est sanctionné pour n'avoir pas aidé le directeur du SPIP à mettre en œuvre les recommandations de l'audit. On peut aussi penser que le couperet est tombé sur l'acteur le plus isolé et le plus fragile institutionnellement : la pénitentiaire. Située en bout de chaîne, mal considérée, impopulaire, elle offrait un coupable tout désigné.

Immédiatement après l'affaire Laëtitia, un cinquième JAP est affecté au tribunal de Nantes, et Michel Mercier annonce la création de 485 postes de magistrats, greffiers et éducateurs. En 2012, un groupe de travail commun à la chancellerie et aux syndicats préconise le recrutement de 300 magistrats du parquet. À l'École nationale de la magistrature, les promotions sont étoffées, passant de 135 auditeurs de justice à 212 en 2012 et à 366 en 2016. Le directeur du SPIP de Loire-Atlantique obtient l'organigramme et les cadres qu'il avait vainement réclamés, ainsi que six contractuels. Dans toute la France, les SPIP sont autorisés à recruter : l'arrivée de 200 conseillers est annoncée pour la rentrée 2011 et, deux ans plus tard, le gouvernement annonce la création de 1 000 postes sur trois ans, pour descendre à 40 dossiers par conseiller. Même si cette augmentation d'effectifs n'a servi qu'à absorber le surcroît de travail, le politique a pris la mesure de la crise : la défaillance était bien celle de l'État.

Le fait divers et la polémique qui s'en est suivie font réfléchir dans les administrations : les responsables de la pénitentiaire découvrent l'existence d'un vrai risque en milieu ouvert. Leur rôle ne se réduit pas à empêcher les évasions et les mutineries : une personne placée à l'extérieur, sous main de justice, peut très bien commettre un crime.

À la Direction de l'administration pénitentiaire, l'affaire Laëtitia agit comme un électrochoc. Par une circulaire du 8 novembre 2011, l'usage du DAVC est généralisé dans tous les SPIP de France : en évaluant la dangerosité des personnes, mais aussi leur situation familiale et leur projet de réinsertion, le diagnostic criminologique individualisé permettra de « déterminer le mode de prise en charge le plus adapté » (au demeurant, les agents des SPIP et les syndicats y sont toujours hostiles).

L'Office de suivi des délinquants sexuels, annoncé avec tambours et trompettes le 31 janvier 2011, est retoqué par le Conseil d'État. Il n'est pas compatible avec les règles juridiques en vigueur.

Dès l'été 2011, un « effet Laëtitia » est perceptible dans les tribunaux, les prisons et les SPIP. En l'absence de tout texte, on observe un durcissement pénal qui se traduit par une augmentation des comparutions immédiates et un moindre recours aux peines alternatives. Dans les Pays de la Loire et en Bretagne, la population sous écrou progresse de 7 % en un an, faisant bondir le taux de surpopulation à 135 % (contre 122 % auparavant). Comme le souligne la CGT-Pénitentiaire, le nombre de surveillants, lui, ne change pas, et l'architecture des nouveaux établissements détruit la relation humaine entre détenus et surveillants. Un conseiller d'insertion a encore en moyenne une centaine de dossiers à suivre. La saturation guette.

La loi de programmation du 27 mars 2012 privilégie une optique carcérale : afin d'« assurer une exécution effective des peines », elle se propose d'augmenter la capacité d'accueil des prisons et des centres éducatifs fermés, pour atteindre respectivement 80 000 et 800 places. C'est la seule « loi Laëtitia » qu'on puisse identifier, et elle est à la fois répressive et électoraliste. Promulguée en mars 2012, en pleine campagne présidentielle, elle énonce une priorité budgétaire (comme toute loi de programmation), avec un contenu normatif très faible. Un an après la mort de Laëtitia, une loi livre la signification du crime : il y a trop de sursis, on aménage trop les peines, on « les » laisse trop dehors, il faut davantage de prisons.

On pourrait croire que l'affaire Laëtitia a connu une issue positive : un meurtrier condamné à la perpétuité, l'État qui prend enfin conscience de ses erreurs, l'annonce de recrutements dans la justice et la pénitentiaire, des condamnés mieux surveillés. Mais ces évolutions s'accompagnent aussi d'un durcissement de la politique pénale, qui consiste à privilégier le tout-carcéral, à l'intention des seuls illégalismes populaires. Qui sait si, dans ces dépotoirs humains, on ne fabrique pas de nouveaux Meilhon ?

*

L'affaire Laëtitia n'a pas eu que des conséquences pénales. Elle annonce aussi une nouvelle ère politique. Car la rhétorique compassionnelle-sécuritaire est performative : ses effets tiennent dans son énonciation même, dans la grille de lecture qu'elle propose du corps social.

En 1338, Ambrogio Lorenzetti a peint dans le palais communal de Sienne une fresque représentant le bon et le mauvais gouvernement : d'un côté, une société prospère, pacifiée par la justice ; de l'autre, un paysage de guerre et de désolation, la fureur, la tyrannie, une communauté politique qui se délite. La discorde a un instrument : la scie. À côté d'une figure casquée, symbole de la guerre, une femme aux cheveux dénoués, vêtue de noir et de blanc, actionne une immense scie avec laquelle elle mutile un objet que la détérioration de la fresque ne nous permet plus d'identifier.

Près de sept siècles plus tard, la mort de Laëtitia dessine une nouvelle allégorie du bon et du mauvais gouvernement. Pour commencer, le rêve : un gouvernement de justice, d'intégrité, de sérénité, reposant sur un fonctionnement transparent et collégial, nourri par un discours de vérité. En face, la réalité : un gouvernement par la peur, fondé sur l'idée que les criminels sont parmi nous et que nous côtoyons, à la place de concitoyens, des ennemis à combattre ou à enfermer. Comment « conjurer la peur » ? demande l'historien Patrick Boucheron analysant la fresque de Lorenzetti. Aujourd'hui, la question reste d'une actualité brûlante.

Les mots ont été, dans la bouche de Nicolas Sarkozy, comme la scie à métaux entre les mains de Tony Meilhon : un instrument de découpe, un tranchoir. Ses discours ont été un acte de division ; la société en est ressortie toute sanglante. C'est en ce sens que, par-delà l'émotion suscitée par sa mort, Laëtitia incarne la France. Pendant l'hiver 2011, elle a prêté son corps à une démocratie.

39

Derniers jours

Samedi 15 janvier 2011

Une grande fête de famille Patron a lieu à Sainte-Pazanne, à l'initiative de la mamie dont c'est le quatre-vingtième anniversaire. Leur mère ne pouvant leur rendre visite, Laëtitia et Jessica ont demandé à venir.

M. Patron, placide : « Si elles ont envie… »

La mamie, consultée au téléphone : « Quand il y en a pour cinquante, il y en a pour cinquante-deux. »

Au menu, une tartiflette géante.

Dans le souvenir de Mme Patron, Laëtitia passe toute la journée en retrait, sur le qui-vive. Selon elle, une photo le prouve.

La photo représente les jumelles l'une en face de l'autre, en bout de table. Laëtitia porte une robe à motifs blancs et mauves avec des manches noires. Elle a mis un pendentif, des boucles d'oreilles, du rouge à lèvres et du fard à paupières bleu. Elle se retourne avec un regard soucieux. Son assiette est vide, il ne reste que quelques miettes. Sa serviette en papier est roulée en boule, toute chiffonnée, alors que celles des autres sont intactes, posées à droite de leur assiette.

La photo est empreinte de tristesse. Tout le monde semble seul avec soi-même : Laëtitia, fatiguée, pâle, les traits tirés, se retourne comme si quelqu'un l'appelait ; en face d'elle,

Jessica rêvasse avec un sourire crispé ; M. Patron, assis à côté de Jessica, regarde dans la direction opposée ; Mme Patron est perdue dans ses pensées. La table est décorée avec soin : par-dessus la nappe en papier blanc, dans le sens de la longueur, court une bande argentée semée de confettis verts assortis aux serviettes. Piste aux étoiles dans la salle des fêtes de Sainte-Pazanne.

L'histoire aurait été différente si Jessica s'était levée et, en guise de toast, avait raconté aux cinquante convives que son père d'accueil, vivant une relation « fusionnelle » avec elle, lui demandait de tenir le sopalin quand il se masturbait.

L'histoire aurait été différente si Laëtitia s'était enfuie et avait couru droit devant elle, aussi loin que ses jambes pouvaient la porter, pour ne plus jamais revenir.

Mais aucune n'a osé. Elles ne se sont même pas parlé. Leur jeunesse était sans mots.

Dans son portefeuille, Jessica conserve une photo de la fête, prise du même angle, quelques secondes avant la première. Les jumelles sont en bout de table, à côté de M. et Mme Patron. Laëtitia est en train de manger de la salade de mâche aux œufs durs et crevettes ; elle tient son couteau de la main gauche. Une pince retient ses longs cheveux châtains. On devine un collier, un bracelet doré. On voit Jessica attablée en face d'elle, mais pas M. et Mme Patron, dont les têtes ont été soigneusement découpées avec des ciseaux.

Au cours de l'après-midi, Laëtitia a demandé trois fois à l'une des filles Patron si elle pouvait lui parler. Celle-ci, occupée par les retrouvailles avec ses cousins, oncles et tantes, a temporisé : « Plus tard, Laëti, on verra tout à l'heure. » L'occasion ne s'est malheureusement pas représentée et personne ne sait ce qu'elle avait à dire.

Dans l'après-midi, Laëtitia a beaucoup joué avec les enfants. À Anaé, huit ans, elle a donné son livre de chevaux avec cette dédicace :

Pour Toi
Mon Anaé
Je t'aime fort
De la pare de laëtitia

En le lui offrant, Laëtitia a dit : « Je suis trop grande maintenant pour le lire. »
À la maison, elle a passé la soirée devant la télévision.
Dans un bar de Pornic, Meilhon écluse des cognacs en
compagnie de Loulou, Cléo, Patrick et quelques autres.

Dimanche 16 janvier 2011

M. et Mme Patron ont invité des amis à déjeuner. Au
dessert, on tire les rois. Laëtitia et Jessica sont très discrètes,
comme toujours en présence d'invités. Il fait beau, mais froid.
Mme Patron suggère aux jumelles d'aller faire un tour dehors :
« Vous n'allez pas rester là avec des vieux comme nous ! » Jessica
est partante, mais Laëtitia refuse : elle n'a pas envie, il fait trop
froid.
Jessica confirme ce témoignage sur tous les points :
d'habitude, Laëtitia aimait sortir, mais, ce dimanche-là, elle
a refusé. « J'ai pensé "c'est pas cool", mais je n'aime pas me
balader sans ma sœur, alors on est restées. »

Lundi 17 janvier 2011

Jour de congé pour Laëtitia. Elle a passé la semaine précé-
dente au CIFAM, elle ne reprend le travail que mardi. Avant
de partir au lycée, Jessica lui demande d'aller au Décathlon de
Pornic pour acheter une petite table de ping-pong.
M. Patron travaille sur le chantier de sa maison.
Dans la matinée, Mme Patron fait du tri dans ses bijoux

fantaisie. Dans le tas promis à la poubelle, Laëtitia choisit deux paires de boucles d'oreilles (l'une sera retrouvée calcinée dans le foyer éteint au Cassepot).

Après être restée un temps dans sa chambre, Laëtitia va voir Mme Patron qui vaque dans le salon :

– J'ai mis mon armoire en hiver.

Cela signifie qu'elle a placé les vêtements légers en haut, les vêtements chauds en bas, plus accessibles.

– Tu as mis le temps, répond Mme Patron, mais au moins c'est fait.

L'après-midi, Mme Patron demande à Laëtitia :

– Tu as de l'essence pour ton scooter ?

– J'irai demain.

Laëtitia poste son dernier message sur Facebook. À un cousin Perrais qui a des peines de cœur, elle répond : « qu est ce qui ce passe mon cousin tu sait que je serai toujours la pour toi ».

Le soir, dîner à cinq : M. et Mme Patron, les jumelles et Gaël. Fin de soirée normale. C'est la dernière fois que Jessica voit sa sœur.

Meilhon fait la tournée des bars avec Loulou. Au Key46, sur le quai de Pornic, ils rencontrent un ancien codétenu qui passe la soirée avec une amie. Les hommes parlent de leurs années de prison, comparent les mérites des armes, trinquent au champagne. Meilhon propose de la coke à la fille qui, méfiante, décline l'offre.

Meilhon et Loulou rentrent au Cassepot, soûls et excités. Dans la nuit, Meilhon cambriole une clinique vétérinaire à Vertou (« un truc que j'avais repéré, un véto »). De retour au Cassepot, Loulou l'aide à stocker le matériel dans le hangar, avant de rentrer chez lui. Meilhon, au procès : « Je ne trouve pas le sommeil, je prends un nouveau rail de coke. »

40

La vie après

Les médias ont trouvé d'autres faits divers à couvrir, les
téléspectateurs ont zappé, mais le pays de Retz est toujours en
état de choc. Une espèce de tornade s'est abattue sur les pavillons
bien alignés de la route de la Rogère et a ravagé la petite station
balnéaire de La Bernerie, le lycée professionnel de Machecoul,
le CIFAM de Saint-Nazaire. À La Bernerie, à Pornic, mais aussi
à Arthon-en-Retz, à Paimbœuf, à Lavau, les gens sont dans un
état second, choqués par l'atrocité du crime et étourdis par la
déflagration médiatique, osant à peine respirer, comme des
villageois après le passage d'une armée napoléonienne.

Dans la famille de Laëtitia, parmi ses amis, ses collègues,
ses éducateurs, ses professeurs, tout le monde est traumatisé.
Non seulement on l'a massacrée, mais elle n'est pas complète :
elle ne peut même pas être enterrée.

Mme Patron : « On oublie de manger, de se laver. On se
couche, on ne dort pas. On n'a plus un instant à soi. On ne
s'appartient plus. On n'est plus nous. » Il y a toujours du
monde à la maison : la famille, des amis, des voisins, les Ermont
arrivés en catastrophe de Haute-Savoie. Deux personnes de
l'ASE sont là en permanence. Mme Carr, la psychologue
de Paimbœuf, soutient Jessica à bout de bras. Mme Laviolette
aussi : « Le portable restait allumé toute la nuit. Ça a été du
vingt-quatre heures sur vingt-quatre et du sept jours sur sept,
ce qui est complètement irresponsable, non professionnel. »

Trois jours après l'enlèvement, M. Patron ramène Jessica au lycée. Il annonce aux enseignants médusés qu'il lui a fait un mot d'absence. Jessica retourne en classe : « Tout le monde savait, on me regardait comme une bête. J'ai eu le droit à "pourquoi elle revient ?". »

Jessica travaille d'arrache-pied, réclame toujours plus de devoirs. M. Patron demande qu'on envoie aux parents d'élèves un courrier pour que les jeunes filles viennent au lycée dans des tenues décentes.

En mars, Jessica part aux sports d'hiver avec la famille Patron. C'est le séjour qui avait fait sauter de joie Laëtitia.

Grâce au président de la République, elle effectue un stage d'une semaine à la gendarmerie du Pellerin, une petite ville située entre Paimbœuf et Nantes.

Elle écrit à sa sœur.

4 mai 2011, jour de leur dix-neuvième anniversaire. Jessica : « Mon anniversaire, c'est aussi le sien. On l'a toujours fêté ensemble, jusqu'à tant qu'elle parte. »

Le juge Martinot la reçoit avec ses parents, les Patron et tous les avocats. La procédure a bien avancé, mais toujours vers plus d'horreur.

Elle ne sort plus, ne va plus faire les courses avec Mme Patron. Les gens lui conseillent de reprendre l'athlétisme. Au cours d'une de ces après-midi mornes, hébétées, M. Patron lui caresse les seins et les fesses, approche son sexe, lui fait signe de le masturber. Cela se passe dans le salon, cela recommence sur le chantier et en revenant de chez Mme Carr.

Au printemps, un vendredi, les Patron viennent manger au restaurant pédagogique du lycée de Machecoul. Elle les sert en tenue de service.

Elle a des angoisses incontrôlables. Au lycée, les professeurs montent des projets, se démènent pour que les élèves pensent à autre chose. Elle travaille énormément, mais son niveau baisse. Elle n'arrive plus à découper de la viande rouge.

Les Patron ne veulent pas l'adopter.

En juin, elle passe son CAP cuisine. «Je devais découper une caille, je me suis mise à pleurer devant ma bête.» Elle obtient son diplôme.

En juillet, elle sort avec Justine, une fille du même âge qu'elle. Justine n'est autre que la sœur de Jonathan, avec qui Laëtitia a couché dans la voiture, l'après-midi du 18 janvier.

Le scooter est sous scellés : les gendarmes en ont besoin jusqu'au procès.

Elle garde quelques vêtements de sa sœur, pas beaucoup, et donne le reste à une association. Ses parents lui en ont voulu. Les cartons conserveront de longues années l'odeur fraîche et parfumée de Laëtitia.

41

Le 18 janvier, matin

Stéphane Perrais, l'oncle paternel de Laëtitia, m'a dit avec un soupir : « Elle a fait tellement de choses en une journée ! Un enfant mettrait dix ans pour faire toutes ces erreurs. »

Vingt-quatre heures de la vie d'une femme.

Mardi 18 janvier 2011

Laëtitia se lève aux alentours de 8 h 30. Elle enfile sa tunique fuchsia à fleurs blanches, son jean bleu clair, ses ballerines, après quoi elle va prendre son petit déjeuner dans la cuisine. Jessica est au lycée, Gaël travaille dans un restaurant de fruits de mer à Pornic, M. Patron s'affaire sur son chantier. Reste Mme Patron, occupée à tailler la haie.

La température est glaciale. Vers 9 heures, Mme Patron rentre dans la véranda pour prendre un petit café. Elle voit Laëtitia devant l'évier.

— Pourquoi tu fais la vaisselle de bonne heure ?

— J'étais réveillée.

— Laisse, on la fera plus tard.

— Non, non, ça m'occupe.

Mme Patron retourne à sa haie. Peu après, elle entend démarrer le scooter de Laëtitia.

— À c'te aprèm, Mimi !

Même emmitouflée dans sa veste, Laëtitia paraît fluette. Son casque intégral décoré d'arabesques bleues et blanches apporte une touche de gaieté à sa silhouette. « Elle a maigri, se dit Mme Patron. Le midi, ils n'ont pas le temps de manger, ils attrapent ce qu'ils peuvent. »

D'habitude, Laëtitia klaxonne pour dire au revoir à M. Patron occupé sur son chantier. Ce jour-là, elle ne l'a pas fait et, rétrospectivement, il en a été peiné.

Le scooter s'engage sur la route de la Rogère. Il est 10 h 30. Laëtitia se gare dans la petite rue derrière l'Hôtel de Nantes. Avant d'embaucher, elle échange quelques SMS avec Jonathan, un ancien ami de lycée. Ils conviennent de se retrouver devant la mairie de La Bernerie à 15 heures.

Au saut du lit, Meilhon appelle son receleur et lui donne rendez-vous au Cassepot dans la soirée : il veut lui refourguer le matériel informatique qu'il a volé dans la nuit à la clinique vétérinaire de Vertou. Pour se réveiller, il va prendre un café et un cognac au Barbe Blues, puis il traîne au Shopi de La Bernerie où il achète un pack de bières. Il en boit quelques-unes, fume un joint, fait des repérages pour voir s'il n'y a pas de l'argent à récupérer à droite ou à gauche. « J'ai commencé ma journée un peu comme toutes les autres. »

À l'Hôtel de Nantes, Laëtitia dresse les tables : une vingtaine de couverts pour les ouvriers qui occupent les chambres à l'étage. À 11 h 30, elle déjeune avec Steven et la femme de ménage. Quelque chose la tracasse.

Le service commence à midi. Laëtitia prend les commandes, sert les boissons et les plats que Steven prépare en cuisine.

À 15 heures, Laëtitia retrouve Jonathan sur le parking en face de la mairie de La Bernerie. Ils vont faire un tour en voiture. Jonathan s'arrête sur le chemin de la déchetterie.

Mme Patron reçoit un SMS de Laëtitia : « je reste a la bern ». « Au moins, se dit Mme Patron, elle prévient, on ne s'inquiète pas. »

Dans la voiture, Laëtitia et Jonathan bavardent un instant.

Tout à coup, ils se regardent bizarrement et s'embrassent. Ils font l'amour sur le siège arrière. Ensuite, la gêne. «Ça reste entre nous, d'accord?» Jonathan dépose Laëtitia devant le Crédit mutuel de La Bernerie.

Le portable de Laëtitia sonne: c'est sa copine Lydia. Elle lui parle tout en marchant. La vie semble lui sourire.

Au bar PMU de La Bernerie, Le Tout va bien, Meilhon enchaîne bières et cognacs. Arrivé en retard pour la course de chevaux, il s'est rabattu sur les secondes courses et les tickets de Rapido. Au moment de sortir du bar pour fumer une cigarette, il aperçoit Laëtitia qui descend la rue en direction de la plage.

42

L'étang de Briord

De toute façon, l'étang de Briord figurait sur la liste des enquêteurs : Meilhon avait passé une journée non loin de là, en compagnie des enfants de son cousin, qu'il avait laissés seuls un instant avec leurs cannes à pêche pour aller braquer une épicerie. Quand, le 9 avril 2011, en début d'après-midi, une promeneuse a aperçu un tronc humain, amputé au niveau des genoux et des épaules, face vers la profondeur, flottant sur ce plan d'eau utilisé pour la pêche de poissons d'eau douce, elle s'est mise à courir au milieu de la route, prise de panique, comme si le meurtrier venait tout juste de repartir.

Tout recommence, comme à Lavau. Sont présents les juges d'instruction, le vice-procureur de permanence, le commandant du groupement de gendarmerie, le commandant de la SR, le directeur d'enquête, le médecin légiste, les plongeurs de la brigade fluviale, les techniciens en identification criminelle. C'est le week-end, il fait un temps splendide. Touchais était dans son jardin avec des amis, en train de faire un barbecue. « Je fais la bise à tout le monde et je pars. »

On procède à la sortie du corps dans une housse mortuaire. Le buste, couvert d'une légère vase, est étonnamment pesant. À l'ouverture de la housse, on s'aperçoit qu'il est ficelé à un parpaing par des cordelettes en nylon qui passent plusieurs fois autour de la poitrine, de la taille, des fesses et entre les jambes. C'est un bloc de chair blanche, d'un blanc très cru,

275

couleur de porcelaine, avec des stries qu'on prend d'abord pour les marques du soutien-gorge et de la culotte ; en fait, ce sont les ficelles qui attachent le buste au parpaing.

Le professeur Rodat prélève un morceau de muscle dans le haut de la cuisse, mais il n'a aucun doute quant à l'identité de la victime, ayant encore à l'esprit les sections observées lors de la première autopsie. Une conférence de presse s'improvise au bord de l'étang. Alexandra Turcat s'éloigne pour dicter sa dépêche par téléphone.

AFFAIRE LAËTITIA : UN TRONC HUMAIN DÉCOUVERT ENTRE NANTES ET PORNIC
(AFP, 9 avril 2011, 16 h 33)

Le buste a soulevé un parpaing de 26 kilos. « Tu verras, quand l'eau va se réchauffer », avait prédit un vieux gendarme à Alexandra Turcat. La putréfaction a libéré des gaz qui ont fait remonter le système tronc-parpaing. Le courant étant nul, il est exclu qu'il ait pu dériver jusqu'au pied du remblai où la promeneuse l'a aperçu.

L'étang de Briord est situé dans la commune de Port-Saint-Père, entre Arthon-en-Retz et Nantes. Le bitume de la petite route chauffe sous les rayons du soleil, mais, à d'autres endroits, la lumière est tellement filtrée par les frondaisons qu'elle en devient froide, sombre avec des reflets verts, olivâtre foncé, vert-de-noir pour ainsi dire, tout comme l'étang a des nuances vert-de-gris, vert d'eau, rehaussées par des nappes d'algues vert acide et les reflets de mercure aveuglants du soleil. Il en naît une espèce de cathédrale dont le sol serait eau, les parois lumière, le plafond feuillage et la nef une route où aboutit, perpendiculairement, une autre route comme un transept sortant des bois. Sur le côté, un chemin de terre envahi par les ronces et fermé par une barrière mène à un château invisible où semble reposer quelque Belle au bois dormant.

L'endroit est isolé, peu fréquenté, la route quasiment

introuvable, à la lisière d'un terrain de chasse privé. L'excellence de ses spots criminels explique pourquoi Meilhon était si sûr de lui, si mutique et goguenard face aux enquêteurs.

Briord est vécu par tous les intervenants comme un soulagement. La découverte du buste était un moment à la fois attendu et redouté. Les coups de couteau sur le crâne et le cou laissaient supposer un acharnement sur les parties basses. On craignait quelque chose d'abominable, et cela traînait depuis des semaines. La recherche mobilisait des effectifs, consommait du temps et de l'énergie, en un mot entravait l'enquête.

Une délivrance, donc. On dispose enfin de l'intégralité du corps.

L'ambiance est beaucoup plus détendue qu'à Lavau. Il n'y règne pas la même angoisse, le même sentiment d'horreur et de désespoir. À Briord, la nature gazouille, alors qu'à Lavau les abords de l'étang et l'hiver suintaient la mort. Et les premières constatations *de visu* sont presque rassurantes : tout le monde s'attendait à pire.

LE TRONC HUMAIN RETROUVÉ EST BIEN CELUI DE LAËTITIA
(*Le Figaro*, 9 avril 2011, 18 h 04)

Même si la découverte tombe en plein week-end, dans une période de calme médiatique, les articles sont clairsemés. M. Patron déclare dans la presse : « Je n'ai pas l'impression d'avoir affaire à un homme. Les enquêteurs, je leur tire mon chapeau. » Sur la page Facebook de Laëtitia, sa tante poste un message : « On t'a enfin retrouvée, maintenant tu vas pouvoir partir en paix. »

Le buste est transporté à la morgue du CHU de Nantes, où il est autopsié par le professeur Rodat et Renaud Clément. Le séjour dans l'eau a donné à la peau un aspect calcique.

Au niveau ano-génital, on ne relève aucune lésion : il n'y a pas toujours de lésions après un viol et, si celles-ci ont existé, elles ont pu être emportées par la dégradation du corps.

Pas de contusions à l'intérieur des cuisses. La cage thoracique est enfoncée. Lors de l'étranglement, la diminution des voies aériennes a entraîné une hyperpression au niveau des alvéoles pulmonaires, qui se sont rompues, comme un ballon d'hélium qui éclate. Des plaies *peri* et *post mortem* sont observées sur la poitrine, le dos et les côtes. Le couteau a perforé le cœur et le poumon gauche (si elle avait été portée du vivant de la victime, la plaie cardiaque aurait provoqué un décès immédiat). La plupart des plaies sont latéralisées sur le côté gauche : il est possible que, lors du face-à-face, le meurtrier ait étranglé de la main gauche et poignardé de la main droite. Des violences extrêmes, donc, mais pas de viol – en tout cas, pas décelable.

Le corps est devenu une pièce à conviction, une archive de la mort. L'étude des cadavres existe aussi en histoire, pour documenter les violences de masse et les génocides : le *forensic turn* (ou tournant médico-légal) n'a pas eu lieu que dans les séries télévisées.

L'ADN de Meilhon est mis en évidence, mélangé à celui de Laëtitia, sur la cordelette qui a servi à ficeler le buste au parpaing.

*

Le 6 juin, le juge Martinot reçoit Tony Meilhon dans son bureau avec le juge Desaunettes.

– Il ressort des rapports d'expertise que la cause du décès de Laëtitia est l'étranglement. Que pouvez-vous en dire ?

– Je sais pas. C'était peut-être avec la sangle du casque.

À la fin de l'interrogatoire, Meilhon remet aux magistrats une lettre de neuf pages. Il y précise sa version des faits : rencontre à La Bernerie, promenade à deux sur la plage, verres au Barbe Blues et au Key46, passage au Cassepot, retour à La Bernerie, départ de Laëtitia en scooter, course-poursuite pour lui rendre ses gants, accident mortel de la circulation, chargement du corps dans la 106, retour au Cassepot, « trou noir », découverte le lendemain matin du corps démembré, rencontre de Bertier à Atlantis, immersion de la nasse à Lavau et du tronc à Briord, arrestation par le GIGN et, pour finir, une grande inconnue : « Je me pose encore des questions sur ce qui s'est vraiment passé. »

Les enquêteurs ne savent pas où Laëtitia a été tuée. Cela pose un problème administratif : pour inscrire le décès à l'état civil et procéder à l'inhumation, il faut savoir dans quelle commune la personne est morte. « Sa mairie de naissance, explique le juge Martinot, nous a demandé où elle était décédée. Eh bien… Elle est décédée entre La Bernerie et Le Cassepot. »

Le 21 juin 2011, le juge délivre le permis d'inhumer.

43

Le 18 janvier, après-midi

La première fois que j'ai vu Tony Meilhon, c'était à l'ouverture de son procès d'appel, en novembre 2014, à Rennes, au Parlement de Bretagne dont les lustres, les ors, les ciels, les lys dorés sur fond bleu font revivre le souvenir de la monarchie dans un des hauts lieux de la République. Quelques instants auparavant, une vingtaine de caméramans filmaient le box vide, avant d'être congédiés sans ménagement par un huissier, « allez, on sort ! », et de filer comme des écoliers penauds. Une fois la cour installée, on fait entrer l'accusé. Encadré par six gendarmes, il s'avance, vêtu d'un survêtement rouge à bandes blanches.

« Désentravez l'accusé. »

Il s'assoit. De ma place, à trois pas du box, je le vois promener sur le public un regard mi-surpris, mi-amusé. Il fait beau gosse soigné : la boule à zéro, une fine moustache, un triangle de poils sous la lèvre. Un chewing-gum active les muscles de ses mâchoires.

En raison de la grève des avocats, le président annonce le renvoi du procès. Meilhon se lève : « Je suis venu ici pour être jugé une seconde fois. Je respecte la démarche des avocats, mais il faut que justice se fasse. »

Quand Laëtitia s'est promenée avec lui sur la plage de La Bernerie, dans l'après-midi du 18 janvier 2011, il ressemblait à tout autre chose : ses cheveux noir corbeau étaient coiffés en arrière, dégageant les tempes rasées et faisant ressortir le visage laiteux. L'horreur du crime, entre 1 et 2 heures du matin, fait oublier que, à 17 heures, Meilhon est un homme singulier, drôle et charmeur.

En première instance, à Nantes, et lors du procès d'appel qui s'est finalement tenu, à Rennes, un an plus tard, Meilhon a raconté leur après-midi en amoureux. Comme il a lu le dossier d'instruction, il connaît la teneur des dépositions faites à son sujet et il s'efforce d'en prendre le contre-pied pour faire bonne impression. Il est probable qu'il mente sur certains points – leur rencontre à l'été 2010, la cocaïne sur la plage, le baiser échangé –, mais, dans l'ensemble, son récit est confirmé par les témoins et, surtout, il corrobore une donnée fondamentale : d'une manière ou d'une autre, pour une raison ou pour une autre, Laëtitia a été attirée par Tony.

Je suis au PMU Le Tout va bien. Je loupe la course de chevaux, je bois un verre ou deux.
Je vois Laëtitia, il est moins de 16 heures.
Je la reconnais tout de suite.
Elle descend la rue, on se regarde :
– Laëtitia ! Qu'est-ce que tu fais ?
– Je vais sur la plage.
On marche en direction de la plage, on discute.
– Qu'est-ce que tu deviens depuis la dernière fois que je t'ai vue ?
Ma voiture est garée rue de la Mer. Je prends de la bière avec moi sur la plage.
Je bois une bière, je lui passe une bière.
Je fume un joint, elle tire quelques tafs.
Je prends de la coke, elle dit : « Oui, j'en ai déjà pris sur Nantes. »
On prend une trace ensemble.
On a continué à discuter. Je lui ai fait les lignes de la main, j'ai essayé de la charmer.
Je la sentais joyeuse, charmeuse et, en même temps, il y avait quelque chose, une souffrance, un manque de reconnaissance.

Il y a eu un… pas un coup de foudre, mais une certaine compréhension entre nous. Je sais pas, peut-être dans le regard.

On a marché un peu, il y avait un coucher de soleil.

Je lui ai proposé de la prendre en photo. Je la trouvais jolie, elle était souriante.

Ah oui, j'ai oublié de vous dire, on s'est embrassés sur la plage. À 18 heures, on est allés au Barbe Blues. J'ai bu un verre d'alcool, elle un Coca.

Elle est retournée au travail.

On était devant le restaurant, enlacés. On s'embrassait, sur le point de se quitter et de se revoir ensuite. Tout allait bien entre nous.

Une voiture est arrivée. On s'est aperçus que c'étaient ses patrons, elle a fait un geste de recul ou d'intimidation, de honte peut-être, je sais pas.

Mme Deslandes est descendue. Elle a commencé à ouvrir son portail d'entrée pour que son mari entre avec la voiture. J'ai retenu le battant du portail.

Elle a dit : « Vous êtes dans une propriété privée, veuillez sortir. »

J'ai dit : « Non, je suis là pour Laëtitia. » Je lui ai vanté son restaurant : « Je ne manquerai pas de venir à l'occasion. »

Laëtitia rigolait. C'était un peu comique, je sais pas.

Ensuite, elle a pris son service.

Je suis allé dans le magasin Pro & Cie, juste pour un repérage. Je suis pas resté très longtemps.

Au Shopi, j'ai racheté de la bière.

Je suis retourné au Barbe Blues. C'est un bar où il y a souvent de la musique, beaucoup d'alcool, un bar qui ouvre la nuit.

J'ai continué à boire ma bouteille de cognac entamée, entre-mêlée avec des verres de vodka.

J'avais envie de lui faire plaisir. On avait parlé des gants.

J'ai demandé à Cléo et son ami Gérald, ils m'ont dit d'aller au Super U sur Arthon. Il devait être 19 heures ou 19 h 30.

Je suis allé au Leclerc de Pornic. J'ai croisé une dame dans la galerie, elle m'a dit : « Le magasin est fermé. »

Je suis arrivé au niveau des caisses. Il y avait un vigile, une caissière qui faisait sa caisse.

J'ai dit : «S'il vous plaît, c'est pour ma petite sœur, elle commence son travail demain.»

Elle m'a dit : «Allez-y vite fait, c'est juste en face.»

J'ai pris deux paires de gants au pif, une paire foncée et une de couleur rouge.

J'ai donné un billet de 20 euros. Elle voulait me rendre la monnaie, j'ai dit «non, gardez-la», elle dit «je peux pas», je dis «laissez-moi votre numéro, je vous filerai la monnaie plus tard», avec un clin d'œil.

Dehors, je recroise une personne, une employée du magasin. Elle attendait.

Je retourne dans ma voiture, je me roule un petit joint.

Je la vois en train d'attendre. Je lui propose de monter, si elle a froid. Elle me répond pas, elle me snobe.

Je pars, je roule vite.

Tout le temps, je roule vite. C'est pas une Porsche, une Ferrari, c'est une petite 106, mais tout compte fait j'aime bien faire grincer les pneus, le démarrage, etc.

Je retourne au Barbe Blues. Je leur dis que j'ai acheté des gants.

Je rebois un coup.

Je reçois un appel, j'avais rendez-vous avec un copain après le casse de Vertou. On devait se rappeler en fin d'après-midi. Moi, j'avais complètement oublié.

J'arrive au rendez-vous en retard au Cassepot. Il est 20 h 30 passées.

Il commence à gueuler. Je me suis mis à sa hauteur, à son niveau d'énervement. Il m'a même dit qu'il était temps d'arrêter de boire.

Je suis un peu dans le speed, comme d'habitude. J'avais beaucoup bu. Je suis pas euphorique, mais un peu énervé. Je lui fais voir le matériel, ça l'intéresse pas.

Je retourne sur La Bernerie.

Au Barbe Blues, il y a un espèce de concours de *shooters*, c'est des boissons alcoolisées, vodka, je sais plus trop ce qu'il y a dedans, le tout entrecoupé de bières, de cognac aux amandes, de cocaïne dans les toilettes.

Je devais vendre deux grammes de coke à Cléo.

Je sors assez fréquemment fumer des joints.

À un moment, je sors du bar, j'entends un scooter vers le restaurant. Je regarde l'heure, il est 21 h 30 approximativement. Je me dirige vers le restaurant pour aller chercher Laëtitia, comme c'était convenu.

Je vois le scooter qui part. Je sais pas si c'est elle.

Je prends ma voiture – enfin, la voiture volée –, j'arrive sur le parking en face de la mairie.

Le scooter passe devant moi.

Je fais des appels de phares. La personne tourne légèrement la tête, mais ne ralentit pas, ne s'arrête pas.

Je dis «mince alors!», je vais essayer de l'intercepter pour avoir une explication.

Je commence à suivre le scooter, je klaxonne, la personne se retourne, zigzague un peu, je lui fais signe de s'arrêter, je me mets à sa hauteur, mais des voitures arrivent en face, je veux pas provoquer un accident.

On entre dans un rond-point, il prend une sortie, je continue à klaxonner et à faire des appels de phares.

Il s'arrête à l'entrée de la route.

Je lui dis: «T'es qui, toi?»

Lui, il dit que je suis énervé. Sur le moment, je m'en rends pas compte. Tout le monde croit que j'étais énervé. Non, j'étais speed, sous coke, alcool.

Je retourne à La Bernerie. J'essaie de l'appeler, pas de réponse.

Je la vois.

Elle m'attend à côté de son scooter, avec son casque à la main.

*

Ce jour-là, Meilhon est fidèle à lui-même: s'alcooliser toute la journée, prendre des rails de coke, traficoter, faire du business avec son receleur, draguer tout ce qui bouge, parler d'un ton agressif. Laëtitia, en revanche, est très différente d'elle-même: elle trompe son petit copain, puis se laisse aborder par un marginal avec qui elle va fumer et boire en pleine après-midi. Jeune fille romantique et fragile à peine sortie de l'adolescence et du lycée, choquée par les stratagèmes des garçons méchants qui «nou fon du mal en fesant sa», elle vit de SMS et de télé, ne boit pas, ne fume pas, sort peu et seulement avec ses amis. Et, ce 18 janvier 2011, tous les interdits sautent.

L'ensemble des témoins ont été marqués par ce couple improbable : un caïd un peu pochtron, un peu négligé, avec cheveux longs et veste en cuir, flanqué d'une adolescente timide et frêle. Une enfant au bras d'un homme. Pour M. Deslandes, c'était « la Belle et la Bête ». Au Barbe Blues, Gérald et Loulou croient qu'elle a seize ans, et le receleur de Meilhon rapporte en ces termes l'entrevue du Cassepot : « Il m'a dit qu'il avait rendez-vous avec "une jeune fille innocente" de dix-neuf ans. Les termes, ça m'avait un peu choqué. »

Meilhon développe un sentiment de toute-puissance vis-à-vis de Laëtitia : celle-là, il ne va pas la laisser filer, c'est un « dossier » facile à traiter. Son agressivité, au moment où il poursuit le scooter de Steven et l'oblige à s'arrêter sur le bas-côté, peut s'expliquer par cette inquiétude : pour la première fois de la journée, Meilhon a l'impression que Laëtitia lui échappe. Et si elle avait prévu de se coucher tôt, parce qu'elle travaille le lendemain ? Et si c'était une « salope » aussi fuyante que les autres ? Le shit, la cocaïne, les photos, le Coca, les gants, tout ça n'aurait servi à rien.

Le 18 janvier 2011 est un jour ordinaire pour Meilhon ; pas pour Laëtitia. Pourquoi, de sa part, cette énorme décompensation ? Pourquoi ce jour-là ? On ignore ce qui est venu perturber si violemment son quotidien.

44

Les obsèques

Exceptionnellement, Franck Perrais et Sylvie Larcher ont réussi à s'entendre sur quelque chose. Dans une marbrerie, ils ont choisi une tombe pour leur fille et ils ont demandé qu'elle soit enterrée à Nantes, près d'eux. En entendant cela, Jessica a bondi : « Si Laëtitia n'est pas à La Bernerie, je ne vous parlerai plus jamais ! »

Selon les Perrais, Jessica était manipulée par les Patron : à cette époque, elle était complètement inerte, assommée par les médicaments, répondant oui à tout, endormie par la douleur et les beaux discours de M. Patron. Aujourd'hui, pourtant, Jessica n'a aucun regret : il est normal que Laëtitia soit à La Bernerie, elle y a vécu six ans, elle y avait ses amies, c'est là qu'elle a fait son apprentissage. « Le maire de Pornic lui a offert le cercueil à vie. Normalement, il faut payer, mais elle, elle a perpétuité. Moi, j'ai déjà ma place à côté. »

Les obsèques de Laëtitia ont eu lieu le samedi 25 juin 2011, dans l'église de La Bernerie, en présence d'une foule immense. Deux grands portraits ornent la façade, avec les mots « Laëtitia est dans notre cœur ». Partout des roses blanches. Des gens qui s'étreignent, le visage défait. Des amis. Des voisins. Des curieux. Des paparazzis en embuscade. La famille doit se frayer un chemin à travers la foule pour pouvoir suivre le corbillard, une camionnette grise à l'arrière vitré. Le petit cercueil blanc, porté par des hommes, s'engouffre dans la nef obscure chamarrée de vitraux.

Seuls les proches, reconnaissables à leur ruban blanc, sont admis dans l'église. Les flammes des bougies font onduler une marée d'or autour du portrait. Mme Carr ne lâche pas Jessica d'une semelle. Jessica et Fabian se reconnaissent et s'embrassent. Jessica prend place sur le banc des Patron, loin de ses parents. Dans son homélie, le prêtre demande à l'assemblée en pleurs de résister aux «forces de haine, de vengeance et de mort». La chanson de Grégoire résonne dans l'église: «J'aurais aimé tenir ta main un peu plus longtemps.» M. Patron, qui a interdit à Lola d'assister aux obsèques de sa meilleure amie, réclame la création de fichiers pour les délinquants sexuels multirécidivistes: «Nous sauverons peut-être nos enfants de l'intolérable souffrance qu'ils subissent lors d'un viol.»

À la sortie de l'église, Franck Perrais se met en retrait. Son frère le houspille: «Vas-y, c'est ta fille!» Finalement, il s'approche pour lui tenir le bras, mais c'est Jessica qui n'a pas envie. Franck Louvrier, le conseiller en communication du président, la réconforte dans l'axe des téléobjectifs.

Les journalistes-vautours perturbent la cérémonie par leur présence, mais ils publient aussi des articles forts, qui permettent à tous les Français de participer. Jean-Sébastien Évrard, de l'AFP, réalise une série de photos de Jessica encadrée par son père et M. Patron. Ce sont des photos intemporelles où la jeune fille, vêtue de noir, les cheveux coupés court, des larmes sur les joues, est une héroïne tragique dont l'éblouissante beauté s'offre au triomphe de l'injustice et du désespoir. Quand les adultes proclament «nous sommes effondrés» ou «notre douleur est sans nom», Jessica regarde à travers eux. Droite, digne, elle ne dit rien, elle n'a rien à dire, elle n'a que ses larmes et son regard perdu, d'une intensité bouleversante. Elle a beau être entourée, on la sent irrémédiablement seule, abandonnée à tout jamais, plongée dans une incompréhension absolue et définitive. À côté de son malheur, toute prose est plate.

La montée au cimetière est fatigante, interminable. Jessica

effectue son chemin de croix presque sous hypnose, au bras
de Mme Carr.

*

Je me tiens avec Cécile de Oliveira devant la tombe
en marbre rose. Sur la stèle sont gravés un paysage marin, des
rochers, une barque amarrée, un phare qui résiste à l'assaut
d'une vague, un goéland planant dans le ciel. Il y a d'innombrables hommages : des lys, des roses, des anges, des colombes,
des poèmes, des plaques funéraires : « À ma fille », « À mon
amie », « Nous ne t'oublierons jamais », « Dans notre cœur à
jamais tu demeures ». Juste à côté pousse un ginkgo biloba,
un des plus anciens arbres sur la Terre, offert par les habitants
d'un village voisin.

Le soir, j'envoie un SMS à Jessica pour lui dire que nous
avons été « voir Laëtitia ». Réponse : « Alors, comment vous avez
trouvé la tombe de ma sœur ? » Dans ma famille juive laïque,
nous sommes plutôt « ni fleurs, ni couronnes », mais Jessica
peut être fière : c'est une belle tombe, douce et apaisante, qui
déborde d'amour.

Les marches d'anniversaire partent du centre de La Bernerie
et s'achèvent dans le cimetière. La dernière n'a rassemblé qu'une
demi-douzaine de proches, sans Jessica. La mairie n'aime pas
trop, dit Franck Perrais, « soi-disant que ça nuit au tourisme ».

Jessica se rend au cimetière plusieurs fois par an. Des amies
passent, ainsi que beaucoup d'inconnus. Parfois, des fleurs
nouvelles apparaissent sur la tombe, et Jessica sait que quelqu'un
a pensé à sa sœur. Quand elle vient, elle tient à être seule, pour
pouvoir lui dire des choses, lui donner des nouvelles. Lorsqu'elle
est accompagnée par des amies, elle lui parle quand même,
mais « dans la tête ». Parfois, des gens s'approchent : « Vous
êtes la sœur ? » Ils la dévisagent et lui souhaitent bon courage.

Abandonnées au soleil et aux intempéries, deux bougies
en forme de 2 gisent parmi les angelots et les plaques

commémoratives. La présence de ces bougies m'a décontenancé, avant que je comprenne que Jessica a fêté ici leur vingt-deuxième anniversaire, le 4 mai 2014. Elle est venue avec deux amies. Elle a partagé une tartelette en quatre. Elles ont chanté, soufflé les bougies, mangé le gâteau. Jessica a fini par manger la part de sa sœur, «parce que sinon, dit-elle avec un sourire, je risquais d'attendre longtemps!».

45

Le 18 janvier, soir

Devant l'Hôtel de Nantes – façade jaune canari avec auvents bleus dans la nuit de La Bernerie –, Laëtitia attend sagement Meilhon. Comme il est en retard, elle appelle Kévin, et c'est sans doute à ce moment que Meilhon finit par arriver, puisque Kévin se souvient d'avoir entendu un homme chuchoter à côté d'elle.

Il est 22 heures. Dans sa grande chambre, Jessica se met au lit ; elle a cours le lendemain. Mme Deslandes quitte l'Hôtel de Nantes, étonnée que le scooter de Laëtitia soit toujours dans la rue.

Meilhon et Laëtitia sont au Barbe Blues, attablés au fond de la salle. Dans le bar, les clients commencent à être soûls. Parmi eux, Loulou, Gérald, Cléo, Yvan et d'autres habitués. Desperados et Baileys pour les uns, *shooters* de vodka au caramel pour les autres, rails de coke aux toilettes pour tous ceux qui veulent. Brouhaha alcoolisé, gros rires, exclamations au flipper et au baby-foot. Le concours de *shooters* bat son plein. Laëtitia se fait toute petite devant sa tasse de café. Peut-être regrette-t-elle d'avoir sniffé de la coke.

Une dispute éclate entre Gérald et Yvan au sujet de Cléo, que ce dernier aurait essayé de draguer. Meilhon se lève et pose la main sur l'épaule d'Yvan :

– Eh cousin, on se calme. Je suis là pour boire un coup, pas pour entendre les gens s'engueuler.

– De quoi j'me mêle? aboie Yvan. Si tu veux, on va se battre aussi!

Meilhon et Yvan se poussent, des verres sont renversés, la tasse de café de Laëtitia tombe et se brise, des insultes fusent. Le serveur du Barbe Blues fait le tour du comptoir pour s'interposer. Meilhon le soulève par le col.

Finalement, Meilhon arrive à se contenir et sort sur la terrasse. Yvan continue à l'insulter depuis le bar:

– Ta mère, c'est une pute! Dis-moi ton nom et où t'habites, je vais te mettre une balle dans la tête!

Meilhon rouvre la porte et hurle:

– Je m'appelle Tony! Si tu veux finir la baston, viens au Cassepot à Arthon-en-Retz. J'y suis tous les jours, je t'attends!

Des habitués empêchent Meilhon de retourner dans le bar, où d'autres ceinturent Yvan. Trois clients quittent le Barbe Blues, fuyant cette embrouille d'ivrognes. Apeurée, Laëtitia sanglote dans un coin de la terrasse.

Au procès d'appel, commentant la scène, Meilhon a lancé à Franck Perrais, assis sur le banc des parties civiles: «Je suis désolé, monsieur Perrais, mais elle m'a dit que ça lui rappelait son enfance.»

Sur la terrasse du Barbe Blues, le serveur reproche à Meilhon son attitude.

– Dans ces moments, répond Meilhon, je vois plus personne.

Laëtitia s'apprête à partir, son casque à la main.

– Si c'est comme ça, dit Meilhon, on s'en va.

Laëtitia et Meilhon s'éloignent à pied en direction de la mer.

– Vous allez où? crie Loulou.

– Sur Pornic, répond Meilhon de loin.

Il est 22 h 30. Jessica s'est endormie. Mme Patron se couche. Gaël est dans sa chambre, un studio à l'extérieur de la maison.

La 106 remonte à toute vitesse la rue de la Mer et fonce en direction de Pornic. Loulou renonce à suivre le couple et, en quête de prostituées pour finir la nuit, s'installe à l'ordinateur du Barbe Blues. Des amis raccompagnent Yvan ivre mort.

Peu avant 23 heures, Meilhon gare la 106 sur le parking devant le casino de Pornic, à côté du port de plaisance. Il emmène Laëtitia au Key46, un bar-lounge où il a éclusé quelques verres la veille, en compagnie de Loulou, d'un ancien codétenu et de son amie.

Meilhon présente Laëtitia au barman et commande deux coupes de champagne. Au procès, le barman a déclaré : « Je pense qu'il avait de l'emprise sur elle. Dès qu'il la regardait, elle ne bougeait plus, elle ne faisait plus rien. » Meilhon sort fumer sur le quai ; Laëtitia reste au bar, nerveuse, inquiète, à pianoter sur son portable. À 23 h 02, William l'appelle sur son portable.

– J'ai bu de l'alcool, j'aurais pas dû.

Il est 23 h 30. En allant se coucher, M. Deslandes remarque que le scooter de Laëtitia est toujours dans la rue.

Patrick et Jeff, deux anciens codétenus de Meilhon condamnés pour violences et trafic de stupéfiants, arrivent au Barbe Blues où ils retrouvent Loulou, Gérald, Cléo et les autres, tous bien alcoolisés. Ils ont eux-mêmes passé la journée à Rochefort à boire du whisky et à jouer à la pétanque. On leur raconte l'altercation, le départ de Tony avec une petite jeune fille.

Sur le quai, en face du casino de Pornic, Laëtitia et Meilhon retournent à la 106. La voiture démarre en direction du Cassepot.

*

Je suis arrivé à Pornic en train, venant de Nantes, avec une correspondance à Sainte-Pazanne. La nuit tombe, il pluvine, le port de plaisance s'enfonce dans le sable mouillé du soir, le vent fait cliqueter les mâts.

Non seulement le Key46 a changé de nom, mais il est

fermé, comme me l'explique par signes le patron attablé avec deux amis. Le bar a été refait à neuf, avec un énorme écran de télévision à plasma et une horloge murale où le temps semble arrêté.

Je me rabats sur le casino. Devant les machines à sous illuminées comme des sapins de Noël, des vieilles dames claquent frénétiquement leur pension de retraite. Des agents de sécurité stylés veulent me conseiller. Des promesses d'argent, « cash », « jackpot », « super bonus », éclatent en couleurs criardes. Petit temple du fric et du cliché, chaque machine à sous est consacrée à une déesse : « Shadow Diamond », vestale aux cheveux raides, darde sur vous ses yeux bleu acier, en tenant entre ses doigts un diamant taillé géométriquement comme les gratte-ciel qui structurent l'arrière-plan ; dans la « Golden Tower » aux murs mangés de lierre, une princesse en robe rose, bouche entrouverte, le regard dans le lointain vaporeux, un œillet dans ses cheveux blonds, soupire après le chevalier qui viendra la délivrer ; « Sky Rider » est une amazone aux traits asiatiques, dont le diadème et le soutien-gorge vert en peau de serpent suggèrent qu'elle va bientôt occire le dragon qui se cabre derrière elle.

Devant quelle machine à sous Laëtitia aurait-elle tenté sa chance ? Quelle féminité idéale et mensongère pour accompagner la petite fille qui va bientôt mourir ?

Je fais quelques pas sur le parking, là où Meilhon a garé sa 106. Le château de Gilles de Retz jette des flaques de lumière jaune sur la chaussée mouillée, tandis que les néons du casino laissent des cicatrices fluorescentes dans la nuit. Je descends la rampe en béton par laquelle on met les bateaux à l'eau. Le vent cisaille l'obscurité. La mer se confond avec la nuit ; on ne peut que l'entendre, grondante, toute proche. Je remonte la rampe et, échappant aux remous noirs, aux soupirs des mâts qui se redressent lentement, je m'enfuis sans avoir bu ma coupe de champagne au Key46.

46

La fin du *deal*

Après les obsèques, Alain Larcher a tout raconté à Jessica : ce que son père faisait à sa mère, pourquoi il était en prison quand elles étaient petites. Jessica n'a plus envie de le revoir, elle se choisit une nouvelle famille : M. et Mme Patron. Malgré les attouchements qui ont recommencé sur le canapé du salon et sur le chantier, elle leur demande de l'adopter. Elle voudrait porter leur nom : Jessica Patron.

Le 14 juillet 2011, l'une des filles Patron, trouvant Jessica assise sur les genoux de « P'tit Loup », lance à sa mère :

– Méfie-toi, maman, Jessica veut prendre ta place.

– Tu es folle, ma pauvre fille ! répond Mme Patron estomaquée. Tu racontes n'importe quoi !

Pour Mme Patron, il s'agit, à la limite, d'une domination mentale sur son mari, qui dit amen à tout ce que veut Jessica, mais jamais elle n'a imaginé quelque chose de sexuel. Jessica leur témoigne de l'affection, c'est tout.

Le soir même, une dispute éclate entre Jessica et M. et Mme Patron. Le couple a prévu de faire un voyage à Tahiti à l'automne et Jessica veut absolument en être, mais Mme Patron n'a pris que deux billets :

– Il est hors de question qu'on t'emmène ! Tu seras à l'école ou tu travailleras.

Jessica tombe dans les bras de Mme Patron en pleurant :

– Mimi, Mimi, pourquoi vous voulez pas m'adopter ?

Début août, un vendredi soir, la même scène se reproduit. Jessica les supplie de l'adopter.

– Pourquoi vous voulez pas m'emmener avec vous à Tahiti?

– Non seulement tu n'iras pas à Tahiti, s'écrie Mme Patron, mais tu te trouves du travail, tu passes ton permis et tu te prends un appartement. Ça suffit maintenant!

Des mots durs sont prononcés. Jessica se lève de table et se réfugie dans sa chambre en claquant la porte. Quelques minutes plus tard, elle ressort: «Je vais voir Lola.» M. Patron la regarde partir: il sait qu'elle va chez l'amie qui a déposé une main courante contre lui, un an plus tôt.

Ensuite, cela n'a plus été pareil. Jessica a changé. Elle s'est remise à faire des crises d'angoisse.

Le lundi 8 août 2011, Lola, la meilleure amie de Laëtitia, et Justine, la petite amie de Jessica, portent plainte contre M. Patron, la première pour divers attouchements commis depuis 2007, la deuxième pour des caresses subies en juillet, alors qu'elle sortait de la chambre de Jessica pour aller aux toilettes. Le 15 août, M. Patron est placé en garde à vue à la brigade de Pornic. Jessica, entendue à son tour par les gendarmes, fait des déclarations circonstanciées: on bascule dans une procédure criminelle.

Mis au courant par ses collègues, Frantz Touchais demande au juge Martinot de l'autoriser à réentendre les jeunes filles dans le cadre de la commission rogatoire. «Pour moi, ça a fait tilt par rapport aux courriers suicidaires de Laëtitia.» Lola révèle à Touchais les confidences que Laëtitia lui a faites sur la plage au sujet de M. Patron; elle l'a aussi aperçu en train de caresser les fesses de Laëtitia. Touchais rédige un procès-verbal de renseignement judiciaire à l'intention de Martinot: il convient de signaler les faits au procureur de la République, à charge pour lui de saisir un autre juge d'instruction. Pour compliquer encore les choses, M. Patron est partie civile dans le dossier Laëtitia.

Retirée de chez les Patron le soir même, Jessica est hébergée en urgence dans la famille d'accueil de Lola. Au bout de quelques jours, elle doit repartir. Et sa vie d'errance reprend, comme quand elle était petite : faire son sac à dos, laisser ses cartons à droite et à gauche, vivre en foyer, se demander ce qu'on va faire le week-end, errer en ville, refaire ses cartons, déménager. Quelques mois plus tard, Jessica sera reconnue comme travailleuse handicapée et placée sous curatelle, à des fins de protection.

M. Patron est mis en examen. Il nie farouchement les agressions sur Justine et Lola, les viols sur Laëtitia et Jessica, mais reconnaît avec cette dernière une « relation sentimentale » à partir de sa majorité. Le père d'accueil a des rapports de nature sexuelle avec celle qu'il présente comme sa fille et qui lui a demandé de l'adopter.

L'information fuite très vite, les journalistes étant tous prévenus par des sources différentes. Dans le vide du mois d'août, la nouvelle éclate comme un coup de tonnerre. Il faut dire qu'elle est particulièrement sordide : avant d'être tuée, Laëtitia aurait été violée par son père d'accueil. « Là, dit Alexandra Turcat, le ciel nous tombe sur la tête. On arrivait en dessous de l'horreur et de la misère : on touchait le fond. »

AFFAIRE LAËTITIA : LE PÈRE D'ACCUEIL SOUPÇONNÉ D'AGRESSION SEXUELLE ET VIOL
(AFP, 17 août 2011, 12h12)

LAËTITIA : LE PÈRE D'ACCUEIL ÉCROUÉ POUR VIOLS
« Poursuivant leur enquête, les gendarmes convoquent la jumelle de Laëtitia. Elle leur révèle alors la relation particulière qui la liait à Gilles Patron, depuis plusieurs années. Elle n'a pas déposé plainte. "Je ne veux pas qu'il m'en veuille, a-t-elle confié aux enquêteurs. Tout ce que je veux, c'est qu'il arrête. Je ne veux pas qu'il aille en prison, même si je pense qu'il le mérite. Je préférerais qu'il soit soigné." »
(Ouest-France, 18 août 2011)

Consternation, dégoût. Un homme si droit qui ne manquait pas une occasion de dénoncer les pervers, les délinquants sexuels !

Personne n'aurait pensé, personne n'aurait pu soupçonner… Les dernières illusions – les jumelles à l'abri chez les Patron, une famille pour soutenir Jessica après le drame – s'effondrent. C'est l'affaire dans l'affaire, l'horreur dans l'horreur, le glauque dans l'atroce.

Même si M. Patron n'a finalement pas été jugé ni condamné pour des agressions sur Laëtitia, c'est *dans le cadre de l'affaire Laëtitia* que ses victimes ont été entendues à l'époque. Faute d'éléments circonstanciés, les charges seront abandonnées en ce qui concerne Laëtitia, et un non-lieu sera prononcé par la juge d'instruction. Il est établi, en revanche, que M. Patron a agressé Jessica pendant son adolescence et après sa majorité. «La double peine de Jessica Perrais», titre *Paris Match*.

M. Patron est descendu en flammes aussi vite qu'on l'a porté aux nues. On lui crache dessus après lui avoir tendu le micro. De fait, les révélations de Jessica portent un coup fatal à son image de bon père de famille préoccupé par le bonheur des enfants. M. Patron tombe le masque : l'Incorruptible de Pornic, représentant des familles d'accueil pour le pays de Retz, défenseur des victimes, dévoué à la cause de l'enfance malheureuse, drapé dans sa dignité d'homme intègre, se révèle un tartuffe qui plonge ses mains dans tous les girons, un violeur d'enfants enrichi par l'argent du conseil général.

Alain Larcher crie son dégoût. Stéphane Perrais se souvient du mépris avec lequel M. Patron les traitait, eux les bons à rien, les gueux de Nantes : la comédie du «père modèle» cachait les turpitudes du «gros pervers». Mme Patron, elle, refuse de croire à la culpabilité de son mari. Difficile de faire la part entre l'amour, l'orgueil et le déni.

Quand Jessica raconte à Franck Perrais les agressions commises par celui qui jouait partout le rôle du «vrai» père, son sang ne fait qu'un tour :

– Je vais lui casser la gueule !

– Papa, si tu es de nouveau violent, tu vas aller en prison. J'ai pas envie que tu sois en prison.

– OK, bredouille Franck Perrais.

Ce n'est qu'à la fin du mois d'août que Jessica accepte de porter plainte contre M. Patron. Depuis la mort de Laëtitia, c'est l'avocat de la famille Patron qui la représentait. Situation intenable. Cécile de Oliveira entre en scène. Pour Jessica, c'est la fin de la « patronisation » et le début des hospitalisations en psychiatrie – comme sa mère.

En septembre, Clémentine porte plainte à son tour contre M. Patron pour viol et agressions sexuelles, les faits remontant à 2003-2004.

M. Patron et Jessica sont confrontés pendant sept heures dans le bureau de la juge d'instruction, en présence de leurs avocats respectifs. Il est très à l'aise, ricanant, disqualifiant la parole de Jessica, bondissant de sa chaise pour réparer la photocopieuse tombée en panne ; elle est intimidée, chancelante, honteuse quand il faut décrire les séances de masturbation et les pénétrations digitales. À la sortie du palais de justice, Cécile de Oliveira déclare : « C'est très difficile d'être confrontée à un homme qu'elle considère comme son père depuis qu'elle a douze ans et demi et qui est devenu son agresseur au cours de son adolescence. » Grâce à de nombreuses fuites, la presse décrit en détail les actes de M. Patron sur Jessica. « Dégueulasse, commente la juge d'instruction en charge du dossier, et déstabilisant pour mon enquête ».

Le 8 décembre 2011, Cécile de Oliveira demande au juge Martinot que les Patron ne soient plus partie civile dans le dossier Laëtitia. Ils ne sont pas allés à Tahiti cet automne-là : à la date prévue pour le décollage, Monsieur était en prison.

Pour Mme Patron, les trois jeunes filles, Lola, Justine, Clémentine, ont menti. Il n'y a eu de gestes déplacés sur aucune d'entre elles. Certes, l'« autre andouille » a eu tort de fricoter avec Jessica : « Mon bonhomme, tu n'aurais pas dû ! Tu n'avais qu'à garder tes mains au bout de tes bras. » Mme Patron tire argument des crises de l'été 2011 – l'adoption, Tahiti – pour démontrer que son mari n'a pas agressé Jessica : « Elle a été violée et elle ne veut pas se séparer de nous? Elle a été violée et elle veut qu'on l'adopte? Je ne pardonne pas à l'éducatrice qui a dit au procès que les filles étaient "patronisées", qu'elles ne pouvaient pas faire ce qu'elles voulaient. Bon sang! Elles n'étaient pourtant pas attachées. »

Jessica, elle, a tout perdu : sa sœur, sa famille d'accueil, son innocence, sa joie de vivre, son anonymat, sa tranquillité. Elle a choisi de briser le silence non pas à la mort de sa sœur, mais à la suite d'une crise familiale qui lui a fait comprendre à quel point elle avait été le jouet de M. Patron. Pendant toute son adolescence, elle a supporté les attouchements de son père d'accueil parce qu'elle espérait, en échange, l'amour d'une famille, une vie stable, une place quelque part. Son corps contre un peu d'affection ; la souillure contre la chance de vivre dans une maison, de compter pour quelqu'un ; la patte vicieuse d'un grand-père pour avoir le droit d'assister aux anniversaires de ses petites-filles. Pour être aimée, il fallait en passer par là.

Après l'enterrement de Laëtitia, lorsque son oncle lui révèle les secrets de famille, la violence de son père, les causes de la dépression de sa mère, Jessica n'a plus qu'un avenir : les Patron. Or ils ne veulent pas l'adopter. Ils ne veulent pas d'elle, elle qui a tout donné pour être acceptée d'eux. Les vacances à Tahiti, elle les vit comme un abandon. À la place, elle doit «se trouver» du travail et un appartement, c'est-à-dire partir : elle perd ce à quoi elle tenait le plus, une famille, la seule chose pour laquelle elle était capable de subir en silence. Le *deal* «viols contre affection» vient de prendre fin.

47

« Elle m'a dit : "Arrête" »

Après avoir quitté le parking du casino de Pornic, la 106 emprunte le quai Leray en direction du pont. La voiture sort de la ville et s'enfonce dans la nuit par des petites routes de campagne, Laëtitia toujours rivée à son portable.

Le Cassepot à minuit. Il faut imaginer le hameau désert, les bois humides, la silhouette des arbres sur le ciel noir, le terrain encombré de carcasses de voitures, craquelé de flaques gelées, cerné par un bâtiment, un hangar, deux caravanes et une haie d'arbres. L'air glacial vous pique le nez quand vous ouvrez la portière. Des masses sombres se dressent tout autour de vous. Le bocage est figé dans la nuit glaciale.

L'échange de textos entre Laëtitia et William s'interrompt. Il est minuit passé de treize minutes.

Le rottweiler est attaché à sa chaîne. Meilhon et Laëtitia pénètrent dans la maison du cousin, où il a le droit d'habiter en son absence.

Meilhon met de la musique, propose à Laëtitia de la vodka et de la cocaïne, demande une relation sexuelle qu'elle n'a jamais envisagée. Il insiste, finit par obtenir une fellation, peut-être sous la contrainte. À un moment, Laëtitia se dégage.

Meilhon raconte la scène au procès : « Elle m'a dit : "Arrête." Moi, ça m'a bloqué, ça m'a contrarié, une sorte de frustration. »

Fou de rage, il la saisit par le cou et lui hurle en pleine face « t'es qu'une salope comme les autres ! », avant de la projeter

300

contre le mur où elle se cogne la tête. Elle s'effondre en
pleurs.

« Je me suis confondu en mille excuses, je lui ai dit : "Je
sais pas ce qui m'a pris, tu veux de l'argent ?" Elle a dit :
"Ramène-moi chez moi." »

Le président demande si Laëtitia a pu vivre la scène du
Cassepot comme un viol.

– Effectivement, répond Meilhon.

À 0 h 35, la conversation avec William reprend : « j tappel
tt taleur j ai un truc grave a te dir ».

William s'inquiète, demande si elle a trop bu, croit deviner
qu'elle sort avec deux garçons à la fois.

0 h 47, Laëtitia : « nn plu grave ».

Debout dans son box, Meilhon prétend qu'ils ont tranquil-
lement bavardé dans la voiture sur le chemin du retour : il
lui aurait demandé la raison de son refus, elle aurait prétexté
qu'elle avait « un problème de ce côté-là », il lui aurait conseillé
d'en parler à quelqu'un, « faut que tu craches le morceau ».

Quittant le banc des avocats, Cécile de Oliveira se met en
colère :

– Au Cassepot, il y a une carabine, des munitions, un
rottweiler. Laëtitia vous fait une fellation, alors qu'elle n'en a
pas l'habitude avec ses petits amis. Ensuite, vous la traitez de
salope et vous essayez de l'étrangler. Et, au retour, elle vous
ferait des confidences dans la voiture ? Je pense, monsieur
Meilhon, qu'à ce moment Laëtitia est dans un état de terreur
extrême. Cette jeune fille, elle a peur de mourir ! Elle ne pense
qu'à une chose : va-t-elle survivre ?

Tout en conduisant, Meilhon voit que Laëtitia envoie des
SMS.

Il la dépose à l'Hôtel de Nantes peu avant 1 heure du matin.
Les warnings de la 106 clignotent dans la ruelle déserte. Antony
Deslandes aperçoit Laëtitia par la fenêtre de son studio : son
casque à la main, penchée sur la vitre ouverte, en colère, elle
parle avec Meilhon resté au volant.

Selon Meilhon, Laëtitia lui aurait dit : « Je comprends pas les mecs qui ont des réactions comme toi. » Il commente : « On n'est pas en bons termes, c'est sûr. »

Euphémisme. En fait, Laëtitia est furieuse, bouleversée. Ses reproches ne peuvent être que cinglants. Elle a pris sa décision : gendarmerie, dépôt de plainte.

Meilhon comprend enfin le risque qu'il court. Pour lui, la fellation au Cassepot était une rétribution normale : « Je t'ai filé de la coke, maintenant tu me suces. » Mais Laëtitia, elle, ne l'a pas vécu comme cela. Si Meilhon avait compris plus tôt qu'elle était déterminée à porter plainte, il l'aurait supprimée directement au Cassepot ; en tout cas, il ne l'aurait pas ramenée à son scooter. Devant la colère de Laëtitia, Meilhon comprend qu'elle va parler. Or il est en sursis, avec un SME sur le dos. À nouveau, il va devoir endosser un procès pour viol et une réputation de pointeur. Il ne craint pas de retourner en prison ; il craint de retourner en prison *pour cela*.

Il est 0 h 58. Laëtitia appelle William pour lui dire qu'elle a été violée. Elle le rappellera plus tard parce qu'elle n'a plus de batterie.

Le scooter démarre. Meilhon part en trombe en direction des Moutiers-en-Retz, avant de se raviser.

Le patron du Barbe Blues annonce à la cantonade : « Dernier verre, je ferme ! » Dans l'instant qui suit, Loulou, Patrick, Jeff et le serveur voient la 106 blanche passer à toute vitesse, deux ou trois fois, à plusieurs minutes d'intervalle, dans le sens Pornic-Les Moutiers et inversement. La voiture fonce à 80-100 km/h, tous feux éteints.

– Qui c'est, ce malade ? s'écrie quelqu'un.

– Tiens, le v'là, commente Loulou.

Le premier passage de Meilhon correspond à son départ précipité, le deuxième à un demi-tour, après qu'il a décidé de rattraper Laëtitia pour la réduire au silence.

« Je repasse devant le Barbe Blues, je vois une lumière rouge au loin, j'accélère, j'accélère. »

Le point rouge qui tremblote au loin, c'est le feu arrière du scooter de Laëtitia.

Au rond-point, la 106 monte sur le trottoir et coupe directement par la gauche, pour s'engager dans la route de la Rogère. La voiture se trouve désormais à quelques mètres du scooter.

Meilhon voit la silhouette de Laëtitia avec le col de fourrure.

Laëtitia sent-elle qu'elle est prise en chasse? Aperçoit-elle dans son rétroviseur la 106 qui se rapproche? Si oui, elle accélère : elle n'est plus qu'à cinquante mètres de chez elle.

Meilhon a peut-être voulu jouer au chat et à la souris, comme avec Steven vers 21 h 30. Peut-être l'a-t-il percutée volontairement. Ce qui est sûr, c'est qu'à un moment il a pilé en orientant les roues vers la droite. À cause de ce freinage brutal, la voiture s'abaisse, accroche la béquille, entraîne le scooter sur plusieurs mètres, puis les deux véhicules se séparent et le scooter glisse sur l'accotement. Laëtitia bascule. Il est environ 1 h 05.

Elle y était presque.

Elle était en train de s'en sortir.

Blessée à la cheville, elle n'a pas le temps de crier, à moins que le choc, la douleur ou la peur n'étouffent ses appels au secours. Meilhon assure qu'elle était inanimée. C'est peut-être la terreur qui la paralysait. En tout cas, elle était vivante et consciente.

La route de la Rogère est déserte.

«Je l'attrape, je la mets dans le coffre. Voilà, quoi.»

Les ballerines tombent à côté du scooter. Les claquements des portières réveillent Jessica et une voisine, et alertent M. Patron qui ne dort pas.

La 106 repasse une troisième fois à toute vitesse devant le Barbe Blues qui ferme, Meilhon au volant, Laëtitia pliée dans le coffre, pieds nus.

Patrick et Jeff, bien éméchés, quittent le bar pour aller finir la soirée chez une amie. Vers 1 h 10, alors qu'ils roulent sur la route de la Rogère en direction de Pornic, ils aperçoivent le feu arrière d'un scooter couché au bord de la route.

– Si j'avais mon camion, dit l'un, je l'embarquerais…

Craignant un vol sur son chantier, M. Patron sort en pyjama avec sa lampe torche, mais la pile est trop faible, l'éclairage public ne fonctionne pas sur ce tronçon, et M. Patron retourne se coucher.

À 1 h 18, Loulou laisse un message à Meilhon, dont le portable borne toujours sur le relais de La Bernerie. La 106 roule en direction d'Arthon-en-Retz.

À 1 h 23, William envoie un SMS à Laëtitia : « j sui dsl pour toi j te compren »

Dans cinq heures, le réveil de Jessica va sonner.

48

« Dossiers » et « salopes »

Le procès Meilhon s'est ouvert le 22 mai 2013 devant la cour d'assises de Loire-Atlantique siégeant au palais de justice de Nantes, imposant bâtiment noir anthracite posé le long de la Loire, au débouché d'un élégant pont. La salle d'audience, un grand cube de lumière aux dalles bordeaux, contient le cube de verre où l'accusé a pris place. Dans son box, entouré par des gendarmes d'élite cagoulés, il fait face aux juges, aux jurés, aux parties civiles, à sa mère. Dans le public, côte à côte, les Perrais, les Larcher et les Meilhon, trois familles qui se ressemblent terriblement. Quarante témoins et quinze experts sont cités à comparaître. Une cinquantaine d'organes de presse rendent compte des débats dans une atmosphère tendue.

L'année 2012 a été employée à boucler l'enquête. M. Patron a été replacé en garde à vue pour des vérifications portant sur la nuit de l'enlèvement et sur d'éventuels liens téléphoniques ou financiers avec Meilhon. Il a été mis hors de cause, ainsi que toutes les connaissances de Meilhon et deux ou trois illuminés qui se vantaient de l'avoir aidé. Les gendarmes ont demandé aux opérateurs téléphoniques d'identifier tous les portables qui, entre le 18 et le 19 janvier, déclenchent les relais de La Bernerie, Pornic, Arthon-en-Retz, Atlantis, Lavau et Briord. Le seul qui en déclenche cinq est celui de Meilhon (il a coupé son portable après Couëron et ne borne donc pas à Lavau). En tout, 85 000 portables bornent au moins une fois sur ces relais. Trente-sept déclenchent quatre relais. Les gendarmes ont vérifié toutes ces lignes une à une, avant de convoquer leurs titulaires à la brigade.

L'accident de scooter a été reconstitué sur la route de la Rogère, en présence des magistrats instructeurs, du procureur de la République, de l'expert de l'IRCGN, du médecin légiste et des avocats, mais en l'absence de Meilhon qui a refusé de sortir de sa cellule, une lame de rasoir coincée sous la langue. Plus tard, envoyé de force au palais de justice, il a adopté une attitude provocante, tutoyant le juge, rotant et adressant un doigt d'honneur à la caméra ; l'interrogatoire a duré moins de cinq minutes. En avril, l'adjudant-chef Frantz Touchais a mis un point final à son rapport de synthèse.

Jusqu'au bout, les juges instructeurs ont discuté la question du viol. À charge, ils disposent du liquide prostatique, de la colère de Laëtitia sortant de la 106, de son appel téléphonique à William, du SMS où Meilhon s'excuse d'avoir été « aussi insistant », de la chanson où il affirme lui avoir « défoncé le cul ». Et la réaction de Laëtitia fournit le mobile du crime : elle est décidée à porter plainte.

C'est un fait que Laëtitia a vécu l'épisode du Cassepot comme un viol, mais celui-ci est-il juridiquement caractérisé ? A-t-elle clairement manifesté son refus ? Ils avaient bu de l'alcool, sniffé de la coke. Avant le procès, Florence Lecoq, procureure de la République à Saint-Nazaire et avocate générale, confie au juge Martinot qu'elle ne pourra pas retenir le chef de viol dans son réquisitoire. Il faut donc s'en tenir à ce qui est absolument certain, sans courir le risque d'être désavoué au procès. Finalement, les juges décident de prononcer un non-lieu sur le viol.

L'instruction est clôturée au bout de dix-huit mois, ce qui, eu égard à la complexité de l'affaire et au contexte politique, est exceptionnel. Le juge Martinot, avec ses quelques années d'expérience, a réalisé un sans-faute. Laëtitia a disparu dans la nuit du 18 au 19 janvier, Meilhon a été arrêté le 20 et mis en examen le 22, avec des charges accablantes. En trois mois, sur un terrain complexe, avec des trous d'eau partout et pas un seul témoin oculaire, les enquêteurs ont réussi à retrouver l'intégralité du corps. Ils disposent de la quasi-totalité des éléments permettant de soutenir l'accusation.

Le 23 août 2012, le juge d'instruction appose sa signature au bas de l'ordonnance de mise en accusation : Tony Meilhon, trente-trois ans, ferrailleur, mis en examen pour « enlèvement suivi de mort en état de récidive légale », détenu au centre pénitentiaire de Vezin-le-Coquet, est renvoyé devant la cour d'assises de Loire-Atlantique pour être jugé suivant la loi.

*

Le procès doit durer deux semaines. Le planning d'audience est le suivant : tirage au sort du jury, rappel des faits, examen de la personnalité de l'accusé, auditions des psychiatres, des psychologues, des enquêteurs, des experts, des témoins et des parties civiles, entrecoupées par des interrogatoires de l'accusé, enfin plaidoiries des avocats des parties civiles, réquisitoire de l'avocat général, plaidoirie de la défense et délibéré. Le commandant de la SR des Pays de la Loire et Frantz Touchais retracent l'enquête, avec ses difficultés, ses avancées, ses coups de chance. Les experts analysent l'accident de scooter, la mise à mort, le démembrement, la confection de la nasse. Les proches – Sylvie Larcher, Alain Larcher, Franck Perrais, Stéphane et Delphine Perrais – évoquent la disparue, leur vie d'après. Les témoins – la mère de Meilhon, ses ex-copines, son cousin, Bertier, Loulou, la famille Patron, Mme Laviolette, les Deslandes, Antony, Kévin, Steven, William, des clients du Barbe Blues, le barman du Key46 – décrivent la personnalité de la victime ou celle de l'accusé, aident à comprendre la « montée au crime ». On entend les chansons obscènes de Meilhon ; les photos défilent de Laëtitia martyrisée.

La mère de Jonathan et de Justine se fait expulser parce que son portable a sonné en pleine audience, faisant retentir un long caquètement de canard, « coin, coin, coin ».

Les quotidiens nationaux ont dépêché leurs plus grandes plumes, Florence Aubenas pour *Le Monde*, Stéphane Durand-Souffland pour *Le Figaro*. Les envoyés spéciaux de *Presse Océan* et de France 3 Pays de la Loire rendent compte des débats sur Internet, en direct du palais de justice de Nantes : fidèles au déroulé du procès minute par minute, leurs retranscriptions donnent l'impression d'y être.

En plus de ces comptes rendus, je dispose des notes d'Alexandra Turcat. Dans le fichier qu'elle m'a envoyé, les notes, prises à la volée en style télégraphique, voisinent avec les dépêches AFP du jour ; ou plutôt les dépêches, polies et prêtes à être envoyées, émergent de ses notes, des mots pleins de coquilles, des bouts de phrases sans queue ni tête, comme la sculpture jaillit du bloc de pierre informe. Ce mélange, qui offre une vue imprenable sur le travail du journaliste au cœur de l'événement, est fascinant : « S'il y a urgence, la dépêche se construit au milieu des notes, alors même que le procès se poursuit. Tu vois les erreurs, les faiblesses, l'aléa du choix de ce qu'on retient ou pas. Si elles semblent précises, ces notes n'en sont pas moins incomplètes, car, ne pouvant tout taper, il y a déjà la présélection des phrases que je choisis de transcrire. » Encore deux ou trois relectures, et la dépêche, signée « axt », est publiée sur le fil de l'AFP, où elle sera à la disposition de tous les médias.

LES PHOTOS DU CORPS SUPPLICIÉ GLACENT LA COUR, MAIS MEILHON NE CHANGE PAS DE VERSION
(AFP, 29 mai 2013)

JESSICA TROP CHOQUÉE POUR TÉMOIGNER FACE À MEILHON
(AFP, 30 mai 2013)

Indirectement, les débats éclairent le rapport de Meilhon aux femmes, c'est-à-dire la nature du piège dans lequel Laëtitia s'est trouvée enfermée. L'ex-copine de Meilhon, qui a porté plainte contre lui à la fin 2010, reconnaît qu'il est beau parleur, capable de dire des choses tendres et belles « que les femmes aiment entendre ». À la barre, un psychiatre assure que Meilhon sait se montrer gentil et serviable.

Alors que les chroniqueurs parisiens qualifient Meilhon de « monstre », les avocats soulignent les égards qu'il a témoignés à la jeune fille. Galanterie, alcool et coup d'un soir. C'est le côté gentleman du tueur.

Mardi 28 mai, cinquième journée du procès, 11 h 58.

– J'ai été sensible, dit l'avocat de Sylvie Larcher, aux deux photos de Laëtitia dans votre portable, aux gants que vous lui offrez, au fait que vous la raccompagnez. Comment expliquez-vous cela ?

– Les photos, ça la flattait.

– Pourquoi acheter des gants ? Pour qu'elle n'ait pas froid en scooter ?

– Oui.

– À ce moment-là, quelle relation se construit entre vous et elle ?

– On se découvre… Peut-être une amitié qui se forme.

– Rien de plus ?

– On n'avait pas prévu de se marier, tranche Meilhon.

Le président suspend la séance. Reprise de l'audience à 14 heures.

Pour attraper des « salopes », Meilhon combine intelligence, charme et violence. Il a le cerveau rongé par le cognac et la coke, mais c'est un homme intelligent, assez éloquent, qui possède une bonne mémoire, beaucoup de vocabulaire et un vrai sens de la répartie. Au début du procès, au moment de l'examen de personnalité, Cécile de Oliveira cite de mémoire le témoignage d'une Daniela rapportant que Meilhon, adolescent, a enfermé un chien vivant dans un four. Meilhon la coupe : « Pardon, mais il s'agit de Manola, à la pièce D 1156. » Il connaît son dossier par cœur.

Autre passe d'armes, le vendredi en fin d'après-midi. Le président de la cour, épuisé comme tout le monde par la semaine de débats, essaie de ménager Meilhon, craignant l'incident de séance auquel il faudra répondre par une expulsion. Malgré la fatigue générale et le week-end qui se profile, Cécile de Oliveira se lance dans un interrogatoire en règle de l'accusé, alternant questions périphériques et attaques directes pour le pousser aux aveux :

— Comment vous la convainquez d'aller au Cassepot ?

— Elle veut voir où j'habite.

— À 23 h 30 ?

— Oui. Elle m'a dit : « Même si je suis majeure, faut pas que je rentre après 4 heures du matin. »

— Comment était éclairé le hangar quand vous avez découpé Laëtitia ?

— Truc de fou ! Je l'ai pas découpée, moi.

— Comment était éclairé le hangar, monsieur Meilhon ?

— J'en sais rien, avec de la lumière !

Le président la rappelle à l'ordre :

— Bon, maître de Oliveira…

Cécile de Oliveira rougit et l'accusé en profite :

— Maître, je crois que vous perdez votre sang-froid.

Aujourd'hui encore, Cécile de Oliveira n'en revient pas : Meilhon ose lui jeter à la figure son « sang-froid », alors que c'est lui qui a nettoyé avec sang-froid le sang froid de sa victime, toute la journée du 19 janvier 2011.

Un autre type de rivalité l'oppose aux hommes. À l'avocat de Sylvie Larcher qui l'interroge sur les violences sexuelles au Cassepot, Meilhon répond :

— Je me suis emporté, la frustration, le grand n'importe quoi ! J'ai considéré ça comme des préliminaires, normal. Y a des filles, elles disent non une fois, après tu les chauffes et elles disent oui. Moi, ça marche bien avec les filles, ça n'a pas l'air d'être votre cas.

D'avoir été ainsi humilié par un criminel en pleine cour

d'assises, l'avocat en a été malade toute la soirée. Meilhon se voit comme un « mec », un « tombeur », mais c'est une femme qui l'a fait pleurer à la fin du procès, l'avocate générale Florence Lecoq, lors de son impitoyable réquisitoire : « Ce grand déséquilibré psychopathe n'obéit qu'à sa loi. »

Les égards de Meilhon pour Laëtitia sont commandés par le besoin sexuel, le machisme et la possessivité. Tous ses proches le disent : quand il est contrarié, il entre dans des colères folles et devient très agressif, en paroles comme en actes. Jaloux, tyrannique, rancunier, particulièrement violent quand il est alcoolisé, Tony est – comme le dit la mère de son fils – quelqu'un « à qui il ne faut surtout pas dire non », sous peine de déclencher une terrifiante crise de fureur, synonyme d'insultes et de coups. Avec sa dernière copine, le « pétage de plombs » s'est traduit par un coup de pied au thorax et un couteau sous la gorge. Fin décembre 2010, trois semaines avant le meurtre, elle a porté plainte contre lui pour agressions sexuelles et menaces de mort, avant de faire changer en urgence les serrures de son appartement.

Pour Meilhon, une femme est un consommable, mi-objet, mi-prostituée. C'est son usage, elle est faite pour ça. Au besoin, on lui donne du shit, de l'argent, un portable, on la sort, ensuite « la fille, elle connaît la finalité des choses ». Meilhon évoque aussi des « dossiers » : on ouvre, on traite, on jette. Si la fille oppose la moindre résistance, elle se met en danger. Le sexe repose sur la violence, mais le refus du sexe entraîne aussi la violence.

Il est arrivé à Laëtitia ce qui aurait pu arriver à toutes les autres. La mère de Meilhon et son ex-copine en ont été presque étonnées : elles pensaient qu'elles seraient les premières. Finalement, la sauvagerie déclenchée par la fragilité narcissique de Meilhon est tombée sur une jeune fille de dix-huit ans, et sa « petite chair toute tendre » est devenue un tas de viande à balancer à la flotte. Même après le crime, Laëtitia demeure pour lui un motif de satisfaction immédiate, une fille « bonne » et même « un peu cochonne ».

De la part de Laëtitia, il y a de l'attirance, mais c'est une affection généreuse, un sentiment de compassion pour ce grand cabossé de la vie ; elle éprouve du dégoût dès qu'il réclame du sexe. Au Cassepot, Meilhon a obtenu un début de fellation ; ensuite, Laëtitia s'est arrêtée, à moins qu'elle ne se soit rebellée et débattue. Cette résistance est insupportable pour Meilhon, qui voit tous ses espoirs réduits à néant, en même temps qu'est blessé son orgueil. L'oie blanche a fait reculer le loup, la gamine a humilié le surhomme. Laëtitia est gentille, rayonnante, belle, appréciée de tous ; elle est la fille ou la bru que tout le monde voudrait avoir, alors que Meilhon est le seul à s'admirer, à part quelques copains encore plus frustes que lui. Laëtitia devient aussitôt une ennemie à détruire.

Mais Meilhon est aussi capable de soutenir, entre cynisme écœurant et désarmante lucidité, que Laëtitia était «une fille superbe, pleine de vie, franche, sincère», portant «une certaine souffrance en elle». À quoi l'avocat de Franck Perrais rétorquera : «Elle était "superbe" et il la démembrait.»

49

Les failles archaïques

Comme Jessica a suivi M. Patron, Laëtitia a suivi Meilhon.
Leur docilité est-elle l'empreinte que la violence masculine a
laissée sur elles ? Laëtitia a passé une bonne partie de sa dernière
journée à obéir aux injonctions de son futur meurtrier.

Pourtant, toutes les femmes qui ont approché Meilhon
ont pressenti ou subi sa violence. Au début du mois de janvier,
nombreuses sont celles – caissières, prostituées, clientes de
bar ou de boîte de nuit – qui refusent catégoriquement ses
avances et restent sur leurs gardes. Au procès, Cléo a raconté
que Meilhon avait essayé de l'embrasser dans les toilettes du
Barbe Blues et qu'elle avait dû le repousser physiquement :
« Quand il m'a demandé, j'ai eu peur. Je ne voulais rien avoir
à faire avec lui. » Après l'altercation dans le bar, Laëtitia a peur
elle aussi. Mais, au lieu de fuir, elle reste.

Ce jour-là, Laëtitia ne se ressemble pas. La première de ses
transgressions explique peut-être toutes les autres : l'alcool et
la drogue ont modifié son comportement et altéré ses réflexes
de défense, voire de survie. Par ses capacités d'excitation ou
de désinhibition, ce cocktail a pu avoir un effet dévastateur
sur la jeune Laëtitia.

> Après le Key46, je lui propose d'aller faire un tour à la
> maison, pour voir chez moi. Elle est pas contre.

Meilhon ne l'a pas forcée au sens propre ; mais manipuler une ingénue de dix-huit ans était un défi de faible envergure pour un homme qui, au même âge, avait déjà passé deux ans en prison. Il est impressionnant, elle est impressionnable. Jessica n'était plus là pour lui dire « fais pas ci, fais ça », et Laëtitia s'est laissé embobiner. En outre, elle n'est pas motorisée et dépend de Meilhon dès lors qu'elle n'a plus son scooter.

Mais ces explications comportementales sont trop simples. Laëtitia, qui était peut-être naïve mais pas idiote, qui connaissait la frontière de l'interdit, qui avait déjà côtoyé l'alcool mauvais et la violence, les gros appétits sexuels et la méchanceté, a pris du recul à trois reprises, auprès de Kévin, Steven et William. Elle s'est confiée par téléphone à son petit ami ; aux deux derniers, elle a paru « renfermée », « tracassée », « triste », regrettant d'avoir fait quelque chose qu'elle ne souhaitait pas. Cela ne l'a pas empêchée de persister dans la voie catastrophique qui a été la sienne tout au long de la journée et qui commence, d'une certaine manière, avec la tromperie dans la voiture de Jonathan.

Dans *De sang-froid*, les enquêteurs du Kansas Bureau of Investigation, interrogeant la famille, les amis et les voisins, comprennent que, « de tous les habitants de ce vaste monde, les Clutter étaient les moins susceptibles d'être assassinés ». Et Laëtitia, cette serveuse sans histoires dans une bourgade sans histoires ? Ce n'est pas, hélas, un complet hasard si elle est devenue une proie ce mardi 18 janvier 2011. Laëtitia était une victime non pas désignée, mais latente. Si elle a été attirée par Meilhon, a-t-elle cherché en lui le grand frère, l'amant, l'ami, le père ? Envisageons trois possibilités.

1. L'innocence trahie

En dépit du parcours et de la violence de Meilhon, il est, ce soir-là, dans une démarche de séduction assez classique : une balade sur la plage, un boniment sur les lignes de la main, un verre dans un bar, un rendez-vous pour le soir, une virée nocturne. Toute la soirée, Meilhon est grand prince : cocaïne, cadeau, bars de nuit, champagne. Car c'est son jour de chance : lui qui est en situation de frustration sexuelle, il tombe sur une fille sympathique comme tout, sérieuse, charmante, réceptive, très au-dessus des junkies au RSA et des prostituées qu'il fréquente d'habitude. Contrairement à toutes les femmes qu'il a approchées depuis trois semaines, Laëtitia ne s'enfuit pas en courant.

La fille placée en famille d'accueil à qui l'on parle gentiment, romantiquement, qu'on écoute, qu'on photographie avec son portable, à qui on paie un verre et des gants pour lui éviter d'avoir froid sur son scooter, ne peut qu'être sensible à tant d'égards. Meilhon et Laëtitia, un début d'amourette ? Leur point commun, c'est bien sûr leur histoire familiale, faite de ruptures, d'abandons, de placements, d'échec scolaire et de misère, avec une figure paternelle hautement défaillante.

Meilhon n'a pas dit à Laëtitia : « Suis-moi, je vais te violer, te tuer, puis te démembrer. » Il lui a plutôt dit : « Je te kiffe » ou « Moi non plus, j'ai pas eu une enfance facile ». Et, soudain, elle l'a regardé avec d'autres yeux. À la place du marginal patibulaire, du SDF abêti par la bière et le shit, elle a vu un grand frère attentionné, un gosse des foyers, un homme seul et désespéré. Sur la plage et au Barbe Blues, ils ont peut-être parlé de leur vie. Meilhon lui a peut-être montré une photo de son fils, ce petit garçon qui n'a plus son papa. « Si je cumule tous les parloirs que j'ai faits avec lui en huit ans, je l'ai vu en tout quarante-huit heures. On m'a volé mon père, aujourd'hui on me vole mon enfant. Je suis en galère, mais je vais m'en sortir. Je cherche du taf, comme ça, le juge va me rendre mon fils. »

Laëtitia s'est peut-être souvenue que son père était venu la voir à l'Hôtel de Nantes et qu'il avait été fier d'elle. Ces derniers temps, elle s'est rapprochée de sa famille « et sa fai chau au coeur ». L'amour d'un père lui manque, l'affection d'un grand frère, l'amitié d'un homme solide – et non une histoire de cul, comme l'espère Meilhon. Laëtitia s'est dit qu'elle pouvait apporter quelque chose à ce grand blessé de la vie qui lui paraissait encore plus victime qu'elle-même.

Ce complexe de l'infirmière, nourri par sa générosité naturelle, lui a fait croire qu'elle pouvait aider Meilhon et que, en retour, il comprendrait sa souffrance. Pour lui plaire, comme une petite sœur à son grand frère, comme une fille à son père, elle a fait tout ce qu'il attendait d'elle. Son passé «abandonnique», comme disent les psychologues, a déterminé la nature de son lien à autrui – autrui qu'il est nécessaire de séduire, de retenir, d'intéresser, pour qu'il ne vous abandonne pas, comme ont fait tous les autres.

Et le flirt s'est terminé dans une mare de sang, à l'arrière d'une 106 volée.

2. L'émancipation adolescente

Laëtitia étouffe chez les Patron. Elle n'a rien le droit de faire. Elle se fait disputer dès qu'elle rentre un peu tard. À tout le monde, elle dit qu'elle veut partir, s'installer sur Nantes avec son chéri. Et voilà que débarque un *bad boy*, un voyou affranchi des règles et des lois, qui brûle la vie par les deux bouts et l'initie à des choses interdites. Tentation, excitation. Ce début de romance permet aussi à la jeune fille, consciemment ou non, de combler un manque.

Car Tony Meilhon, c'est Franck Perrais jeune : une enfance fracassée entre un père alcoolique et les foyers, la petite délinquance, le coup de poing facile, la violence explosive, mais aussi le cœur sur la main, une assurance, une forme paradoxale de sécurité, un sens de la bravade, le grain de folie qui rend la vie plus drôle. Essayer des drogues, faire la tournée des bars de nuit, monter dans la voiture d'un inconnu, rentrer après minuit : une bonne manière de faire éclater le carcan Patron, tout en restant fidèle à l'esprit Perrais. Cela explique pourquoi une gamine s'est retrouvée à 22 heures, en pleine semaine, dans un bouge au milieu des ivrognes. Quand les Deslandes l'ont appris d'un client, le lendemain, ils ne l'ont pas cru.

Meilhon a été pour Laëtitia une figure d'émancipation, alors qu'elle manquait à la fois d'affection et de lucidité, son système de protection ayant été désactivé dès sa petite enfance. Laëtitia, qui a évolué lentement, dont les messages sur Facebook montrent qu'elle est encore dans l'adolescence, a perçu Meilhon comme un accélérateur de maturité, une promesse de nouveauté et de frisson, un complice d'inconnu. De même, la minette de *Tout ce qui brille* erre à la lisière d'un univers inaccessible, prête à tomber amoureuse du premier flambeur venu. Laëtitia avait une envie folle d'être aimée, un besoin éperdu de compter pour quelqu'un, mais elle voulait aussi larguer les amarres. Meilhon pouvait lui faire miroiter un succédané de passion : une 106 poubelle à la place d'un coupé Mercedes, des gants de chez Leclerc à la place d'une bague, le Key46 de Pornic à la place de la Cinquième Avenue.

Mais où fallait-il que cette initiation s'arrêtât ? Mme Laviolette a répondu à la barre : « C'est toute la difficulté avec ces jeunes qui grandissent en famille d'accueil. Ils sont très cadrés pendant des années, d'où leur envie de liberté. Laëtitia a dû être dépassée, il lui manquait des limites. » Laëtitia, qui touchait enfin à l'autonomie, n'a pas su en reconnaître les bornes. En quelques heures, elle a perdu pied, comme lorsque la mer, d'une rapidité imprévisible, vous entoure et vous coupe de la terre ferme. Laëtitia s'est retrouvée submergée.

Mais point n'est besoin d'avoir été placé à l'ASE pour prendre, à l'adolescence, des risques inconsidérés. Revenons quelques années en arrière, vers nos années de mal-être, vers le marasme où nous aurions pu sombrer. Alexandra Turcat, journaliste à l'AFP, m'a confié un jour : « Laëtitia est l'adolescente (l'adolescent) que beaucoup d'entre nous avons été, avec des coups de blues et parfois de désespoir. On réalise qu'on a eu beaucoup de chance de rentrer et de retomber sur nos pieds – et elle, non. »

3. L'appel de la mort

Le jour où nous avons pris ces risques, une lueur imperceptible nous a sauvés : l'amour que nous portent nos parents, la terreur de leur chagrin si nous mourions. Alors nous nous sommes arrêtés au bord du précipice, nous sommes revenus en arrière et nous avons retrouvé le chemin de la maison, sans toutefois regretter ces quelques pas dans l'inconnu.

Mais rien n'a arrêté Laëtitia. Qui tient à elle ? Papa boit des bières et cogne, maman prend des médicaments et dort, M. Patron fait la morale et caresse les fesses. Laëtitia suit. Sa mémoire traumatique la guide en sous-main. Vous cédez aux hommes agressifs quand ils vous donnent des ordres. Vous êtes dans un état de sidération quand ils lèvent la main sur vous. Le danger et la panique entraînent une sorte d'apathie, comme si votre esprit se recroquevillait sur lui-même. Votre volonté s'enraie. C'est à vous que ça arrive, mais c'est à quelqu'un d'autre.

Le destin de Laëtitia montre que certains enfants sont vulnérables à vie. Ils sont en danger tout le temps, même avec un CAP, un scooter, un casque, un téléphone portable, un compte en banque et un salaire.

Quand Laëtitia avait trois ans, sa mère disait d'elle : « J'ai peur qu'elle soit tuée par son père, parce qu'il ne l'aime pas. » Ensuite, elle a été désignée comme la chouineuse, la petite chose. À la fin de sa vie, Laëtitia, blême et inhabituellement amère, confie à Lola qu'elle a été violée par son père d'accueil ; elle rédige trois lettres-testaments dans lesquelles elle donne ses affaires et ses organes ; la semaine précédant sa disparition, elle dit et redit à sa sœur qu'elle l'aime ; le 15 janvier, elle offre son livre de chevaux à Anaé.

La manière dont Laëtitia se jette dans la gueule du loup, ce mardi 18 janvier, a quelque chose de suicidaire. Cela ne veut pas dire qu'elle se soit donné la mort par le bras d'un inconnu. Ses regrets au téléphone, sa révolte par SMS («nn plu grave»), sa colère en sortant de la 106, son retour en scooter, alors que Meilhon la prend en chasse, indiquent tout le contraire. Laëtitia a soif de vivre. En revanche, sa mise en danger volontaire, de 17 heures à minuit, a une résonance tragique qui est l'écho de son enfance.

Animal pris au piège qui se laisse dévorer.

Résignation devant le destin qui frappe les familles, de Sophocle à Faulkner.

Soumission à la loi des hommes.

Laëtitia est cette héritière. Si Meilhon est comme son père, n'est-elle pas, elle, comme sa mère, fragile et éteinte, destinée à l'homme qui la taillade au cutter pour la violer?

Elle accepte que cela recommence, elle consent.

«De toute façon, je m'en fous, je suis déjà morte.»

Avant même de croiser Meilhon, Laëtitia est dans l'impasse. A-t-elle été agressée par son père d'accueil, comme Lola affirme qu'elle lui a dit sur la plage? Il suffit qu'elle ait compris qui était réellement M. Patron, quel genre d'«affection» le poussait vers Jessica et les enfants de l'ASE. Dès lors, Laëtitia est enfermée dans une situation impossible : si elle quitte le domicile, elle abandonne sa sœur ; si elle reste, elle cautionne son malheur et inscrit sa propre destinée dans la maison que M. Patron leur construit, à deux pas de chez lui. Auraient-elles été assez fortes pour résister?

*

À la fin, Laëtitia a dit non. Non à Meilhon. Non à l'autorité, non à la cocaïne. Non aux décisions qu'on prend à votre place. Non aux menaces, au harcèlement, aux coups, aux relations sexuelles forcées. Elle a exigé qu'il la ramène à La Bernerie.

Appuyée à la portière de la 106, elle lui a annoncé, les yeux dans les yeux, qu'elle irait porter plainte contre lui. Elle a dit non, d'une voix claire et forte, sans tergiverser, sans trembler. Cela lui a coûté la vie.

Elle est morte en femme libre.

Sa disparition a libéré Jessica. La mort de Laëtitia a donné à ses amies le courage de témoigner contre M. Patron. Grâce à sa sœur, grâce à ses amies, Jessica a échappé aux haies bien taillées de la route de la Rogère.

Elle vit en femme libre.

50

Féminicide

Laëtitia a été simultanément frappée, poignardée, étranglée. Elle a été démembrée avec une scie à métaux et son corps stocké dans des poubelles avant d'être jeté à l'eau, charogne pour les poissons. Laëtitia a été « surtuée » : en l'espace de quelques heures, une jeune fille pleine de vie n'est plus qu'un amas de chairs, membres sanguinolents, tête décapitée, tronc lesté par un parpaing. Cet anéantissement clôt une séquence qui s'ouvre par la fellation interrompue : Laëtitia a été mise à mort *en tant que femme*, en tant qu'il y avait en elle une femme à soumettre, à écraser, à détruire. À la fois punition et vengeance, le meurtre de Laëtitia est un crime misogyne.

Mon épouse m'a dit, les larmes aux yeux : « Elle a été un bébé dans les bras de sa maman. » Je lui ai répondu que je n'en étais même pas sûr : dès le commencement, la vie de Laëtitia a été chaos, déchirure. Mais c'est mon épouse qui avait raison. Sylvie Larcher a demandé à voir les photos du corps de sa fille. Son avocate et son infirmière psychiatrique étaient très réticentes, mais Mme Larcher a insisté et elle a eu gain de cause : elle voulait être avec son enfant jusqu'au bout.

*

Au procès, il a fallu parler de tout cela. Les médecins légistes se sont succédé à la barre, et il a fallu s'approprier les termes qui mettent à distance et déréalisent, «chronologie des lésions traumatiques», «mécanisme de serrage», «appareil ostéo-cartilagineux du cou».

Il a fallu regarder les photos de Lavau et de Briord : les membres sectionnés, la tête pleine d'ecchymoses et couverte de vase, le tronc ficelé au parpaing. On plonge dans l'étang, dans ce lac de terreur entouré de chênes verts impassibles.

Lorsque les photos du corps défilent, Meilhon a le visage très marqué, on a l'impression qu'il pleure. Va-t-il parler ? Immédiatement après, le président décide une suspension de séance, pour permettre à tout le monde de souffler ; et, quand l'audience reprend, Meilhon a retrouvé son rictus.

Entre les autopsies et l'ouverture du procès, Meilhon a échafaudé un nouveau scénario. Après l'accident de scooter, il aurait mis Laëtitia inanimée dans le coffre, enroulée dans une bâche où elle se serait malencontreusement asphyxiée. Il reconnaît avoir donné des coups de couteau, mais sur le cadavre, pour faire croire à un enlèvement crapuleux. Poignarder une victime déjà morte ? Ne pas faire la différence entre une jeune fille vivante, une personne même évanouie, et un cadavre, un corps sans vie, masse inerte dont le poids se dérobe sous lui ? Meilhon invoque sa «logique de tordu». Et les traces d'étranglement ? C'est lui, après la fellation au Cassepot, mais ce geste de colère n'a duré que quelques secondes et n'a pas provoqué la mort. Et les lésions de défense sur les mains de Laëtitia ? Elle s'est peut-être blessée dans le coffre, il y avait des ferrailles.

Plus tard, il aurait appelé à la rescousse un ami qu'il ne veut pas dénoncer. Ce Monsieur X lui a dit qu'ils allaient faire «comme Dexter», un héros de série américaine, médecin légiste le jour et *serial killer* la nuit, qui sait faire disparaître les corps. Le complice lui a ordonné de prendre une scie. Meilhon a «commencé par le bras gauche», mais il a été incapable de poursuivre et Monsieur X a fait le boulot à sa place.

Meilhon l'admet lui-même : sa version est absurde, c'est «du grand n'importe quoi». En tout état de cause, elle ne correspond pas à l'image qu'il aime donner de lui-même, entre victime, bandit et chevalier. Après avoir retiré la vie à Laëtitia, il lui refuse, par ses mensonges, une mort digne.

Il a fallu subir le show du criminel qui veut gagner en «gloire». Le public fait la queue devant le palais de justice pour assister à ce procès dont tous les médias parlent. La salle d'audience est si bondée qu'on a dû lui adjoindre une salle de retransmission. Meilhon le sait. Son orgueil et son sentiment de puissance en sont démultipliés. Il dit le sexe et la mort avec délectation. Le récit de la fellation au Cassepot lui procure du plaisir, non pas tant celui qu'il a pu ressentir ce soir-là que la jouissance de l'effet de terreur qu'il provoque dans l'auditoire. Un psychiatre : «Il sait qu'il peut faire peur, c'est une des forces sur lesquelles il s'appuie.» Dans son box, Meilhon fait des mouvements de bassin à l'évocation des coups de couteau.

Les meurtres d'hommes sur les femmes, m'explique Cécile de Oliveira, sont souvent des corps-à-corps extrêmement violents, une façon de posséder la femme lorsque le rapport sexuel a échoué. Éros et Thanatos. Pour le médecin légiste Renaud Clément, la strangulation est un crime sexualisé. La présence, dans la bouche de Laëtitia, de liquide prostatique (et non de sperme) indique l'absence d'éjaculation. L'explosion de violence ultérieure est à relier à cette frustration. Le meurtre a été une sorte de vengeance : faute d'avoir éjaculé, l'homme a massacré.

Meilhon répond avec un détachement qui glace la salle. Quand l'avocate générale lui apprend qu'il a porté, en tout, quarante-quatre coups de couteau, il s'étonne :

– Quarante-quatre? Ah ouais…

Plus tard, le président observe :

– Le tronc de la victime et le parpaing font 51 kilos. C'est difficile à porter, monsieur Meilhon.

– C'est le poids d'un sac de ciment.

Il reconnaîtra uniquement la fellation et les coups de couteau. Il n'avouera ni le meurtre, ni le démembrement, ni la double immersion du corps, laissés à Monsieur X. Le plaisir d'avoir tué, d'avoir vu en Laëtitia la vie qui s'en allait, il le garde pour lui – ultime secret arraché à « sa » victime.

– Quel est le pire souvenir de votre vie ? interroge Cécile de Oliveira.

Silence. Au bout de plusieurs secondes :

– Ce que j'ai fait dans le cadre de cette affaire.

Un autre jour, elle revient à la charge :

– À quelle heure avez-vous donné les coups de couteau ?

– Vers 1 heure passée, 1 h 30.

– Comment était la lune ?

– Rouge et apparente.

Enfin, il a fallu demander au médecin légiste à quel point Laëtitia avait souffert.

– Sur l'échelle de la douleur, demande Cécile de Oliveira, comment fixez-vous le préjudice de Laëtitia ?

– La douleur peut être extrêmement importante, proche de 10, répond Renaud Clément. Mais il y a des éléments de stress qui annihilent la douleur, qui peuvent la faire retomber à 0.

– Est-ce que Laëtitia comprend qu'elle meurt ?

– Il a pu y avoir une perte de connaissance. L'agonie ne dure pas très longtemps, entre 1 minute et 1 minute 30.

Mme Larcher sort de la salle.

*

Au début de l'affaire, alors que les gendarmes cherchaient la jeune fille dans la Loire, dans les chemins creux et jusque dans les meules de foin, Meilhon ricanait au fond de sa cellule. Lors d'une marche blanche, l'avocat des Patron a déclaré à son intention : « S'il n'a pas définitivement quitté la communauté des hommes, il ne peut pas ne pas nous dire où est Laëtitia. » Meilhon n'est pas sorti de son silence : au meurtre, il a ajouté la profanation, la dérision, l'obscénité, la déshumanisation de Laëtitia, le mépris pour ses proches.

Il faut défendre Meilhon. Je veux dire : il faut se réjouir qu'il y ait des hommes et des femmes prêts à assurer la défense de cet être-là. « Les défendre tous », disait l'avocat Albert Naud. En 1977, devant la cour d'assises de l'Aube, Me Badinter et Me Bocquillon ont eu l'honneur de sauver la tête du meurtrier d'un petit garçon de sept ans. Car il ne faut pas se le cacher : en d'autres temps, Meilhon aurait été condamné à mort. Et le défendre, se forcer à le défendre, est une manière de défendre par là même une certaine idée de la justice et de contrer tous les discours à tête de mort, les cris de haine, les arguments dégoûtants des « Je suis pour » et de « La France a peur ».

Mégalomane, manipulateur, multitransgressif, « psychopathe », a-t-on dit au procès, Tony Meilhon n'a pas quitté la communauté des hommes, justement parce que ces attributs sont humains. En revanche, il a quitté à jamais la communauté des hommes libres : il s'apprête à passer le restant de ses jours en prison. Son attitude, au procès, est à mettre en lien avec cette perspective. Ne pas dire où se trouve Laëtitia, alors que l'enquête bat son plein, fait partie d'une stratégie de dissimulation et de disculpation. Ne pas avouer le meurtre quand tout est découvert, ne pas exprimer de regrets, garder les mains dans ses poches en racontant le démembrement, cela entre dans une autre logique : la prison comme seul avenir.

Meilhon connaît parfaitement les codes pénitentiaires : se faire « respecter », au besoin par la violence, être reconnu pour ses « hauts faits » (les trois braquages de 2003), être « viril » (harceler les délinquants sexuels), ne pas « donner » ses complices (le prétendu Monsieur X), se moquer de ses victimes (« faire un steak tartare avec le reste »). Dans *France-Soir*, un commerçant victime d'un de ses braquages se rappelle le sourire narquois de celui qui n'était encore, à l'époque, qu'un toxicomane en quête d'argent : au procès, « il regardait souvent sa montre. On voyait bien qu'il s'en foutait ».

Après le viol de son codétenu en 1997, il a fallu à Meilhon beaucoup d'ingéniosité pour ne pas gagner la réputation – et connaître le sort – des pointeurs. En prison, il est resté une figure en vue, un dur, quelqu'un qu'on ne doit pas chercher. À aucun moment, entre son interpellation et son procès, il n'aura contribué à la manifestation de la vérité. En 2013, l'enjeu pour lui n'est pas d'assumer ses actes ou de regretter la souffrance qu'il a causée, mais de préparer l'avenir : en maison centrale, l'ennemi public numéro 1 des années Sarkozy sera auréolé de sa célébrité et de l'atrocité de son crime.

Y a-t-il une échelle de la douleur ? Y a-t-il une échelle du mal ?

Tony Meilhon a été condamné à la réclusion à perpétuité, assortie d'une peine incompressible de vingt-deux ans et d'une rétention de sûreté. Comme il en avait le droit, il a fait appel.

51

Le silence dans la nuit

Sur le certificat de décès délivré avant le permis d'inhumer, il est précisé que « le décès de Mademoiselle Laëtitia Perrais est survenu le 19 janvier 2011 en un lieu indéterminé à ce jour et a été constaté le 1er février 2011 à Lavau-sur-Loire (44) ».

Laëtitia n'a pas disparu dans un génocide, mais, en lisant ces lignes, je ne peux m'empêcher de penser à la scène tragi-comique de *L'Atelier* de Jean-Claude Grumberg où la jeune veuve, en 1949, finit par obtenir le bout de papier qui déclare son mari « décédé à Drancy, Seine ». Sa collègue est scandalisée : « Pourquoi ne pas mettre simplement la vérité ? » Dans le cas de Laëtitia, on aurait mis la vérité si on l'avait connue. Mais on ne sait pas où, ni à quelle heure, elle a perdu la vie ; on sait seulement qu'elle a failli ne pas avoir de sépulture, elle non plus.

Le meurtre a lieu entre 1 h 05, heure de l'enlèvement (le portable de la jeune fille borne pour la dernière fois sur le relais de Pornic), et 2 h 13, quand le portable de Meilhon déclenche le relais d'Arthon-en-Retz (il est rentré au Cassepot). Il était trop risqué de revenir avec elle vivante dans le hameau endormi, fût-ce pour la violer.

À 1 h 10, Patrick et Jeff aperçoivent depuis leur voiture le scooter accidenté au bord de la route de la Rogère ; Laëtitia se trouve alors dans le coffre de la 106, qui vient de traverser La Bernerie à toute vitesse sous les yeux des derniers clients du Barbe Blues. À 1 h 42, le portable de Laëtitia s'éteint : soit la batterie est complètement déchargée, soit Meilhon coupe l'appareil, par exemple en séparant la batterie et le corps du téléphone. À 1 h 54, William envoie un dernier texto à Laëtitia : « Tu me fai peur repond j tien tro a toi j ai pa envi de te perdre stp je t aime tes la seul ke j ai en ami j taime tro pour te perdre jtm ». Le message est marqué « non lu » dans l'appareil retrouvé dans la boue du Trou bleu.

Meilhon affirme, à propos du portable, qu'« il est encore sur elle, puisque je lui enlève après ». Si on admet qu'il l'a lui-même éteint, à 1 h 42, on peut supposer que le meurtre a lieu vers 1 h 30. Laëtitia serait alors restée plus de vingt minutes dans le coffre de la 106, blessée à la cheville, pieds nus, au cœur des ténèbres. Il y a peut-être eu un viol ou une tentative de viol que le séjour de deux mois et demi dans l'étang de Briord a rendu indétectable.

Le lieu du meurtre n'est pas connu. Meilhon affirme que, après avoir chargé Laëtitia dans le coffre, il a emprunté une route située entre La Bernerie et la D66, puis un chemin de terre jusqu'à un petit bois, et qu'il l'a poignardée et étranglée là, voulant maquiller l'accident de scooter en crime de rôdeur. On peut imaginer que Laëtitia a été extraite du coffre, jetée au sol et massacrée par terre, Meilhon à califourchon sur elle. Il s'agit en tout cas d'un meurtre à l'extérieur : un tel déferlement de violence nécessite de l'espace, afin que les coups aient plus d'ampleur et plus de force. En outre, si Laëtitia avait été tuée directement dans la voiture, les parties hautes de l'habitacle auraient été éclaboussées. Ensuite, son corps a été mis dans le coffre, d'où les écoulements de sang.

Laëtitia était consciente, comme en témoignent les plaies de défense sur ses mains.

On peut aussi imaginer que, entre son enlèvement, vers 1 h 05, et sa mort, vers 1 h 30, dans le petit bois ou dans le coffre de la 106, Laëtitia a vécu une crise de panique, une terreur à l'état pur. Elle se débat, crie, tambourine des pieds et des mains contre la tôle de la 106. Meilhon s'arrête et bondit hors de la voiture, ivre de haine, décidé à en finir.

On peut tout imaginer.

*

Cette nuit, j'ai eu une longue insomnie. Ma nervosité était due à la température caniculaire, au départ de mes filles en colonie de vacances, mais aussi à la perspective d'avoir à écrire ce chapitre.

Je me suis assis sous la fenêtre grande ouverte – cette fenêtre qu'un orage d'été a fait exploser il y a exactement cinq ans – et, dans l'air immobile de la nuit, j'ai jeté ces quelques lignes au dos d'une enveloppe. Ensuite, j'ai décidé que je n'écrirais rien, parce qu'il n'y a rien d'autre à écrire que l'absence et le silence dans la nuit glaciale d'une petite route de campagne, après que les cris ont cessé. Et puis, vous savez déjà tout.

J'ai posé l'enveloppe sur mon ordinateur et je suis allé me recoucher, comme Jessica, M. Patron et la voisine, parce que, comme eux, des années après, je savais qu'il n'y avait rien d'autre à faire.

52

Sphères d'injustice

Quand j'ai rencontré Jessica, il y a deux ans, dans le cabinet de Cécile de Oliveira, je lui ai promis que je ne lui poserais pas de questions tristes, seulement des questions joyeuses, des questions de vie, comme si Laëtitia était à côté de nous, sur une chaise, légèrement en retrait, un peu boudeuse ou simplement intimidée.

Un jour, dans un café, nous avons joué au jeu du portrait.

Si c'était une fleur ? Un lys.

Un paysage ? La mer. Elle avait le don d'attirer les méduses, Laëtitia, elle se baignait parmi les méduses, si effrayée par les petits fantômes aqueux qu'elle appelait au secours jusqu'à ce que Jessica arrive.

Un lieu ? Sa chambre.

Une insulte ? Jessica se récrie : « Chez M. et Mme Patron, on ne disait pas de gros mots. Mais quand on est arrivées, on en disait beaucoup. »

Une couleur ? Le bleu. Elle adorait le bleu, et aussi le rouge, le noir. Tout, sauf le jaune.

Un plat ? Elle détestait les choux de Bruxelles et les endives au jambon. Dans les cônes Miko, elle n'aimait que le cornet. Il fallait manger la boule et lui laisser le cornet.

Une chanson ? Elle pensait qu'elle était faite pour « une drôle de vie ».

*

Une autre fois, Jessica sortait de l'hôpital psychiatrique, alors j'ai laissé mon ordinateur dans son étui et on a parlé d'elle. Elle était gaie. Elle avait les ongles rongés. Elle portait un pantalon bleu électrique qui faisait très printemps ; une mèche rousse descendait par-dessus ses cheveux noirs coupés court. Sa copine venait de la quitter, mais la mère de la copine lui avait promis que sa porte resterait toujours ouverte pour elle. À l'HP, les médecins confisquent le portable et les objets coupants. Le foyer de jeunes, c'est terminé : elle a emménagé dans un appartement de 55 mètres carrés où elle vit seule. Elle dort sur un matelas gonflable. Son tuteur lui donne 100 euros par semaine pour la nourriture et les vêtements. Elle voudrait passer le permis, mais elle en est au code et «ça veut pas rentrer».

Après la mise en examen de M. Patron, Jessica a été littéralement éjectée de la famille. Elle a été traitée comme une coupable, une traînée. Le jour où elle a envoyé un texto pour l'anniversaire de Maelys, on lui a répondu : «On t'a déjà oubliée.» L'attaque la plus basse est venue de l'une des filles Patron, au procès de son père : «Si Laëtitia était suicidaire, c'est parce que sa sœur était lesbienne.»

Parfois, quand elle va voir sa sœur, Jessica passe devant la maison des Patron. Elle jette un coup d'œil par-dessus le portail, pour voir si les voitures sont garées ou s'il y a eu du changement. Elle aimerait bien les revoir ; ce sont eux qui ne veulent pas. Dans sa bouche, «Mimi» et «P'tit Loup» ont été remplacés par «Madame» et «Monsieur», comme pour les domestiques. À l'époque, la sœur de M. Patron leur faisait tenir un stand humanitaire à la sortie des hypermarchés. Jessica s'en est souvenue et, au dernier Noël, elle a acheté un petit pot pour bébés qu'elle a donné aux gens du stand.

Jessica a dû arrêter les séances de thérapie avec Mme Carr,

la psychologue de Paimbœuf: le conseil général ne voulait plus payer le taxi.

La veille du procès d'appel, Jessica a appelé son père en urgence: elle avait besoin de voir Laëtitia. Ils sont allés au cimetière de La Bernerie en pleine nuit.

En guise d'indemnités, Jessica va toucher 50 000 euros pour sa sœur et 20 000 euros dans le cadre de l'affaire Patron.

Jessica s'en veut de ne pas avoir réussi à sauver Laëtitia, de ne pas l'avoir entendue appeler au secours la nuit de l'enlèvement. Le jour où leur père l'a suspendue dans le vide, Jessica était trop petite pour lui venir en aide. Mais là, elle était grande. Elle aurait pu.

Elle pense à Laëtitia tous les jours. Des choses gaies et des choses tristes. Elle a envie d'être avec elle, de lui parler: «Comment ça va, qu'est-ce que tu deviens?» Il lui arrive de rêver d'elle. Il fait beau, elles sont sur la plage, elles se baignent, c'est la vie d'avant. Mais aussi des cauchemars: Jessica se trouve sur un bateau avec Meilhon et M. Patron, Laëtitia est en train de se noyer, les deux hommes bavardent sur le pont sans réagir. Un autre cauchemar: Meilhon lui fait la même chose qu'à Laëtitia. Au réveil, elle se palpe: «Ouf! Je suis encore là.»

*

Jessica est sortie vivante du cercle de feu. Elle a triomphé de la fatalité et de la mort. Elle est toujours la jumelle de sa sœur, mais de ce côté-ci du monde.

À midi, des centaines de fonctionnaires passent devant elle avec leur plateau, avant de manger les dés de concombres qu'elle a épluchés, les carottes qu'elle a râpées, les verrines qu'elle a soigneusement disposées sur le présentoir. S'ils savaient que dans cette jeune fille anodine se dissimule une héroïne de notre temps, dont la force morale peut servir de modèle dans les petits et grands malheurs de l'existence, c'est tout le réfectoire qui se mettrait à genoux. Devant des personnes comme

Jessica, on n'est plus chef de ceci, professeur de cela, on est un tout petit être humain qui s'avance, son âme friable à la main.

En tant qu'homme au sens d'être humain, il est difficile d'assumer les souffrances de Laëtitia, bébé protégé par un berger allemand, gamine ballottée à droite et à gauche, incapable de verbaliser ses traumatismes, adolescente qui donne son unique livre et ses organes parce qu'elle ne supporte plus le mensonge autour d'elle, jeune fille dont le buste, lardé de coups de couteau, flotte sur un étang.

En tant qu'homme au sens masculin, c'est encore pire. Si je ressens parfois de la gêne auprès de Jessica, c'est parce que je suis un homme et que les hommes, tout au long de sa vie, lui ont fait du mal. Les hommes, ce sont ceux qui règlent les disputes à coups de cutter, qui vous démontent à coups de poing, qui éjaculent dans le sopalin que vous devez tenir, qui vous poignardent, vous brisent le cou comme à un poulet. Pour eux, vous êtes soit un objet de plaisir, soit un souffre-douleur. Ou bien ce sont les ministres, les dirigeants, ceux qui parlent à la télé, qui savent, qui commandent, qui ont raison, qui parlent de vous, sur vous, en vous, à travers vous. À la fin, ce sont toujours les hommes qui gagnent, parce qu'ils font de vous ce qu'ils veulent.

Pour la première fois, j'ai eu honte de mon genre.

Je parle le français intello, un idiome trop rigide pour se glisser dans la membrane souple des réseaux sociaux, des tweets, des émoticons et des SMS. Jessica parle le français populaire, l'argot de l'Ouest. Elle dit « ça me déboussole de trop », « ce tantôt » pour « cette après-midi », elle utilise l'euphémisme « quand Laëtitia est partie ». Ses textos, lapidaires et jamais signés, disent : « On se tient au jus », « ca me dit pour le rdv mais il me faut leur ». Je suis un être de parole, elle est un être de discrétion. Elle est hiératique, je suis mobile. Pourtant, nous réussissons à nous dire les choses. Nos entretiens sont des moments heureux ; cette coprésence nous apaise.

Je n'ai jamais appelé Jessica au téléphone, je n'ai jamais

su où elle habitait. Une fois, après avoir vu Jessica pour des questions de procédure, Cécile de Oliveira m'a dit : « Elle t'appelle "l'écrivain" et elle a confiance en toi. » J'en ai éprouvé un grand soulagement.

Je suis fier de connaître des femmes telles que Cécile de Oliveira et Alexandra Turcat. Avocat, journaliste : des métiers sérieux, graves, « pas faits pour les femmes ». Saviez-vous que Jeanne Chauvin, docteure en droit, a été congédiée sous les risées lorsqu'elle s'est présentée devant la cour d'appel de Paris, en 1897, pour prêter le serment d'avocat ? Le barreau ne s'est ouvert aux femmes qu'en 1900 et, trente ans plus tard, la filière ne compte que 18 % d'étudiantes. La magistrature, elle, a cessé d'être la chasse gardée des hommes en 1946, deux ans après que les Françaises sont devenues électrices et éligibles. Qu'est-ce que l'émancipation ? Pouvoir travailler, avoir le droit de voter, disposer de son corps, assumer ses choix sexuels, vivre sa vie.

Je pense souvent à Jessica. Elle a peur de tout – de son père, de rentrer seule le soir (« avec tout ce qu'on entend »), de fumer, de boire, de faire la fête : la dernière fois que sa sœur a bu une coupe de champagne, cela lui a coûté la vie. Je voudrais l'aider, l'entourer, la soutenir, l'emmener à Ikea pour qu'elle s'achète un sommier et des meubles, lui donner, comme à nos enfants, assez de force pour continuer le chemin seule. Mais Jessica n'a besoin de personne. En cas de coup dur, elle aurait ses parents, ses oncles, son tuteur, son avocate, ses collègues, ses petites copines, ses amies de La Bernerie. Jessica a seulement besoin de sa sœur, et celle-ci repose, en six morceaux, sous le marbre rose. La gémellité est un équilibre infiniment subtil : sans la « faible », la « forte » se retrouve perdue.

*

Laëtitia a été jusqu'au bout la proie des hommes ; la chance de Jessica a été de comprendre qu'elle n'avait plus rien à attendre d'eux.

L'affaire Laëtitia révèle le spectre des masculinités dévoyées au XXIe siècle, des tyrannies mâles, des paternités difformes, le patriarcat qui n'en finit pas de mourir : le père alcoolique, le Nerveux, histrion exubérant et sentimental ; le cochon paternel, le pervers au regard franc, le Père-la-Morale qui vous tripote dans les coins ; le caïd toxico, hâbleur, possessif, Celui-qui-ne-sera-jamais-père, le grand frère qui exécute à mains nues ; le Chef, l'homme au sceptre, président, décideur, puissance invitante. Delirium tremens, vice onctueux, explosion meurtrière, criminopopulisme : quatre cultures, quatre corruptions viriles, quatre manières d'héroïser la violence.

Mais, dira-t-on, on ne peut raisonnablement soutenir que Meilhon égale Patron égale Sarkozy. Bien sûr. Je parle de la violence de *chacun dans son domaine*. Comme il y a des «sphères de justice», il y a des sphères d'injustice, des familles de mensonge, des arts de la manipulation, des espaces de coercition. Nous ne vivons pas dans un monde où les banquiers volent des mobylettes au coin de la rue et où les loubards font du blanchiment aggravé de fraude fiscale. Personne ne s'attend à ce qu'un braqueur mette en danger l'indépendance de la justice, ni à ce qu'un président de la République étrangle une jeune fille en pleine nuit. Chacun la dévore pour une raison qui lui est propre : plaisir, domination, gloire, puissance. Chacun, dans la mesure de ses moyens, lèse le corps social, blesse la société, crée du trouble à l'ordre public. Chacun, dans son champ d'action, a failli.

L'État n'est pas un monstre patriarcal sexiste. Tout au long de l'enquête, des hommes comme Martinot, Desaunettes, Ronsin et Touchais ont été mus par la passion de la vérité. Celle-ci ne s'est pas manifestée par des imprécations ou des injures, mais par un raisonnement encadré par les règles de l'État de droit. Tout comme Ronsin s'efface devant la loi, Touchais est un homme de l'ombre ; Martinot peut passer des journées à lire des rapports ou à répondre au téléphone. Tous estiment n'avoir fait que leur devoir. Je ne crois pas qu'ils aient jamais été remerciés pour la dignité qu'ils ont rendue à Laëtitia.

Mais ne suis-je pas moi-même un homme ? Plus qu'un mandarin breveté, je suis un écrivain en sciences sociales. Sortant de nulle part, je lance une enquête sur vous, sur les grands drames de votre vie, j'investis vos secrets, je rouvre vos blessures, j'interroge vos proches, je prétends expliquer la signification de votre existence. Or figurer dans un livre, s'y voir objectivé, disséqué, interprété, livré au public, c'est une forme de violence.

Non seulement je suis un homme, mais je suis perçu comme une figure de l'autorité (le prof de fac poivre et sel, le Parisien, etc.). Devant les autoritaires autorisés, on reste sur son quant-à-soi, on attend de voir : il n'est généralement pas bon d'avoir affaire à eux.

Jessica est toujours droite et silencieuse, ne prenant jamais la parole en premier, attendant de savoir ce que les autres ont à dire. Ce sourire figé, cette raideur dans l'attente, c'est la peur incorporée, les réflexes depuis longtemps acquis, la mémoire de l'enfance comme structure de tous les comportements. On ne refuse rien à l'autorité. À ceux qui lui posent des questions – des questions précises, orientées, avec leur petite idée derrière la tête –, Jessica répond succinctement, docilement, habituée depuis l'enfance à être interrogée, scrutée, devinée, déchiffrée, translucide et fragile comme une aile de papillon. Il y a eu les juges des enfants, les assistantes sociales, les éducateurs du foyer, les psychologues, les parents d'accueil, et puis, à partir de 2011, il y a eu les gendarmes, les médecins, les experts, les juges d'instruction, les présidents de cour d'assises et, dernier de la liste, l'historien-sociologue qui offre un Coca ou un chocolat chaud dans un café du centre-ville, son ordinateur ouvert.

J'ai reçu le consentement éclairé de Jessica et de ses proches ; j'ai tout fait pour respecter leur parole, leur dignité, leur peine ; j'ai remplacé certains noms par des pseudonymes ; j'ai passé sous silence des haines, des invectives ; avant d'écrire, j'ai été celui qui écoute. Mais je ne peux exclure d'avoir été moi-même intrusif et maladroit. Il n'est pas facile d'échapper à ces travers quand on mène une enquête.

Après la déposition de Jessica au procès d'appel de Meilhon, je suis allée la voir, en haut des marches du Parlement de Bretagne, pour lui dire qu'elle m'avait fait pleurer. Elle m'a répondu avec un sourire mutin : « C'est mignon, un homme qui pleure ! »

*

Jessica, notre fille. Qu'elle se lève le matin, qu'elle aille au travail, qu'elle fasse du judo, qu'elle essaie de passer le permis, qu'elle ait une copine, c'est déjà une victoire sur l'ordre des choses, une imperceptible usure dans l'immémoriale mécanique de soumission. Jeune femme anonyme qui marche dans la ville avec son sac à dos. Résistante qui tient pour deux. Puisse-t-elle nous pardonner. Ce livre est pour elle.

53

Le lendemain

Au procès, et contrairement à ce qu'il avait écrit dans sa lettre aux magistrats instructeurs, Meilhon a affirmé qu'il avait démembré et immergé le corps avec l'aide d'un complice, Monsieur X. C'est mon devoir de laisser quelque place à cette stratégie de défense. Mais c'est mon droit de ne pas croire à sa version et de présenter le déroulé des faits tel que les enquêteurs l'ont établi.

Mercredi 19 janvier 2011

Après avoir envoyé un faux SMS d'excuse à Laëtitia, Meilhon s'assoupit quelques heures. Il se réveille avant l'aube et part creuser une fosse dans un champ voisin, le long du chemin où il a abandonné le camion volé avec Bertier. Le sol est trop dur.

Dans l'obscurité, Jessica aperçoit le scooter couché sur le flanc, les clés sur le contact.

– P'tit Loup, P'tit Loup, le scooter de Laëtitia est par terre!

Jessica pleure à l'arrière du car. Le portable de Laëtitia est sur messagerie. En arrivant au lycée, elle se jette dans les bras de Kévin.

Meilhon, épuisé, se requinque avec un rail de coke et des bières. Le corps de Laëtitia gît dans son sang, recroquevillé au fond du coffre.

Sur la route de la Rogère, les gendarmes sécurisent la scène d'infraction. Les maîtres-chiens, dépêchés sur les lieux, commencent à ratisser les champs. Un hélicoptère survole la zone. Frantz Touchais est prévenu par ses collègues de la SR. Jessica dépose à la gendarmerie de Pornic, accompagnée de M. et Mme Patron.

Dans le hangar, entre les pots de peinture et la ferraille rouillée, les pneus crevés et les bonbonnes de gaz, Meilhon déshabille Laëtitia. Il la pose sur une planche, face vers le sol, près d'un meuble couleur acajou.

À la gendarmerie de Pornic, les enquêteurs entendent successivement William, Steven, Kévin, Antony. Selon un client de l'Hôtel de Nantes, Laëtitia est allée au Barbe Blues la veille au soir.

Meilhon utilise la scie. Humérus, vertèbres. Les dents claquent.

Il place les morceaux dans deux poubelles en plastique noir qu'il empile dans le coffre de la 106, à la place de la banquette. Le tronc mutilé reste sur la planche, ficelé à un parpaing. L'ensemble est trop volumineux pour tenir dans la 106 en même temps que les poubelles.

Le parquet de Saint-Nazaire prépare le support juridique de l'enquête: «Enlèvement et séquestration».

Entre 13 et 14 heures, une voisine du Cassepot entend des coups sourds en provenance du hangar. Meilhon appelle Bertier et lui fixe un rendez-vous à Atlantis.

Il se met en route, les mains noires, le pantalon plein de terre. À partir de 14 heures, son portable borne sur les relais de Chéméré, Bouguenais, Saint-Herblain et Atlantis. Sur le parking du centre commercial, «speed et parano», il confie à Bertier:

– J'ai fait une connerie.

L'avion de l'IRCGN atterrit sur un aérodrome local.

Meilhon roule vers les étangs de Lavau, où il a tant nagé et pêché dans sa jeunesse. Peu après 15 heures, son portable active le relais de Couëron.

Les gendarmes perquisitionnent dans la petite chambre-relais, chez les Patron, et saisissent la brosse à dents et la brosse à cheveux de Laëtitia.

Sur la rive du Trou bleu, vers 15 h 30, Meilhon confectionne la nasse : il dispose sur l'herbe un grand morceau de grillage, la ficelle noire, le parpaing, les membres, la tête. Quand la nasse est prête, il la lâche de la falaise et jette au loin la moitié du téléphone portable. L'étang se ride. Le temps que la nasse atteigne le fond, la surface est redevenue calme.

À la brigade de Pornic, les enquêteurs mettent le portable et la carte bleue de Laëtitia sous surveillance.

Meilhon doit repasser par Le Cassepot pour récupérer le système tronc-parpaing. En chemin, il s'arrête pour boire un demi et s'acheter un paquet de cigarettes. Il reprend du gasoil à Cordemais, une dizaine de litres qu'il met dans un bidon : c'est le pompiste qui sert les clients à la station-service de Cordemais et il n'est pas possible de lui faire faire le plein quand on circule dans une voiture volée avec du sang plein le coffre.

Meilhon franchit la Loire au pont de Cheviré.

« DISPARITION INQUIÉTANTE D'UNE JEUNE FILLE À LA BERNERIE-EN-RETZ »
(*Ouest-France*, 19 janvier 2011, 16 h 53)

Depuis Le Cassepot, Meilhon prend la direction de Port-Saint-Père en évitant les grands axes. La nuit tombe. La petite route qui longe l'étang de Briord est déserte. Le tronc disparaît dans l'eau noire.

Mme Carr arrive chez les Patron pour soutenir Jessica.

Alexandra Turcat convainc sa hiérarchie de passer la dépêche :

« IMPORTANTES RECHERCHES APRÈS LA DISPARITION D'UNE JEUNE FEMME À PORNIC »
(AFP, 19 janvier 2011, 18 h 39)

À Pornic, les gendarmes ont identifié le conducteur de la 106 blanche. Ils prennent contact avec leurs collègues de Couëron.

De retour au Cassepot, Meilhon allume le foyer avec le reste du gasoil. Il y brûle les effets de Laëtitia – le jean, la tunique fuchsia, la veste avec de la fourrure, les sous-vêtements, le casque avec des arabesques blanches et bleues, les boucles d'oreilles de Mme Patron –, ainsi que la planche de découpe et les outils.

> J'ai commencé à faire le ménage, j'ai versé de l'essence partout, j'étais assez fatigué, il y avait un froid glacial dans l'allée, j'ai allumé le brûlot, les vêtements, toutes sortes de choses, la planche, tout ça, je suis allé me laver, me changer, j'ai brûlé mes vêtements aussi, j'ai mis mon téléphone dans la cheminée, j'ai pas réussi à m'endormir, trois jours que je dormais pas.

Les gendarmes font le pari que Meilhon est avec Laëtitia sur le terrain de son cousin, près d'Arthon-en-Retz. Frantz Touchais : «On va le taper au Cassepot.»

Un procureur général de la cour d'appel de Rennes téléphone en urgence au SPIP de Loire-Atlantique pour prendre connaissance du dossier. Un cadre lui répond qu'il n'a pas le temps de s'en occuper; le procureur général manque d'en tomber de sa chaise. Xavier Ronsin envoie un texto au directeur du SPIP pour l'alerter.

Patrice Gabard de RTL, Anne Patinec de France Bleu Loire-Océan et Jean-Michel de Cazes de i-Télé arrivent à Pornic. «Ça sent pas bon, dès le départ.»

Jessica passe la soirée avec M. et Mme Patron.

Où se trouve Laëtitia? Hier, elle servait des repas ouvriers, elle virevoltait dans la salle au milieu des clients auxquels elle souriait. Ce soir, elle est au fond des eaux noires, mais aussi dans le coffre trempé de la 106, dans les flammes qui s'élèvent vers le ciel.

Meilhon s'est enfin endormi. À 23 heures, les gendarmes mènent une opération de reconnaissance au Cassepot.

54

Fait divers, fait démocratique

Dans certains milieux, il est de bon ton de mépriser les faits divers, ainsi que les journaux dont ils constituent le fonds de commerce (comme *Détective*, lancé par Gaston Gallimard en 1928, avec la collaboration de grandes plumes du journalisme et du barreau). Les crimes sont l'écume sanglante des jours, le pain quotidien du sadisme, les potins féroces, le passe-temps des ignares et des commères, qui se repaissent du malheur des gens et aiment épier leur intimité crapoteuse.

Le fait divers est mystificateur : il monte en épingle l'exceptionnel, valorise d'insignifiants drames privés. Il veut faire croire à son statut, mais littéralement il n'est rien ; ou, s'il est quelque chose, c'est sous la forme d'un leurre, d'un trucage, un peu comme le catch dans le domaine sportif.

Le fait divers est malsain, ajoutent les conservateurs : il met en relief des actes odieux, fait plonger dans le détail des viols et des assassinats. Il flatte les bas instincts du peuple. Il rend insensible et barbare. Il accoutume au sang. Le fait divers ne serait-il pas un peu subversif ?

Le fait divers est réactionnaire, corrigent les postmarxistes : il éclipse les sujets qui comptent, les « vraies » questions, inégalités sociales, guerres lointaines, faim dans le monde. Il déshabitue les citoyens à exercer leurs droits démocratiques. Comme dit Bourdieu, il fait « diversion ».

Le fait divers ne serait-il pas de droite ? Sous-produit de

l'audimat, il effraie les braves gens, les conforte dans la peur, le sentiment d'insécurité, la hantise des figures urbaines interlopes, la croyance qu'il y a un tueur en série à chaque coin de rue. Si le crime est à nos portes, il faut davantage de policiers, davantage de répression, davantage de prisons. Il nous faut un homme fort qui nettoiera tout cela au Kärcher.

Le fait divers est l'opium du peuple dominé et trahi, une manipulation politico-médiatique qu'il est urgent de démonter.

*

Au milieu des années 1870, Jeanne-Marie Le Manach, une jeune femme analphabète originaire des Côtes-du-Nord, ouvrière au Mans puis domestique à Paris, se met en ménage avec un ancien militaire au chômage, de trente ans son aîné, qui boit et la rudoie. Leur histoire d'amour finit mal : en 1876, il l'éventre, la dépèce, jette ses intestins dans les toilettes et son corps dans la Seine, en deux morceaux lestés par des pierres. Pour l'historien Bruno Bertherat, cet assassinat signe « un échec du processus d'intégration », la jeune Bretonne déracinée n'ayant pas réussi à se faire une place dans la capitale.

Deux cent mille curieux défilent devant le corps de Jeanne-Marie exposé à la morgue à des fins d'identification. En mars 1877, la salle des assises est prise d'assaut et une centaine de personnes doivent être évacuées tant l'atmosphère est surchauffée. Des écrivains et des actrices sont aperçus dans le public. Une soixantaine de témoins défilent à la barre. Le médecin légiste accable l'accusé : Jeanne-Marie aurait été découpée vivante. Les photos du corps sont distribuées aux jurés. Les gazettes judiciaires et la presse à grand tirage consacrent plusieurs pages à l'affaire.

En juillet 1877 est jugée à Marseille une autre affaire, le « crime célèbre de la femme coupée en morceaux ». Immédiatement, une brochure est en vente pour 10 centimes chez les marchands de journaux.

On découvrait sur le bord de la mer des membres humains, morceaux informes, horribles, enveloppés dans des linges. Ici, deux jambes et un bras; là, le tronc et la tête qui ne tenait plus que par les vertèbres; puis un bras seul; c'étaient les restes de la mère de Maria Boyer! (*Sensation profonde; les accusés paraissent vivement émus; Maria se cache la figure et sanglote avec force.*)
La salle, les tribunes et jusqu'au prétoire sont envahis par une foule qui espère assister au dernier acte de ce sinistre drame.

Les gens veulent tout voir, tout savoir. Leur curiosité, aiguillonnée par la publicité des débats, est démultipliée par les moyens de communication modernes. De quelque manière qu'on le regarde, le fait divers est inséparable de l'essor de la presse de masse au XIXᵉ siècle. Robert Park et les sociologues de l'école de Chicago ont vu apparaître, à côté des *news* qui fournissent des informations objectives, les *human interest stories*, faits divers, chiens et humains écrasés, enfants perdus, drames de la vie quotidienne, dont le propre n'est pas tant de bouleverser que de susciter une identification immédiate avec les victimes.

La puissance de ces tragédies vraies les tire dangereusement du côté de la littérature, de la fiction, du divertissement. Faut-il alors distinguer le «vrai» journalisme, domaine du savoir et de l'interprétation critique, et le «mauvais», le facile, celui des rubricards, des faits diversiers et autres *muckrakers*, habiles à manier l'émotion? Journaux sérieux ou feuilles à frissons? Ce qui est sûr, c'est que ces dernières ont du succès, beaucoup de succès.

On en arrive à une deuxième attitude vis-à-vis du fait divers: la fascination, symétrique du mépris. Cartouche, dont la vie a donné lieu à une pièce de théâtre, avait de nombreux fans, mais il faut attendre les années 1830, les crimes de Lacenaire et de Pierre Rivière, pour sentir, du fond de la société bourgeoise, monter cette vague d'horreur captive, ce scandale ambigu, ce cri mi-indignation, mi-acclamation. C'est le règne de la *Gazette des tribunaux.* Les yeux s'écarquillent devant les ruisseaux de sang et devant l'audace démoniaque de celui qui les fait couler. Honni et craint, le criminel devient un héros. On dévoile ses hauts faits, on lui consacre des complaintes, sa photo est publiée : il est devenu célèbre.

Viendront Jean-Baptiste Troppmann, H. H. Holmes, Jack l'Éventreur, Vacher, Landru, Harry Powers, Eugène Weidmann, le docteur Petiot, le curé d'Uruffe, Ted Bundy, sans oublier quelques femmes, l'empoisonneuse Henriette Canaby et les sœurs Papin. Violeur d'enfants, casseur de crânes, dépeceur de prostituées, étrangleur sériel, l'assassin terrifie et magnétise, épouvante tout en suscitant l'intérêt, sinon l'admiration. Il est le Grand Anti-Prêtre, le Satan, l'Exclu qu'il faut comprendre, le Transgresseur qui a osé enfreindre la loi, violer l'ordre établi, fouler aux pieds les conventions bourgeoises. Parce qu'il porte l'instinct de révolte, il est combattu par la société tout entière, gendarmes, policiers, juges, jurés, bourreaux, hommes graves à moustaches. Au XXᵉ siècle, les penseurs critiques, poéticiens, philosophes, historiens, auront un petit faible pour lui. Pauvre bateleur, paria écrasé par l'institution, il incarne une parole qu'on cherche à museler, une liberté qu'on voudrait étouffer. Il est un de ces *minores* que tout opprime.

Le criminel est tellement abominable, coupable de faits si atroces, qu'il en devient supérieur au commun des mortels, pères et mères de famille, étudiants, épicières, clercs de notaire, tous ces anonymes à petites vies rangées. Il les surplombe de toute son aptitude au mal – de son courage. «Weidmann vous apparut dans une édition de cinq heures», écrit ironiquement Jean Genet au début de *Notre-Dame-des-Fleurs*. Qui pourra le rejoindre en son sanglant Olympe ? L'artiste. Lui aussi est un ennemi de la société, un homme qui souffre, un élu. Face-à-face titanesque.

Cela explique que, depuis le romantisme, nombre d'écrivains se soient emparés du fait divers, pour dompter les forces terribles à l'œuvre. Le «grand» criminel est le double du

« grand » écrivain, son frère maudit. D'où le rapport spéculaire entre les surréalistes et Violette Nozière ; Genet et Pilorge et les SS ; Truman Capote et Perry dans *De sang-froid* ; Foucault et Pierre Rivière ; Norman Mailer et Gilmore dans *Le Chant du bourreau* ; Emmanuel Carrère et Jean-Claude Romand, cet « adversaire ».

*

Il n'y a pas de « grand » criminel : tout criminel est un petit, un minable, non parce qu'il est souvent un gagne-petit de la délinquance, escroc, faussaire, détrousseur de vieilles dames ou voleur de mobylettes (comme Lacenaire, Romand et Meilhon), mais parce qu'il est un criminel. Si le XXe siècle nous a laissé quelques larmes, gardons-les pour Laëtitia, pour Jessica, pour leur maman, pour tous les massacrés qui n'ont pas de tertre, qui ne dorment pas en paix. Que notre fascination et notre tendresse aillent aux innocents.

Laëtitia a besoin de nous. Grâce à un travail d'*estrangement*, je la distinguerai, montrant en quoi elle est à la fois banale et exceptionnelle, comme notre Soleil parmi d'autres étoiles.

Non pas honorer, célébrer, déplorer, mais comprendre. Barthes écrit que le fait divers est une « information totale ». Immanent, il contient tout son savoir. Point n'est besoin de connaître le monde pour « consommer un fait divers ». Mais peut-on se contenter du mythe ? Ce serait démissionner devant l'indéchiffrable. Edwy Plenel, grand journaliste et braconnier sur les terres de vérité, a dit la « noblesse du fait divers », sa force de frappe cognitive. Mêlant différents registres, renversant l'ordre des préséances, perturbant la hiérarchie des savoirs, il constitue le type même de l'information-désordre, « essentielle parce que dissidente, pertinente parce que marginale ». Edwy Plenel a raison et c'est pourquoi on ne devrait jamais parler de fait « divers » : terriblement dramatique et absolument particulier, il permet de sonder la profondeur humaine et historique.

Mon pari est que, pour comprendre un fait divers en tant qu'objet d'histoire, il faut se tourner vers la société, la famille, l'enfant, la condition des femmes, la culture de masse, les formes de la violence, les médias, la justice, le politique, l'espace de la cité – faute de quoi, précisément, le fait divers reste un mythe, un arrêt du destin, un diamant de signification clos sur lui-même, impénétrable, à admirer au creux de la main, avec ses miroitements entre pitié et inquiétude, énigme et stupéfaction, hasards et coïncidences, une sorte de prodige de mort qui fait tressaillir et qu'on oublie instantanément, avant qu'un autre le remplace. Comme le journaliste d'investigation et le reporter, comme le gendarme et le juge d'instruction, le chercheur mène l'enquête. S'il adopte la même méthode et la même visée de vérité, il ne choisit pas les mêmes objets. Il ne dit pas les mêmes choses.

Le kidnapping du bébé Lindbergh? Un moment d'unité nationale à l'époque de la Grande Dépression. L'empoisonnement parricide de Violette Nozière en 1933? La naissance des jeunes et l'émancipation des femmes. L'affaire Dominici? L'éclatement du clan familial, la fin des paysans. L'affaire de Bruay-en-Artois dans les années 1970, où un notaire fut accusé d'avoir tué la fille d'un mineur? La France de la lutte des classes, façon maos et corons. Le quintuple meurtre commis par Jean-Claude Romand, mythomane pathologique? Le précipité d'une société qui craint de n'être que mensonge et vacuité. L'assassinat d'Ilan Halimi en 2006? Une plongée dans les banlieues populaires, gangrenées par la pauvreté, la misère intellectuelle et l'antisémitisme.

La société a beaucoup fait pour Laëtitia. Les travailleurs sociaux, les juges des enfants, les éducateurs, les psychologues, les enseignants, les formateurs, toutes ces professions qu'on appelle le service public ont accompagné une petite fille que les fées n'avaient pas entourée au berceau. Mais sa vie s'est terminée par un crime qui a bouleversé la France et provoqué une crise entre l'exécutif et la magistrature.

Nous aimons les boursiers, les transfuges, les héros de la méritocratie républicaine, tous ceux qui s'en sont tirés, qui ont brisé les déterminismes et retourné les décrets du destin ; nous aimons protéger les enfants martyrs, instruire les enfants du quart-monde, intégrer les jeunes de cité, offrir une deuxième chance aux défavorisés. Nous y réussissons souvent, mais, pour Laëtitia, nous avons échoué. Son passé l'a rattrapée, et la balance des inégalités est retombée dans l'autre sens, avec fracas.

De Laëtitia, on peut dire : « Elle n'a pas eu de chance, elle a croisé les mauvaises personnes. À chaque fois qu'elle a bougé le petit doigt, elle a pris une gifle de la vie. » On peut aussi dire : processus de destruction souterrain, succession de loupés, chronique d'une mort annoncée.

C'est ainsi que l'échec de la démocratie se transforme en tragédie grecque. Quand les solidarités sont impuissantes à venir en aide aux offensés et humiliés, ceux-ci tombent dans une solitude où le plus sauvage assassine la plus fragile. Ensuite, le peuple n'a plus qu'à défiler en de silencieuses marches blanches où la communion collective est autant expression de chagrin que défiance vis-à-vis du politique. On se plaît aux dichotomies rassurantes, la pureté assassinée, la cruauté absolue ; mais une société qui croit aux saintes et aux monstres est une société inquiète, qui a besoin d'un transfert de sacralité pour retrouver un peu de confiance en elle. Les politiciens l'ont bien compris, qui s'efforcent de capter l'aura des victimes. L'homme de pouvoir s'empare de la femme sans tête.

Comment fait-on pour arrêter la répétition ? Comment permettre à des enfants de se tracer un autre chemin que celui de leur héritage maudit ? J'ai une pensée pour les demi-sœurs de Laëtitia et Jessica, pour le fils de Tony Meilhon.

*

Le fait divers, la petite saga bestiale qu'on trouve dans le journal, cette baudruche de sensationnel, on peut la faire

348

éclater grâce à l'acuité d'une enquête historique et sociologique. D'abord, *comprendre l'affaire*, saisir ses enjeux, individuels et collectifs, dans les domaines policier, judiciaire et médiatique. Indiquer en quoi le fait divers est un symptôme, une saillance, un prisme, le révélateur-perturbateur d'un ordinaire, d'un fonctionnement, d'une sensibilité, d'un rapport aux normes.

Ensuite, *ouvrir l'affaire*, montrer qu'elle n'est pas réductible à un crime, qu'elle renvoie à quelque chose de plus large. Éclairer un état de la société, distinguer un moment, saisir des représentations, des discours, des conflits, comprendre qu'il y a quelque chose à comprendre au-delà des apparences. Découvrir la cohérence de l'anomalie, la communauté des singularités, passer du meurtre aux victimes, de l'enfant aux familles, de l'individu aux trajectoires, du relationnel aux structures sociales.

Enfin, *dissiper l'affaire*. Oublier la fin pour libérer la victime de sa mort, pour la restituer à elle-même. Rendre limpides les eaux troubles. Le fait divers pose d'innombrables questions. La première : comment peut-on réduire la vie de quelqu'un à sa mort ? Le folklore de l'atroce est pourtant moins excitant que la part de mystère qu'il y a en chacun.

Au lieu de dédaigner le fait divers comme le symbole du mauvais goût populaire ou la marotte d'un journalisme dégradé, rappelons-en la potentialité démocratique : il émeut les gens, mais surtout il nous parle d'eux. C'est ainsi que les *human interest stories* peuvent devenir la matière même de ces sciences qu'on dit « humaines », l'enquête portant indissociablement sur l'objet et sur la forme. Le fait divers n'est alors pas tiré vers la fiction, mais vers la littérature du réel, cette exploration du monde guidée par les sciences sociales. Romancier il y a dix ans, j'ai écrit du non-vrai ; thésard à la même époque, j'ai non-écrit du vrai. Aujourd'hui, je voudrais *écrire du vrai*. Voilà le cadeau que Laëtitia m'a offert.

Dans le cadre de l'instruction, le juge demande au directeur d'enquête de recueillir « tout indice permettant la manifestation de la vérité ». Il charge les experts d'effectuer « toute observation utile à la manifestation de la vérité». Avant de déposer, le témoin fait serment de dire «toute la vérité, rien que la vérité», en reconnaissant qu'il n'est ni parent, ni allié, ni au service des parties – exactement les règles que Cicéron fixait à l'historien au Ier siècle avant notre ère. Au procès, après la projection des photos des restes de Laëtitia, le président de la cour a dit à l'accusé tassé dans son box: «Notre optique n'est pas simplement d'aboutir à une peine. Nous voulons connaître la vérité.»

La vérité de la mort de Laëtitia serait de peu d'importance si on la séparait de la vérité de son existence, de la solitude qu'elle a endurée, des voies qu'elle s'est choisies, du milieu et de la société qui furent les siens. Le travail de tous ces enquêteurs, qui permet de comprendre ce que Laëtitia a fait et ce que les hommes lui ont fait, n'est pas sans rapport avec la démocratie. On arrête les malfaiteurs parce que la sécurité est un droit. On les juge au nom du peuple français. Et je me suis dit que raconter la vie d'une fille du peuple massacrée à l'âge de dix-huit ans était un projet d'intérêt général, comme une mission de service public.

55

Justice

Le procès d'appel de Tony Meilhon s'est tenu au Parlement de Bretagne, à Rennes, du 13 au 26 octobre 2015. J'y ai assisté entre le banc des parties civiles et celui de la presse, à quelques mètres de l'accusé et de la cour. Par le jeu des récusations, le jury était composé de deux hommes et sept femmes, Meilhon ayant voulu « rendre justice à [sa] défunte victime ». L'accusé était poursuivi pour « enlèvement suivi de mort », non pour meurtre, démembrement ou féminicide (la notion existe dans plusieurs codes pénaux latino-américains). Le tribunal a prononcé la même peine qu'en première instance, moins la rétention de sûreté. C'est sans doute mieux ainsi.

Pendant ces deux semaines, l'actualité a été dominée par le bouclage des quartiers arabes à Jérusalem, les prémices de la campagne présidentielle américaine et, en France, le procès d'un urgentiste accusé d'avoir accéléré la fin de vie de ses patients, suivi par un grave accident de car. Signe que la presse nationale ne s'est pas déplacée à Rennes, les articles étaient tous cosignés « avec AFP ».

Dès le deuxième jour, il n'y a plus, sur les bancs clairsemés, qu'un journaliste de l'AFP, de *Ouest-France* ou de *Presse Océan*, avec parfois une équipe de France 3 Bretagne à la sortie du tribunal. Lors d'une suspension de séance, devant la machine à café, je m'en étonne auprès d'Alexandra Turcat. « Non, répond-elle, c'est normal. C'est une affaire qui a déjà bénéficié d'énormément d'attention par rapport aux autres faits divers. Le temps passe, le travail de deuil opère, même pour les journalistes. Laëtitia, il faut la laisser partir maintenant. »

La grande salle du Parlement de Bretagne brille de mille feux, les ampoules des lustres se réfléchissent sur les ors, les tentures et les fines boiseries dont les murs sont parés. La cour prend place derrière une longue table en arc de cercle : le président assisté de deux juges et, de part et d'autre, les jurés, des M. et Mme Tout-le-Monde attentifs, conscients de la difficulté de leur tâche, encadrés à un bout de la table par l'avocat général et, à l'autre bout, par la greffière. Le président de la cour et l'avocat général sont en rouge et noir, les deux assesseurs en noir, tout comme la greffière et les avocats. Des gendarmes patientent au fond de la salle et à l'extérieur, devant le portique de sécurité.

Les débats sont publics, oraux et contradictoires. Cette règle suffit à faire de la cour d'assises une fascinante machinerie intellectuelle. On se combat par la parole. Un expert dément l'accusé, l'accusé contredit un témoin. C'est une arène démocratique régie par un ordre puissant, celui du président, qui distribue la parole en vertu de son pouvoir discrétionnaire. Le face-à-face entre les avocats des parties civiles, assis devant les familles, et les avocats de la défense, placés comme en rempart de l'accusé, pourrait faire croire que des gentils affrontent des méchants. Mais l'avocat d'un père meurtri sera, dans quelques jours, celui d'un dealer impliqué dans un sordide règlement de comptes. La défense a toujours le dernier mot, et c'est une des plus grandes choses qui existent.

La justice est principe, mais elle est aussi administration, verbe et rituel. On y paraît costumé, chacun joue son rôle. La solennité, les robes, les prestations de serment, les usages (se lever à l'arrivée de la cour, « La cour ! », comme le crie l'huissière au moment où la sonnerie retentit) composent un décor intimidant. À la barre, de nombreux témoins en restent sans voix.

Un procès d'assises a ceci de commun avec les tournages de films et les colonies de vacances qu'il fait vivre des choses intenses à un petit groupe de personnes qui savent qu'elles devront bientôt se séparer. La mono-activité, les semaines entières en vase clos, les moments partagés, depuis le café du matin jusqu'à la tisane du soir en passant par les pauses déjeuner et toutes les suspensions d'audience, donnent un caractère d'initiation à cette expérience hors du monde et hors du commun.

Ce sont des journées terribles et harassantes. On attend, on a froid, on tremble ensemble. Le vendredi soir, on s'échappe du Parlement de Bretagne et l'on constate avec étonnement qu'il y a des gens dans la rue, des voitures, des boutiques, des terrasses de café, et que la vie a continué comme si de rien n'était.

*

Précédé de l'huissière, un gendarme s'avance dans l'allée centrale. Grand, brun, épaules carrées, allure placide, il salue militairement la cour et pose son képi sur la tablette derrière le micro : c'est Frantz Touchais. Il parle une heure et demie sans notes, résumant toute l'enquête – l'emploi du temps de Laëtitia le 18 janvier 2011, l'interpellation de l'accusé, la recherche du corps, les vérifications téléphoniques, l'absence de complicité. À la fin de sa déposition, l'avocat général déclare : « J'ai suivi une soixantaine d'affaires aux assises. C'est la première fois que je vois un travail de cette qualité. »

Jean-Philippe Depriester, ancien commandant à l'IRCGN, aujourd'hui lieutenant-colonel dans une unité interarmes, démontre que la 106 a pilé avant de renverser le scooter. Sur l'écran défilent les clichés de la voiture, du scooter, des plots jaunes numérotés, des traces de peinture et des débris observés au microscope. L'accident est reproduit sur un grand plan étalonné, avec les distances et les vitesses, ainsi que les différentes phases de la collision.

À la suspension d'audience, je le rejoins dans le couloir, alors qu'il est en train de ranger ses papiers.

– Ce rapport, dit-il en désignant un gros volume relié, représente des centaines d'heures de travail. Notre boulot, c'est de recueillir des indices et des traces, comme les archéologues. On interprète les signes. On fait de la sémiotique, quoi.

Je lui suggère Barthes, il me répond Umberto Eco.

– Toute l'équipe a bossé pour faire ce rapport. C'est notre chef-d'œuvre au sens artisanal, une enluminure criminologique. On produit un discours vérifié, étayé sur des preuves. Apporter des bribes de vérité, c'est ce qu'on doit à la société et aussi à la victime.

Vêtu d'une veste sombre et d'une chemise blanche bien repassée, le crâne rasé, avec un bouc et une fine moustache, Tony Meilhon parle d'une voix douce, presque lasse. Il s'efforce de montrer qu'il a pris du recul sur lui-même : « C'est plus compliqué que cela, monsieur le président. J'entrais dans la délinquance juvénile. J'étais jeune, monsieur le président », etc.

Oublié le Meilhon corbeau sale, le Meilhon provocateur, le Meilhon caïd de prison avec survêtement et chewing-gum ; place au Meilhon zen, converti à l'islam. Mais a-t-il vraiment changé ? Sa relation avec un terroriste islamiste également détenu à Vezin-le-Coquet est une manière de s'accrocher à l'« aristocratie » de la prison. Dans son box, Meilhon discute pied à pied avec les avocats, conteste le bien-fondé des questions, dénigre les témoins, professe que « le mensonge est d'or ». Au moment où Monsieur X, son receleur, cette fois nommément désigné, vient protester de son innocence à la barre, Meilhon lui hurle « menteur ! » d'une voix de stentor, faisant sursauter le public et provoquant la nervosité des gendarmes. Le lendemain, il refusera d'être extrait de sa cellule.

Il admet avec philosophie qu'il a tué, puisque, à entendre les experts, Laëtitia était vivante après l'accident sur la route de la Rogère ; mais il persiste à dire qu'il l'a percutée involontairement, que Laëtitia ne bougeait plus, qu'il l'a étranglée et poignardée pour faire croire à un crime de rôdeur – ce qui revient à nier toute intention criminelle et, donc, à s'exonérer du meurtre. «J'étais dans le grand n'importe quoi, y a pas de logique.» De l'art de regretter sans rien avouer.

Cécile de Oliveira : «Je ne sais pas, monsieur Meilhon, si vous voyez l'intérêt de mes questions. Il s'agit de connaître la vérité de cette dernière nuit. Laëtitia ne pourra jamais la raconter à ses proches. Je ne représente ici que Jessica, mais, pour chacun d'entre nous, savoir ce que nos proches ont vécu de plus terrible, c'est essentiel. Est-ce que vous comprenez, monsieur Meilhon ?»

Pas de réponse.

Cécile de Oliveira : «Quels ont été les derniers mots de Laëtitia ?»

Meilhon : «Ben, "bonsoir". On avait prévu de se revoir.»

Cécile de Oliveira, interloquée : «Les derniers mots de Laëtitia avant de mourir !»

Meilhon : «Si ça vous amuse…»

Le président s'emporte : «Comment pouvez-vous dire ça ? Épargnez-nous vos commentaires, monsieur Meilhon ! Si vous ne voulez pas répondre à la question, vous ne répondez pas. Personne ne s'amuse ici !»

Une chute à scooter maquillée en crime de rôdeur, avec passage à tabac et étranglement d'une morte. Explication incohérente et stratégie trop audacieuse pour être mise en œuvre ; car, si vraiment Laëtitia a été tuée dans un malheureux accident de la route, il ne s'agit, de la part de Meilhon, que d'un délit routier et d'une mutilation de cadavre, qui ne relèvent pas de la cour d'assises. La défense pourrait plaider l'acquittement.

Les proches de Laëtitia se succèdent à la barre. M. Patron témoigne en visioconférence depuis le centre de détention de Nantes : «Je pense avoir fait ce qu'il fallait pour les deux.»

À un moment, Jessica s'est avancée, belle, élancée, cheveux courts, lunettes, jean et sweat à capuche, et elle a pris la parole d'une voix claire :

Elle me manque tous les jours. Tout ce que je voudrais, c'est qu'elle soit à mes côtés, qu'elle me soutienne, qu'elle me dise « ma sœur, vas-y, tu es forte ». Je sais que, de là-haut, elle me voit, tout ce que j'ai traversé comme épreuves. Aujourd'hui, c'est la première fois que je témoigne devant vous, devant Tony Meilhon, c'est énorme pour moi.

56

Laëtitia, c'est moi

Recevant le prix Nobel de littérature en 2014, Patrick Modiano a déclaré : « J'ai toujours cru que le poète et le romancier donnaient du mystère aux êtres qui semblent submergés par la vie quotidienne, aux choses en apparence banales. [...] C'est le rôle du poète et du romancier, et du peintre aussi, de dévoiler ce mystère et cette phosphorescence qui se trouvent au fond de chaque personne. » J'ajouterai que c'est aussi le rôle de l'historien-sociologue.

Comme héroïne, j'ai choisi une inconnue légère et vacillante qui n'a hérité de rien, sinon d'une histoire qui la dépasse, celle des bébés qu'on rejette, des gamines de l'Assistance qu'on viole, des servantes qu'on rudoie, des passantes qu'on tue après les avoir consommées. Laëtitia n'est restée en ce monde que dix-huit ans, mais parfois il me semble qu'elle a vécu des siècles.

J'ai écrit le chapitre 2 au restaurant Blue Baker de College Station, Texas, sur une banquette en skaï, en mangeant un gâteau aux myrtilles, et le chapitre 4 dans le *shuttle* qui me menait en catastrophe à l'aéroport de Houston, après que tous les vols eurent été annulés à cause d'un ouragan. J'ai écrit les autres chez moi, dans des cafés, à la Bibliothèque nationale, et aussi – mais seulement quelques lignes – à la Villa Schifanoia de Florence, au sortir d'un labyrinthe de buis exalté par le soleil de printemps. J'ai même écrit à la piscine, en nageant le crawl, enfermé dans ma tête.

Dans tous ces moments, j'ai été avec Laëtitia, elle ne m'a pas quitté, j'ai cherché des mots pour dire son silence, j'ai mis de la continuité à la place de la déchirure, j'ai essayé de suivre les sentiers de liberté qu'elle s'est frayés dans l'épaisseur du malheur. «Obéissante, mais aussi rebelle.»

La vie ne nous a pas réunis. De toute façon, cela aurait été impossible : elle n'est jamais allée à Paris, je ne suis jamais allé à Pornic avant sa mort, elle m'aurait trouvé vieux et barbant, moi je n'aurais pas su quoi lui dire, elle s'intéressait surtout à son portable et à des séries télé que je ne regarde pas, mes questions lui auraient paru sans intérêt. Nous n'avons rien en commun et pourtant, Laëtitia, c'est moi.

Elle signait avec de jolies boucles à la majuscule, mais j'ai vu d'autres orthographes : Laetitia, Lætitia, Laeticia, Laëticia, Laëti, Léti et même Laietitia. Tout au long de mon enquête, la chanson de Serge Gainsbourg m'a hanté :

C'est ma douleur que je cultive
En frappant ces huit lettres-là
Elaeudanla Téïtéïa

S'il faut aller à la dérive
Je veux bien y aller pour toi
Elaeudanla Téïtéïa

Même si ce n'est pas mon Truffaut préféré, j'aime bien *La Chambre verte*, dont Cécile de Oliveira m'a offert le DVD en me disant : «C'est tout à fait ton genre de folie.» Le film raconte l'histoire d'un veuf, Julien Davenne, qui se consacre entièrement au souvenir de sa jeune épouse et des morts de la Grande Guerre : «Dans ce monde cruel et sans pitié, je veux avoir le droit de ne pas oublier, même si je dois être le seul à ne pas oublier.» Si l'on ne s'occupe pas des morts, si on ne les aime pas, si on ne les respecte pas, si on ne les protège pas, que deviendront-ils?

Jessica le sait, qui fleurit la tombe de sa sœur, lui fête son anniversaire, porte ses bijoux. En fait, Jessica est devenue

Laëtitia. Elle a sa générosité, son courage, sa beauté, la réussite professionnelle qu'elle n'a pas eue, l'avenir dont on l'a privée.

Poser de la bruyère sur la tombe des Léopoldine n'est pas une activité à plein temps. Nous avons la chance d'avoir encore nos enfants ; ils ne peuvent savoir à quel point nous les aimons. Si je pense aux morts, j'écris pour la vie. C'est ma différence avec Davenne, ce fou qui mène une existence triste à pleurer, hors le monde, hors l'amour, hors la vie, et qui, intransigeant gardien des morts, se perd dans les cierges de sa chapelle comme dans une forêt de flammes.

Vivons, résistons, aimons et, quand notre temps sera épuisé, souvenons-nous que Laëtitia est descendue la première et que la vase a souillé sa beauté de dix-huit ans. Notre mort sera toujours moins amère et moins terrifiante.

57

Nos années Laëtitia

Ces derniers temps, mon enquête m'a rendu triste. C'est le signe qu'il faut arrêter. Mais avant, je voudrais dire au revoir à ceux qui m'ont aidé.

Aucun de ceux qui ont accepté de me rencontrer n'a voulu se mettre en avant. Tous ont spécifié qu'ils souhaitaient d'abord rendre hommage à leur équipe, sans laquelle rien n'aurait été possible. Ce faisant, ils répondent à la définition du témoin : s'effacer devant les autres.

Un mois et demi après les faits, Mme Laviolette s'est effondrée. À son retour de congé maladie, elle s'est assise à son bureau et elle a écrit des dizaines de lettres aux jeunes et aux familles, aux foyers et aux partenaires, pour leur annoncer qu'elle partait. Après douze ans comme éducatrice spécialisée, elle est devenue « référente jeunesse » du conseil général pour le pays de Retz : elle accompagne les communes, travaille avec la Mission locale, anime un réseau qui œuvre à l'insertion des jeunes. Elle ne fait plus de suivi individualisé. La disparition de Laëtitia reste une blessure pour elle : elle ressent une culpabilité énorme, celle de ne pas avoir su, de ne pas avoir vu, de ne pas avoir pu.

Aucun journaliste du Grand Ouest n'a oublié ces semaines. Jean-Michel de Cazes, de i-Télé, se souvient encore du visage de Xavier Ronsin sur les rives du Trou bleu. Il n'a pu assister à la conférence de presse, puisqu'il était encore dans les airs, mais il a regardé la télévision le soir : « Sur les images, on voit un procureur très marqué. Il cherchait les mots les plus précis, les plus dignes. Ça n'a pas dû être facile pour lui. Je n'ai jamais eu un fait div' aussi terrible. »

Trois mois plus tard, Alexandra Turcat a enchaîné avec l'affaire Dupont de Ligonnès, une mère et ses quatre enfants assassinés et enterrés sous leur maison. Ensuite, il y a eu la nomination du maire de Nantes au poste de premier ministre, une édition du Vendée Globe, l'opposition au projet d'aéroport de Notre-Dame-des-Landes. Aujourd'hui, Alexandra Turcat n'est plus détachée. Elle est chef de la rédaction du bureau de l'AFP à Rennes ; mais elle n'a jamais oublié la gamine de Pornic, ses yeux rieurs, son sourire magnifique, ses lettres d'adieu, la route de la Rogère, le hangar du Cassepot, l'étang de Lavau, les chiens de la gendarmerie flairant les champs détrempés, ces journées à assister aux fouilles sous les nuages plombés et la bruine glaciale.

Comme un journaliste n'a pas l'occasion d'exprimer ses sentiments, je dirai, pour Alexandra Turcat, cette mélopée qui n'a pas trouvé sa place dans les centaines de dépêches AFP qu'elle a rédigées entre 2011 et 2015 :

> J'ai été, comme la plupart des journalistes, particulièrement touchée, engloutie par cette histoire.
>
> Colère des gendarmes contre Meilhon, qui insulte Laëtitia sans vouloir leur dire où elle est, qui profère des choses obscènes sur elle.
>
> Colère des magistrats contre Sarkozy, à peine plus décent, qui veut faire campagne sur son corps.
>
> Colère de Patron contre les magistrats, qui leur arrache le micro pour les accabler de la mort de Laëtitia en pleine manifestation (et, *a posteriori*, écœurement contre lui d'un tel aplomb).
>
> Colère du président du conseil général, qui exprime toute la colère des travailleurs sociaux, comme si cet échec pesait plus lourd que tous ceux auxquels ils sont sans cesse confrontés.
>
> Oui, une grande colère, sur fond de froid et de boue.

Cécile de Oliveira travaille toujours avec le même talent et la même passion. Elle a défendu un sans-papiers marocain accusé de tentative de meurtre, un vieux paysan vendéen condamné à mort et libéré après quarante-deux ans de prison, une jeune Nantaise qui s'est fait violer à la sortie d'une boîte, un Sénégalais accusé de trafic de stupéfiants, une petite fille de maternelle qui raconte comment son instituteur a abusé d'elle pendant la classe verte. Elle passe du temps sur l'île d'Ouessant, voyage beaucoup, en Alaska, aux Spitzberg, à Cayenne pour voir un ami juge, à Venise pour la Biennale (« c'était bourré de snobs, mais je me suis baignée et j'ai vu des choses extraordinaires »). Je lui ai offert *La Jeune Fille et la Mort* de Schubert, mais elle l'avait déjà.

Xavier Ronsin a aussi travaillé sur l'affaire Dupont de Ligonnès. Elle l'a beaucoup troublé : un père qui attire son fils dans un guet-apens pour le tuer… Aujourd'hui à la tête de l'École nationale de la magistrature, l'ancien procureur de la République forme les juges en France métropolitaine et dans les DOM, s'efforce d'ancrer la justice dans la cité, noue des partenariats à l'international. Il représente la France au sein du Comité européen pour la prévention de la torture. Il va devenir premier président à la cour d'appel de Rennes.

C'est Renaud Clément qui a autopsié Mme Dupont de Ligonnès et ses quatre enfants. Il s'en souvient avec un mélange de peine et de sidération, comme pour le petit Jonathan : non seulement c'est un enfant, mais le meurtrier n'a pas été retrouvé. Brillant médecin, Renaud Clément a remplacé le professeur Rodat à la tête du service médico-légal de Nantes. Quand je l'ai rencontré, deux mois après les attentats du 13 novembre 2015, il devait se rendre à une réunion organisée à l'Institut médico-légal de Paris, afin que toutes les morgues de France soient préparées au meurtre de masse.

À la division « Atteinte aux personnes » de la SR d'Angers, Frantz Touchais et ses collègues ne s'arrêtent pas beaucoup. Leur quotidien, ce sont les viols, les enlèvements d'enfants, les tentatives d'assassinat, les meurtres. Bien sûr, cela crée un hiatus avec la vie de famille. Quand on rentre à la maison après des mois de travail, entre épuisement, visions d'horreur et sentiment du devoir accompli, on retrouve les menus tracas de la vie quotidienne. On s'en occupe, parce que c'est la vie, mais on a envie de dire à sa femme : « Te plains pas, les tiens, ils sont au lit et ils dorment. » Pourtant, en l'absence du mari, ce sont bien les épouses qui font tenir la famille. Elles acceptent de partager leur homme avec la cause.

Après avoir été pendant deux ans vice-président de l'instruction au tribunal d'Angers, le juge Martinot est retourné au TGI de Nantes pour travailler à l'application des peines. Ironie de l'histoire, le voici devenu un « JAP nantais », en remplacement de la collègue juge chargée du dossier Meilhon. À ce poste, il rencontre les détenus, constate leurs efforts pour se réinsérer, autorise les libérations conditionnelles. Même s'il passe pas mal de temps dans les prisons, son travail est tourné vers l'avenir, alors qu'un juge d'instruction regarde nécessairement vers le passé.

Quelques jours avant de prendre ses fonctions de JAP, il est passé dans la galerie de l'instruction pour faire la bise à son ancienne greffière. Il a retrouvé son bureau à moitié vide, rempli de cartons à envoyer à la benne, ce bureau où les gendarmes du PSIG ont monté la garde avec leurs fusils d'assaut, cette chaise où Meilhon s'est installé avant de lui roter au visage. Dans un coin traînait, parmi les vieilles paperasses à jeter, la chronologie des faits et gestes de Meilhon en janvier 2011 que l'analyste criminel avait patiemment établie, jour après jour, audition après audition, expertise après expertise. C'est une immense feuille de 4 mètres sur 2 que les gendarmes de la cellule d'enquête pouvaient examiner sur le mur. Le juge Martinot l'a emportée comme souvenir.

Comme tous les juges récemment nommés au TGI de Nantes, il a été reçu, en signe de bienvenue, par le président du tribunal. Ce dernier, lui-même un nouveau venu, ignorait que Martinot avait passé plusieurs années à l'instruction, ici même, à quelques coursives de là. Pensant le mettre au courant, le président lui a expliqué que la maison avait été traumatisée par une affaire survenue quatre ou cinq ans plus tôt :

– Un fait divers horrible dont tous les médias ont parlé. Une jeune fille tuée et découpée par un multirécidiviste. Sarkozy a accusé les juges, ce qui a déclenché un énorme mouvement de grève.

Le juge Martinot le laisse venir.

– Je crois que c'était une joggeuse, conclut le président pensivement.

Le juge Martinot revient dans son tribunal comme un anonyme. Une page se tourne. Il va avoir quarante ans.

*

Franck Perrais a raconté dans l'édition nantaise de *20 minutes* comment il avait « pété les plombs » après la mort de sa fille :

> Un jour, alors que je n'arrêtais pas de chialer et de taper dans les murs, j'ai pris ma voiture pour aller me jeter en Loire. Mais, comme j'avais fait juste avant la tournée des troquets, je me suis fait arrêter par la police. Du coup, je vais être bientôt jugé en correctionnelle pour conduite en état d'ivresse.

Aujourd'hui, il va mieux. Son petit appartement est un mausolée à la mémoire de Laëtitia. Il s'investit dans la recherche d'enfants disparus. Les gens l'aperçoivent à la télévision, le reconnaissent dans la rue. Parfois, on lui jette des insultes au visage : « Tu veux te faire de la gloire sur la tête de ta fille ! » D'une certaine manière, la mort de Laëtitia lui a donné une identité. Mais, quels que soient ses torts, il a beaucoup perdu. Bilan de dix ans à l'ASE : une fille violée, une fille tuée.

Avec Jessica, il est plus présent, plus attentionné. Il se trompe toujours dans les prénoms, il l'appelle Laëtitia. Récemment, il lui a offert une médaille en forme de cœur où sont gravés les portraits de Laëtitia et de sa demi-sœur, avec lui entre les deux.

Après les marches blanches de janvier 2011, quelques initiatives ont vu le jour. Stéphane et Delphine Perrais ont créé un site Internet intitulé « N'oubliez jamais Laëtitia Perrais ».

Sylvie Larcher est toujours en dépression. On lui fait des piqûres. Jessica la protège : « Non, maman, faut pas aller au procès. Non, maman, n'allume pas la télé. » Je n'ai pas fait d'entretien avec elle. Son frère et son avocate m'en ont dissuadé, mes questions lui auraient fait du mal. Mme Larcher est un espace blanc entre les mots.

Lors de notre cinquième entretien, peu avant Noël 2014, dans un café près de la FNAC – un chocolat chaud pour elle, un thé pour moi, que j'ai laissé refroidir sans y toucher –, j'ai demandé à Jessica quelle était l'image la plus heureuse qu'elle gardait de sa sœur. Elle m'a répondu sans hésitation : « L'après-midi où on a appris à danser le madison. » C'était dans le jardin des Ermont en Haute-Savoie, le 7 juillet 2007 ou 7/7/7, après le mariage de leur fils à la mairie. Il fallait se préparer pour le grand bal du soir.

Le madison se danse en ligne. On avance, on fait des pas de côté avec chaque jambe, on recule et on avance à nouveau. Laëtitia était en robe, maquillée avec soin. Elle riait, pieds nus dans l'herbe, il faisait beau, elle était heureuse.

Quand j'ai voulu confirmer le souvenir auprès de Mme Patron, elle a ajouté cet épilogue : le soir, contrairement à Jessica, Laëtitia n'a pas dansé. Elle ne voulait pas se montrer, elle avait peur qu'on se moque d'elle.

– Allez, vas-y, personne te regarde !

– J'ai pas envie.

Elle était différente des autres jeunes.

Elle aurait déménagé. Elle aurait passé son permis. Elle serait devenue vendeuse ou assistante maternelle. Avec Jessica, elle aurait ouvert un restaurant ; l'une aurait travaillé à la cuisine, l'autre en salle. Elle aurait été une femme active. Elle aurait voyagé. Ses enfants auraient eu une maman aimante. Son mari ne l'aurait pas battue.

Je n'ai pas envie de la laisser toute seule. Que mon livre soit sa phosphorescence, le sillage pailleté et le rire qu'elle a laissés dans l'air une après-midi d'été, une traîne de mots qui disent autant sa grâce et sa noblesse que ses fautes d'orthographe, autant sa détresse et son malheur que ses *selfies* sur Facebook et ses soirées karaoké au Girafon. Je voudrais qu'elle danse, danse, danse, pour elle et pour nous, jusqu'à la fin des temps, je voudrais que l'enfance soit une balade au soleil sur une plage semée de galets et de coquillages, et je voudrais que le Trou bleu soit non pas le tourbillon où l'on sombre, où l'on se noie tandis que les hommes bavardent sur le pont, l'obscurité à laquelle se heurtent des doigts à travers un grillage, mais le lac émeraude dont les eaux calmes et pures fixent l'attention du promeneur qui s'est assis, l'âme en paix. Comme le disait Laëtitia dans une de ses lettres-testaments et avec la poésie qui lui appartient, « la vie est fête comme sa ». Oui, comme ça, la vie est fête.

Choix de références

Gémellité

Charlemaine (Christiane), Papiernik (Émile) *et al.*, *Le Guide des jumeaux. La conception, la grossesse, l'enfance*, Paris, Odile Jacob, 2006.

Garcin (Jérôme), *Olivier*, Paris, Gallimard, 2011.

Perrot (Jean), *Mythe et littérature sous le signe des jumeaux*, Paris, PUF, 1976.

Zazzo (René), *Le Paradoxe des jumeaux*, Paris, Stock, 1984.

Enfants abandonnés et placés

Besson (Geneviève), *Au cœur du social départemental*, Évreux, département de l'Eure, 2014.

Bowlby (John), *Attachement et perte*, Paris, PUF, 1978, 3 vol.

David (Myriam), *Le Placement familial. De la pratique à la théorie*, Paris, Dunod, 2004.

Jablonka (Ivan), *Ni père ni mère. Histoire des enfants de l'Assistance publique (1874-1939)*, Paris, Seuil, coll. « xxᵉ siècle », 2006.

Laine (Bernard), Riguet (Alexandra), *Enfants en souffrance, la honte. Le livre noir de la protection de l'enfance*, Paris, Fayard, 2014.

Enseignement spécialisé

Briand (Jean-Pierre), Chapoulie (Jean-Michel), *Les Collèges du peuple. L'enseignement primaire supérieur et le développement de la scolarisation prolongée sous la Troisième République*, Paris, CNRS-INRP, 1992.

Cousin (Christian), *Enseigner en SEGPA et EREA*, Paris, Delagrave, 2003.

Vattier (Guy), *Introduction à l'éducation spécialisée*, Toulouse, Privat, 1991.

La jeunesse périurbaine

Coulon (Cécile), *Les grandes villes n'existent pas*, Paris, Seuil-Raconter la vie, 2015.

Didier-Fèvre (Catherine), «Être jeune et habiter les espaces périurbains : la double peine ?», *Géo-Regards*, n° 6, 2014, p. 35-51.

Mills (Charles Wright), *Les Cols blancs. Essai sur les classes moyennes américaines*, Paris, Seuil, 1970 (1953).

Moreno Pestaña (José Luis), *Moral corporal, trastornos alimentarios y clase social*, Madrid, CIS, 2010.

Renahy (Nicolas), *Les Gars du coin. Enquête sur une jeunesse rurale*, Paris, La Découverte, 2005.

L'arc atlantique

Davezies (Laurent), *La Crise qui vient. La nouvelle fracture territoriale*, Paris, Seuil-La République des idées, 2012.

Données sur l'estuaire de la Loire et panorama aérien, sur www.loire-estuaire.org.

Guilluy (Christophe), *La France périphérique. Comment on a sacrifié les classes populaires*, Paris, Flammarion, 2014.

«Territoires de Loire-Atlantique. Pays de Retz», sur www.insee.fr.

L'émancipation des femmes

Bard (Christine), *Les Filles de Marianne. Histoire des féminismes, 1914-1940*, Paris, Fayard, 1995.

Boigeol (Anne), «Les femmes et les cours. La difficile mise en œuvre de l'égalité des sexes dans l'accès à la magistrature», *Genèses*, vol. 22, n° 1, 1996, p. 107-129.

Lejeune (Philippe), *Le Moi des demoiselles. Enquête sur le journal de jeune fille*, Paris, Seuil, 1993.

Perrot (Michelle), *Les Femmes ou les Silences de l'histoire*, Paris, Flammarion, 1998.

Rennes (Juliette), *Le Mérite et la Nature. Une controverse républicaine : l'accès des femmes aux professions de prestige, 1880-1940*, Paris, Fayard, 2007.

Les violences envers les femmes

Chambonnet (Jean-Yves) *et al.*, «La violence conjugale : prise en charge en médecine générale» [en Loire-Atlantique], *Revue du praticien de médecine générale*, n° 507, 2000, p. 1481-1485.

Henrion (Roger), *Les Femmes victimes de violences conjugales. Le rôle des professionnels de santé*, Paris, La Documentation française, 2001.

Hirigoyen (Marie-France), *Femmes sous emprise. Les ressorts de la violence dans le couple*, Paris, Oh! Éditions, 2005.

Jaspard (Maryse) *et al.*, *Les Violences envers les femmes en France. Une enquête nationale*, Paris, La Documentation française, 2003.

Radford (Jill), Russell (Diana), sous la dir., *Femicide : The Politics of Woman Killing*, New York, Maxwell Macmillan International, 1992.

Vigarello (Georges), *Histoire du viol. XVIe-XXe siècle*, Paris, Seuil, 1998.

Crimes et faits divers

Barthes (Roland), « Structure du fait divers », in *Essais critiques*, Paris, Seuil, 1964.

Bertherat (Bruno), « Jeanne-Marie Le Manach, une Bretonne à Paris (1875-1876) », *in* Gauvard (Claude), Robert (Jean-Louis), *Être parisien*, Paris, Publications de la Sorbonne, 2004, p. 563-586.

Demartini (Anne-Emmanuelle), *L'Affaire Lacenaire*, Paris, Aubier, 2001.

Hamon (Philippe), « Fait divers et littérature », *Romantisme*, n° 97, 1997, p. 7-16.

Kalifa (Dominique), *L'Encre et le Sang. Récits de crimes et société à la Belle Époque*, Paris, Fayard, 1995.

Lever (Maurice), *Canards sanglants. Naissance du fait divers*, Paris, Fayard, 1993.

Matelly (Jean-Hugues), *Gendarmerie et crimes de sang*, Paris, L'Harmattan, 2000.

Perrot (Michelle), « Fait divers et histoire au XIXᵉ siècle », in *Les Ombres de l'histoire. Crime et châtiment au XIXᵉ siècle*, Paris, Flammarion, 2001, p. 271-281.

Plenel (Edwy), « Les chiens écrasés », in *Un temps de chien*, Paris, Stock, 1994, p. 71-105.

Justice

Artières (Philippe), « Les corps en morceaux. Dépeçage criminel et expertise médico-légale à la fin du XIXᵉ siècle », *in* Stora-Lamarre (Annie), sous la dir., *La Cité charnelle du droit*, Besançon, Presses universitaires franc-comtoises, 2002, p. 93-107.

Erner (Guillaume), *La Société des victimes*, Paris, La Découverte, 2006.

Farcy (Jean-Claude), Kalifa (Dominique), Luc (Jean-Noël), sous la dir., *L'Enquête judiciaire en Europe au XIXᵉ siècle. Acteurs, imaginaires, pratiques*, Paris, Créaphis, 2007.

Roux (Céline), *La Juge de trente ans*, Paris, Seuil-Raconter la vie, 2014.

Sécher (Loïc), Dupond-Moretti (Éric), *Le Calvaire et le Pardon. Les ravages d'une erreur judiciaire*, Paris, Michel Lafon, 2013.

Thiel (Gilbert), Carton (Daniel), *Derniers jugements avant liquidation. Trente-cinq ans dans la magistrature*, Paris, Albin Michel, 2012.

Walzer (Michael), *Sphères de justice. Une défense du pluralisme et de l'égalité*, Paris, Seuil, 2013.

La peine et la prison

Bouagga (Yasmine), « Le métier de conseiller d'insertion et de probation : dans les coulisses de l'État pénal ? », *Sociologie du travail*, n° 54, 2012, p. 317-337.

Chauvenet (Antoinette) *et al.*, *La Violence carcérale en question*, Paris, PUF, 2008.

Dindo (Sarah), *Sursis avec mise à l'épreuve. Une analyse des pratiques de probation en France*, Paris, Direction de l'administration pénitentiaire, n° 80, 2013.

Ricordeau (Gwénola), « Enquêter sur l'homosexualité et les violences sexuelles en détention », *Déviance et Société*, 2004/2, vol. 28, p. 233-253.

Schnapper (Bernard), « La récidive, une obsession créatrice au XIXᵉ siècle », in *Voies nouvelles en histoire du droit. La justice, la famille, la répression pénale (XVIᵉ-XXᵉ siècles)*, Paris, PUF, 1991, p. 313-351.

Warsmann (Jean-Luc), *Les Peines alternatives à la détention, les modalités d'exécution des courtes peines, la préparation des détenus à la sortie de prison*, Paris, ministère de la Justice, 2003.

Pouvoir et démocratie

Boucheron (Patrick), *Conjurer la peur. Sienne, 1338. Essai sur la force politique des images*, Paris, Seuil, 2013.

Cardon (Dominique), *La Démocratie Internet. Promesses et limites*, Paris, Seuil-La République des idées, 2010.

Gandt (Marie de), *Sous la plume. Petite exploration du pouvoir politique*, Paris, Robert Laffont, 2013.

Nay (Catherine), *L'Impétueux. Tourments, tourmentes, crises et tempêtes*, Paris, Grasset, 2012.

Rousseau (Dominique), *Le Consulat Sarkozy*, Paris, Odile Jacob, 2012.

Tandonnet (Maxime), *Au cœur du volcan. Carnets de l'Élysée, 2007-2012*, Paris, Flammarion, 2014.

Journalisme

Bourdieu (Pierre), *Sur la télévision*, suivi de *L'Emprise du journalisme*, Paris, Liber, 1996.

Kalifa (Dominique) *et al.*, sous la dir., *La Civilisation du journal. Histoire culturelle et littéraire de la presse française au XIXᵉ siècle*, Paris, Nouveau Monde Éditions, 2011.

Muhlmann (Géraldine), *Du journalisme en démocratie*, Paris, Payot, 2004.

Park (Robert E.), « Introduction », *in* Hughes (Helen McGill), *News and the Human Interest Story*, Chicago, University of Chicago Press, 1940.

Park (Robert E.), « News as a Form of Knowledge : A Chapter in the Sociology of Knowledge », *American Journal of Sociology*, vol. 45, nᵒ 5, 1940.

Articles, reportages, photos

Les articles et reportages sur l'affaire Laëtitia peuvent être retrouvés à l'aide d'une rapide recherche sur Internet, en croisant quelques mots-clés (noms des protagonistes, noms des lieux). On trouvera les photos de Laëtitia, de l'appel à témoins, des marches blanches, du vidage du Trou bleu et de l'enterrement sur Google Images ; la route de la Rogère et les rues de La Bernerie sur Google Street View ; les témoignages et émissions spéciales sur YouTube ; les journaux télévisés de janvier-février 2011 sur le site de TF1, etc.

Enquêtes

Boltanski (Luc), *Énigmes et complots. Une enquête à propos d'enquêtes*, Paris, Gallimard, 2012.

Boucault (Mosco), *Un corps sans vie de 19 ans*, documentaire, Paris, ZEK-France 3, 2007.

Corbin (Alain), *Le Monde retrouvé de Louis-François Pinagot. Sur les traces d'un inconnu, 1798-1876*, Paris, Flammarion, 1998.

Ginzburg (Carlo), «Traces. Racines d'un paradigme indiciaire», in *Mythes, emblèmes, traces. Morphologie et histoire*, Paris, Flammarion, 1989, p. 139-180.

Jablonka (Ivan), *Histoire des grands-parents que je n'ai pas eus. Une enquête*, Paris, Seuil, coll. «La Librairie du XXIe siècle», 2012.

Modiano (Patrick), *Dora Bruder*, Paris, Gallimard, 1997.

Cartes

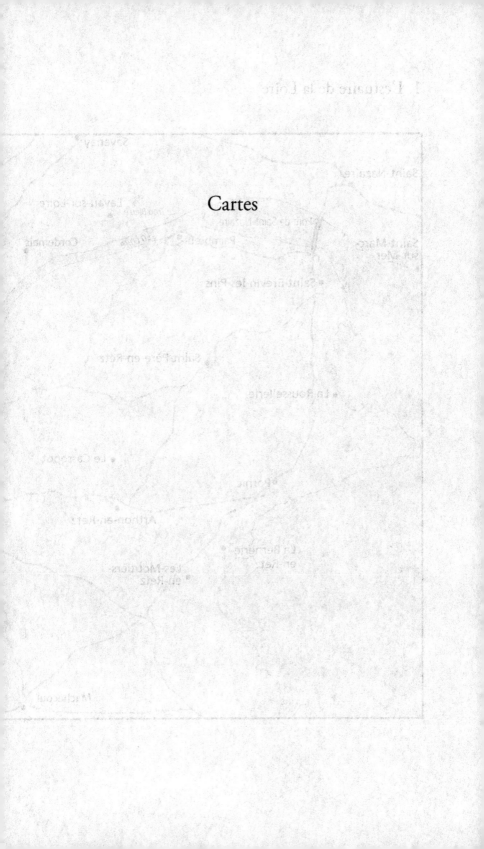

1. L'estuaire de la Loire

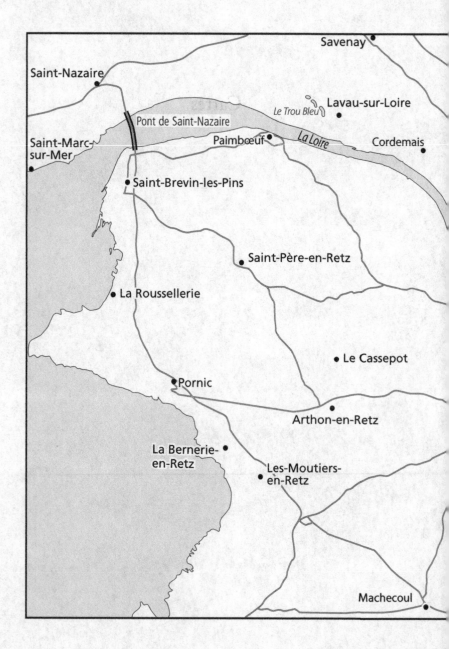

Savenay

Saint-Nazaire

Le Trou Bleu

Lavau-sur-Loire

Pont de Saint-Nazaire

Paimbœuf

La Loire

Cordemais

Saint-Marc-
sur-Mer

Saint-Brevin-les-Pins

Saint-Père-en-Retz

La Roussellerie

Le Cassepot

Pornic

Arthon-en-Retz

La Bernerie-
en-Retz

Les-Moutiers-
en-Retz

Machecoul

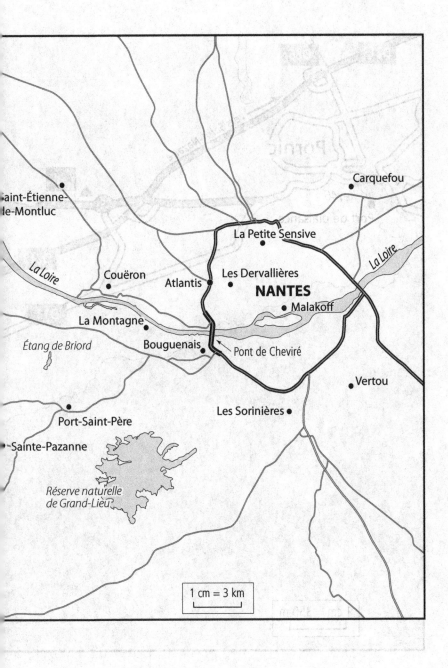

Saint-Étienne-de-Montluc

Carquefou

La Petite Sensive

La Loire

Couëron

Atlantis

Les Dervallières

NANTES

Malakoff

La Montagne

Étang de Briord

Bouguenais

Pont de Cheviré

Vertou

Port-Saint-Père

Les Sorinières

Sainte-Pazanne

Réserve naturelle
de Grand-Lieu

1 cm = 3 km

2. Pornic et La Bernerie-en-Retz

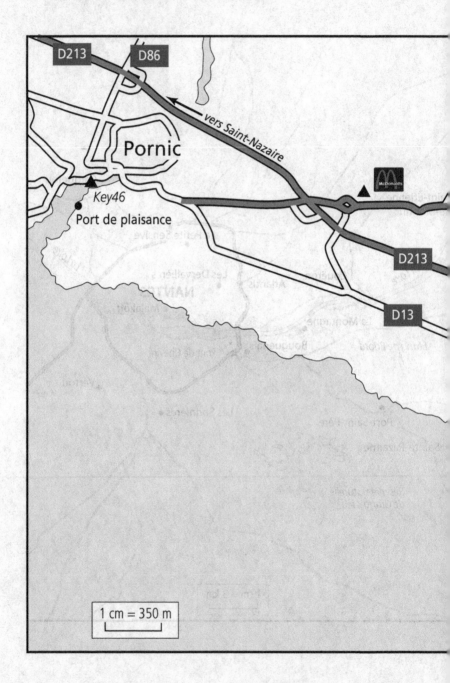

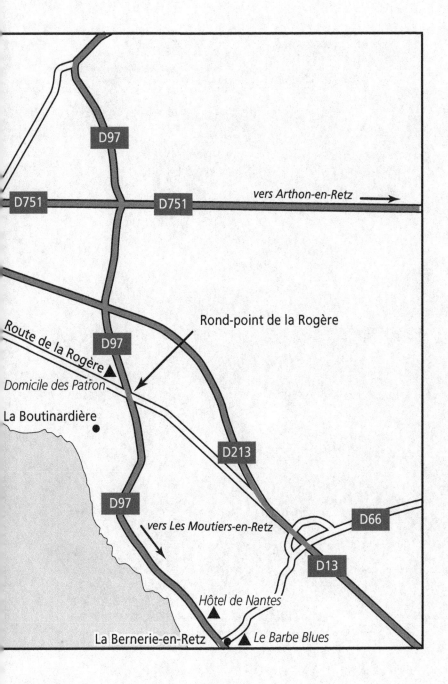

D97

D751   D751   *vers Arthon-en-Retz* →

Route de la Rogère

Rond-point de la Rogère

D97

Domicile des Patron

La Boutinardière

D213

D97

vers Les Moutiers-en-Retz

D66

D13

Hôtel de Nantes

La Bernerie-en-Retz   *Le Barbe Blues*

Liste des abréviations

AEMO   Assistance éducative en milieu ouvert
AFP   Agence France-Presse
APR   Agent polyvalent de restauration
ASE   Aide sociale à l'enfance
BTS   Brevet de technicien supérieur
CAP   Certificat d'aptitude professionnelle
CHU   Centre hospitalier et universitaire
CIFAM Centre interprofessionnel de formation pour l'artisanat et les métiers
CLAD   Classe d'adaptation
CSAJ   Contrat de soutien à l'autonomie des jeunes
DAVC   Diagnostic à visée criminologique
DDASS Direction départementale des affaires sanitaires et sociales
FIJAIS Fichier judiciaire des auteurs d'infractions sexuelles
GIGN   Groupe d'intervention de la gendarmerie nationale
HP   Hôpital psychiatrique
INSEE Institut national de la statistique et des études économiques
IRCGN Institut de recherche criminelle de la gendarmerie nationale
IUT   Institut universitaire de technologie
JAP   Juge d'application des peines
OPP   Ordonnance de placement provisoire

PME	Petites et moyennes entreprises
PSIG	Peloton de surveillance et d'intervention de la gendarmerie
QI	Quotient intellectuel
RSA	Revenu de solidarité active
SEGPA	Section d'enseignement général et professionnel adapté
SME	Sursis avec mise à l'épreuve
SMIC	Salaire minimum interprofessionnel de croissance
SMS	*Short message service* (en français, texto)
SPIP	Service pénitentiaire d'insertion et de probation
SR	Section de recherches (ici, celle des Pays de la Loire, basée à Angers)
TGI	Tribunal de grande instance
ULM	Ultra-léger motorisé
UMP	Union pour un mouvement populaire

Liste des pseudonymes

Les protagonistes de l'affaire et les professionnels qui ont contribué à l'enquête ou assumé une fonction officielle, ainsi que les parties civiles et témoins qui ont déposé en audience publique et dont les noms sont cités dans la presse, apparaissent sous leur identité véritable.

Les autres noms et prénoms sont des pseudonymes.

Anaé
Arnaud
Bertier
Carr (Mme)
Clémentine
Cléo
Daniela
Ermont (M. et Mme)
Fabian
Fatima
Gaël
Gérald
Jeff
Jérôme
Jonathan
Justine
Lola
Loulou
Lydia
Maelys
Manola
Maout (M.)
Marie
Maxime
Mélissa
Patrick
Yvan

Liste des pseudonymes

Les protagonistes de l'affaire, le maire et les professionnels qui ont contribué à l'enquête ou assumé une fonction officielle, ainsi que les parties civiles et témoins qui ont déposé en audience publique et dont les noms sont cités dans la presse, apparaissent sous leur identité véritable.

Les autres noms et prénoms sont des pseudonymes.

Anaé	Jonathan
Arnaud	Justine
Bertier	Lola
Carr (Mme)	Leeloo
Clémentine	Lydia
Cléo	Maelys
Daniela	Manola
Emton (M. et Mme)	Ntaour (M.)
Fabian	Marie
Fatma	Maxime
Gael	Melissa
Gérald	Patrick
Joe	Yvan
Jérôme	

Table

L'auteur

Éditeur et écrivain, Ivan Jablonka est professeur d'histoire à l'université Paris 13, rédacteur en chef de la revue *lavie desidees.fr* et codirecteur de la collection « La République des idées » aux Éditions du Seuil.

Il a publié aux Éditions du Seuil :

Les Vérités inavouables de Jean Genet, coll. « xxe siècle », 2004 ; rééd. poche, « Points Histoire », n° 499, 2014.

Ni père ni mère. Histoire des enfants de l'Assistance publique (1874-1939), coll. « xxe siècle », 2006.

Enfants en exil. Transfert de pupilles réunionnais en métropole (1963-1982), coll. « L'Univers historique », 2007.

Les Enfants de la République. L'intégration des jeunes de 1789 à nos jours, coll. « L'Univers historique », 2010 ; rééd. poche, *L'Intégration des jeunes. Un modèle français, XVIIIe-XXIe siècle*, « Points Histoire », n° 474, 2013.

Histoire des grands-parents que je n'ai pas eus. Une enquête, coll. « La Librairie du XXIe siècle », 2012 ; rééd. poche, « Points Histoire », n° 483, 2013.

L'histoire est une littérature contemporaine. Manifeste pour les sciences sociales, coll. « La Librairie du XXIe siècle », 2014.

Le Corps des autres, coll. « Raconter la vie », 2015.

Chez d'autres éditeurs :

Âme sœur. Roman, Clamart, La Volte, 2005 (sous l'hétéronyme d'Yvan Améry).

Jeunesse oblige. Histoire des jeunes en France (XIXᵉ-XXIᵉ siècle), PUF, 2009 (en codirection avec Ludivine Bantigny).

Nouvelles Perspectives sur la Shoah, Paris, PUF, 2013 (en codirection avec Annette Wieviorka).

L'Enfant-Shoah, Paris, PUF, 2014 (direction d'ouvrage).

Le Monde au XXIIᵉ siècle. Utopies pour après-demain, PUF, 2014 (en codirection avec Nicolas Delalande).

La Librairie du XXIᵉ siècle

Sylviane Agacinski, *Le Passeur de temps. Modernité et nostalgie.*

Sylviane Agacinski, *Métaphysique des sexes. Masculin/féminin aux sources du christianisme.*

Sylviane Agacinski, *Drame des sexes. Ibsen, Strindberg, Bergman.*

Sylviane Agacinski, *Femmes entre sexe et genre.*

Giorgio Agamben, *La Communauté qui vient. Théorie de la singularité quelconque.*

Henri Atlan, *Tout, non, peut-être. Éducation et vérité.*

Henri Atlan, *Les Étincelles de hasard I. Connaissance spermatique.*

Henri Atlan, *Les Étincelles de hasard II. Athéisme de l'Écriture.*

Henri Atlan, *L'Utérus artificiel.*

Henri Atlan, *L'Organisation biologique et la Théorie de l'information.*

Henri Atlan, *De la fraude. Le monde de l'*onaa.

Marc Augé, *Domaines et châteaux.*

Marc Augé, *Non-lieux. Introduction à une anthropologie de la surmodernité.*

Marc Augé, *La Guerre des rêves. Exercices d'ethnofiction.*

Marc Augé, *Casablanca.*

Marc Augé, *Le Métro revisité.*

Marc Augé, *Quelqu'un cherche à vous retrouver.*

Marc Augé, *Journal d'un SDF. Ethnofiction.*

Marc Augé, *Une ethnologie de soi. Le temps sans âge.*

Jean-Christophe Bailly, *Le Propre du langage. Voyages au pays des noms communs.*

Jean-Christophe Bailly, *Le Champ mimétique.*

Marcel Bénabou, *Jacob, Ménahem et Mimoun. Une épopée familiale.*
Marcel Bénabou, *Pourquoi je n'ai écrit aucun de mes livres.*
Julien Blanc, *Au commencement de la Résistance. Du côté du musée de l'Homme 1940-1941.*
R. Howard Bloch, *Le Plagiaire de Dieu. La fabuleuse industrie de l'abbé Migne.*
Remo Bodei, *La Sensation de déjà vu.*
Ginevra Bompiani, *Le Portrait de Sarah Malcolm.*
Julien Bonhomme, *Les Voleurs de sexe. Anthropologie d'une rumeur africaine.*
Yves Bonnefoy, *Lieux et destins de l'image. Un cours de poétique au Collège de France (1981-1993).*
Yves Bonnefoy, *L'Imaginaire métaphysique.*
Yves Bonnefoy, *Notre besoin de Rimbaud.*
Yves Bonnefoy, *L'Autre Langue à portée de voix.*
Yves Bonnefoy, *Le Siècle de Baudelaire.*
Yves Bonnefoy, *L'Hésitation d'Hamlet et la Décision de Shakespeare.*
Philippe Borgeaud, *La Mère des dieux. De Cybèle à la Vierge Marie.*
Philippe Borgeaud, *Aux origines de l'histoire des religions.*
Jorge Luis Borges, *Cours de littérature anglaise.*
Esteban Buch, *Trauermarsch.*
Claude Burgelin, *Les Mal Nommés. Duras, Leiris, Calet, Bove, Perec, Gary et quelques autres.*
Italo Calvino, *Pourquoi lire les classiques.*
Italo Calvino, *La Machine littérature.*
Paul Celan et Gisèle Celan-Lestrange, *Correspondance.*
Paul Celan, *Le Méridien & autres proses.*
Paul Celan, *Renverse du souffle.*
Paul Celan et Ilana Shmueli, *Correspondance.*
Paul Celan, *Partie de neige.*
Paul Celan et Ingeborg Bachmann, *Le Temps du cœur. Correspondance.*
Michel Chodkiewicz, *Un océan sans rivage. Ibn Arabî, le Livre et la Loi.*
Antoine Compagnon, *Chat en poche. Montaigne et l'allégorie.*
Hubert Damisch, *Un souvenir d'enfance par Piero della Francesca.*
Hubert Damisch, *CINÉ FIL.*
Hubert Damisch, *Le Messager des îles.*

Hubert Damisch, *La Ruse du tableau. La peinture ou ce qu'il en reste*.
Luc Dardenne, *Au dos de nos images (1991-2005)*, suivi de *Le Fils et L'Enfant*, par Jean-Pierre et Luc Dardenne.
Luc Dardenne, *Sur l'affaire humaine*.
Luc Dardenne, *Au dos de nos images II (2005-2014)*, suivi de *Le Gamin au vélo* et *Deux Jours, une nuit*, par Jean-Pierre et Luc Dardenne.
Michel Deguy, *À ce qui n'en finit pas*.
Daniele Del Giudice, *Quand l'ombre se détache du sol*.
Daniele Del Giudice, *L'Oreille absolue*.
Daniele Del Giudice, *Dans le musée de Reims*.
Daniele Del Giudice, *Horizon mobile*.
Daniele Del Giudice, *Marchands de temps*.
Mireille Delmas-Marty, *Pour un droit commun*.
Jean-Paul Demoule, *Mais où sont passés les Indo-Européens? Le mythe d'origine de l'Occident*.
Marcel Detienne, *Comparer l'incomparable*.
Marcel Detienne, *Comment être autochtone. Du pur Athénien au Français raciné*.
Donatella Di Cesare, *Heidegger, les Juifs, la Shoah. Les* Cahiers noirs.
Milad Doueihi, *Histoire perverse du cœur humain*.
Milad Doueihi, *Le Paradis terrestre. Mythes et philosophies*.
Milad Doueihi, *La Grande Conversion numérique*.
Milad Doueihi, *Solitude de l'incomparable. Augustin et Spinoza*.
Milad Doueihi, *Pour un humanisme numérique*.
Jean-Pierre Dozon, *La Cause des prophètes. Politique et religion en Afrique contemporaine*, suivi de *La Leçon des prophètes* par Marc Augé.
Pascal Dusapin, *Une musique en train de se faire*.
Brigitta Eisenreich, avec Bertrand Badiou, *L'Étoile de craie. Une liaison clandestine avec Paul Celan*.
Uri Eisenzweig, *Naissance littéraire du fascisme*.
Norbert Elias, *Mozart. Sociologie d'un génie*.
Norbert Elias, *Théorie des symboles*.
Rachel Ertel, *Dans la langue de personne. Poésie yiddish de l'anéantissement*.

Arlette Farge, *Le Goût de l'archive*.

Arlette Farge, *Dire et mal dire. L'opinion publique au XVIIIᵉ siècle*.

Arlette Farge, *Le Cours ordinaire des choses dans la cité au XVIIIᵉ siècle*.

Arlette Farge, *Des lieux pour l'histoire*.

Arlette Farge, *La Nuit blanche*.

Alain Fleischer, *L'Accent, une langue fantôme*.

Alain Fleischer, *Le Carnet d'adresses*.

Alain Fleischer, *Réponse du muet au parlant. En retour à Jean-Luc Godard*.

Alain Fleischer, *Sous la dictée des choses*.

Lydia Flem, *L'Homme Freud*.

Lydia Flem, *Casanova ou l'Exercice du bonheur*.

Lydia Flem, *La Voix des amants*.

Lydia Flem, *Comment j'ai vidé la maison de mes parents*.

Lydia Flem, *Panique*.

Lydia Flem, *Lettres d'amour en héritage*.

Lydia Flem, *Comment je me suis séparée de ma fille et de mon quasi-fils*.

Lydia Flem, *La Reine Alice*.

Lydia Flem, *Discours de réception à l'Académie royale de Belgique*, accueillie par Jacques de Decker, secrétaire perpétuel.

Lydia Flem, *Je me souviens de l'imperméable rouge que je portais l'été de mes vingt ans*.

Nadine Fresco, *Fabrication d'un antisémite*.

Nadine Fresco, *La Mort des juifs*.

Françoise Frontisi-Ducroux, *Ouvrages de dames. Ariane, Hélène, Pénélope…*

Marcel Gauchet, *L'Inconscient cérébral*.

Hélène Giannecchini, *Une image peut-être vraie. Alix Cléo Roubaud*.

Jack Goody, *La Culture des fleurs*.

Jack Goody, *L'Orient en Occident*.

Anthony Grafton, *Les Origines tragiques de l'érudition. Une histoire de la note en bas de page*.

Jean-Claude Grumberg, *Mon père. Inventaire*, suivi de *Une leçon de savoir-vivre*.

Jean-Claude Grumberg, *Pleurnichard*.

François Hartog, *Régimes d'historicité. Présentisme et expériences du temps*.

Daniel Heller-Roazen, *Écholalies. Essai sur l'oubli des langues*.

Daniel Heller-Roazen, *L'Ennemi de tous. Le pirate contre les nations*.

Daniel Heller-Roazen, *Une archéologie du toucher*.

Daniel Heller-Roazen, *Le Cinquième Marteau. Pythagore et la dysharmonie du monde*.

Ivan Jablonka, *Histoire des grands-parents que je n'ai pas eus. Une enquête*.

Ivan Jablonka, *L'histoire est une littérature contemporaine. Manifeste pour les sciences sociales*.

Ivan Jablonka, *Laëtitia ou la fin des hommes*.

Jean Kellens, *La Quatrième Naissance de Zarathushtra. Zoroastre dans l'imaginaire occidental*.

Nicole Lapierre, *Sauve qui peut la vie*.

Jacques Le Brun, *Le Pur Amour de Platon à Lacan*.

Jacques Le Goff, *Faut-il vraiment découper l'histoire en tranches?*

Jean Levi, *Les Fonctionnaires divins. Politique, despotisme et mystique en Chine ancienne*.

Jean Levi, *La Chine romanesque. Fictions d'Orient et d'Occident*.

Claude Lévi-Strauss, *L'Anthropologie face aux problèmes du monde moderne*.

Claude Lévi-Strauss, *L'Autre Face de la lune. Écrits sur le Japon*.

Claude Lévi-Strauss, *Nous sommes tous des cannibales*.

Claude Lévi-Strauss, *« Chers tous deux ». Lettres à ses parents, 1931-1942*.

Claude Lévi-Strauss, *Le Père Noël supplicié*.

Monique Lévi-Strauss, *Une enfance dans la gueule du loup*.

Nicole Loraux, *Les Mères en deuil*.

Nicole Loraux, *Né de la Terre. Mythe et politique à Athènes*.

Nicole Loraux, *La Tragédie d'Athènes. La politique entre l'ombre et l'utopie*.

Patrice Loraux, *Le Tempo de la pensée*.

Sabina Loriga, *Le Petit x. De la biographie à l'histoire*.

Charles Malamoud, *Le Jumeau solaire*.

Charles Malamoud, *La Danse des pierres. Études sur la scène sacrificielle dans l'Inde ancienne.*

François Maspero, *Des saisons au bord de la mer.*

Marie Moscovici, *L'Ombre de l'objet. Sur l'inactualité de la psychanalyse.*

Michel Pastoureau, *L'Étoffe du diable. Une histoire des rayures et des tissus rayés.*

Michel Pastoureau, *Une histoire symbolique du Moyen Âge occidental.*

Michel Pastoureau, *L'Ours. Histoire d'un roi déchu.*

Michel Pastoureau, *Les Couleurs de nos souvenirs.*

Michel Pastoureau, *Le Roi tué par un cochon. Une mort infâme aux origines des emblèmes de la France ?*

Vincent Peillon, *Une religion pour la République. La foi laïque de Ferdinand Buisson.*

Vincent Peillon, *Éloge du politique. Une introduction au XXIe siècle.*

Georges Perec, *L'Infra-ordinaire.*

Georges Perec, *Vœux.*

Georges Perec, *Je suis né.*

Georges Perec, *Cantatrix sopranica L. et autres écrits scientifiques.*

Georges Perec, *L. G. Une aventure des années soixante.*

Georges Perec, *Le Voyage d'hiver.*

Georges Perec, *Un cabinet d'amateur.*

Georges Perec, *Beaux présents, belles absentes.*

Georges Perec, *Penser/Classer.*

Georges Perec, *Le Condottière.*

Georges Perec, *L'Attentat de Sarajevo.*

Georges Perec/OuLiPo, *Le Voyage d'hiver & ses suites.*

Catherine Perret, *L'Enseignement de la torture. Réflexions sur Jean Améry.*

Michelle Perrot, *Histoire de chambres.*

J.-B. Pontalis, *La Force d'attraction.*

Jean Pouillon, *Le Cru et le Su.*

Jérôme Prieur, *Roman noir.*

Jérôme Prieur, *Rendez-vous dans une autre vie.*

Jacques Rancière, *Courts Coyages au pays du peuple.*

Jacques Rancière, *Les Noms de l'histoire. Essai de poétique du savoir.*

Jacques Rancière, *La Fable cinématographique*.

Jacques Rancière, *Chroniques des temps consensuels*.

Jean-Michel Rey, *Paul Valéry. L'aventure d'une œuvre*.

Jacqueline Risset, *Puissances du sommeil*.

Jean-Loup Rivière, *Le Monde en détails*.

Denis Roche, *Dans la maison du Sphinx. Essais sur la matière littéraire*.

Olivier Rolin, *Suite à l'hôtel Crystal*.

Olivier Rolin & Cie, *Rooms*.

Charles Rosen, *Aux confins du sens. Propos sur la musique*.

Israel Rosenfield, *« La Mégalomanie » de Freud*.

Pierre Rosenstiehl, *Le Labyrinthe des jours ordinaires*.

Paul-André Rosental, *Destins de l'eugénisme*.

Jacques Roubaud. *Poétique. Remarques. Poésie, mémoire, nombre, temps, rythme, contrainte, forme, etc.*

Jean-Frédéric Schaub, *Oroonoko, prince et esclave. Roman colonial de l'incertitude*.

Jean-Frédéric Schaub, *Pour une histoire politique de la race*.

Francis Schmidt, *La Pensée du Temple. De Jérusalem à Qoumrân*.

Jean-Claude Schmitt, *La Conversion d'Hermann le Juif. Autobiographie, histoire et fiction*.

Michel Schneider, *La Tombée du jour. Schumann*.

Michel Schneider, *Baudelaire. Les années profondes*.

David Shulman, Velcheru Narayana Rao et Sanjay Subrahmanyam, *Textures du temps. Écrire l'histoire en Inde*.

David Shulman, *Ta'ayush. Journal d'un combat pour la paix. Israël-Palestine, 2002-2005*.

Jean Starobinski, *Action et réaction. Vie et aventures d'un couple*.

Jean Starobinski, *Les Enchanteresses*.

Jean Starobinski, *L'Encre de la mélancolie*.

Anne-Lise Stern, *Le Savoir-déporté. Camps, histoire, psychanalyse*.

Antonio Tabucchi, *Les Trois Derniers Jours de Fernando Pessoa. Un délire*.

Antonio Tabucchi, *La Nostalgie, l'Automobile et l'Infini. Lectures de Pessoa*.

Antonio Tabucchi, *Autobiographies d'autrui. Poétiques* a posteriori.

Emmanuel Terray, *La Politique dans la caverne*.

Emmanuel Terray, *Une passion allemande. Luther, Kant, Schiller, Hölderlin, Kleist*.

Camille de Toledo, *Le Hêtre et le bouleau. Essai sur la tristesse européenne*, suivi de *L'Utopie linguistique ou la pédagogie du vertige*.

Camille de Toledo, *Vies pøtentielles*.

Camille de Toledo, *Oublier, trahir, puis disparaître*.

César Vallejo, *Poèmes humains* et *Espagne, écarte de moi ce calice*.

Jean-Pierre Vernant, *Mythe et religion en Grèce ancienne*.

Jean-Pierre Vernant, *Entre mythe et politique I*.

Jean-Pierre Vernant, *L'Univers, les Dieux, les Hommes. Récits grecs des origines*.

Jean-Pierre Vernant, *La Traversée des frontières. Entre mythe et politique II*.

Ida Vitale, *Ni plus ni moins*.

Nathan Wachtel, *Dieux et vampires. Retour à Chipaya*.

Nathan Wachtel, *La Foi du souvenir. Labyrinthes marranes*.

Nathan Wachtel, *La Logique des bûchers*.

Nathan Wachtel, *Mémoires marranes. Itinéraires dans le* sertão *du Nordeste brésilien*.

Catherine Weinberger-Thomas, *Cendres d'immortalité. La crémation des veuves en Inde*.

Natalie Zemon Davis, *Juive, catholique, protestante. Trois femmes en marge au XVIIᵉ siècle*.

RÉALISATION : PAO ÉDITIONS DU SEUIL
IMPRESSION : NORMANDIE ROTO IMPRESSION S.A.S. À LONRAI (61)
DÉPÔT LÉGAL : AOÛT 2016. N° 129120-9 (1604922)
IMPRIMÉ EN FRANCE